티베트의 즐거운 지혜

문학의숲

티베트의 즐거운 지혜

욘게이 밍규르 린포체
류시화·김소향 옮김

Joyful Wisdom

Copyright © 2009 by Yongey Mingyur Rinpoche
This translation published by arrangement with Harmony,
a division of Random House, Inc.
All rights reserved

Korean translation copyright © 2009 by The Forest of Literature
This translation rights arranged with The Crown Publishing Group
through EYA(Eric Yang Agency)

이 책의 한국어판 저작권은 EYA(Eric Yang Agency)를 통한
The Crown Publishing Group 사와의 독점계약으로 문학의숲이 소유합니다.
저작권법에 의하여 한국 내에서 보호를 받는 저작물이므로 무단전재와 복제를 금합니다.

산스크리트어로 인간이라는 단어는
푸루샤이다.
푸루샤는 힘을 소유한 존재라는 뜻이다.
인간이 된다는 것은 힘을, 특히 자신이 원하는 것을
성취하는 힘을 갖는다는 의미이다.
인간은 누구나 자신이 원하는 삶을
만들어 갈 힘을 지니고 있고,
또 실제로 그렇게 삶을 창조해 가고 있다.

―욘게이 밍규르 린포체

차례

마음의 문제와 친구 되기 8
불안의 시대를 살아가는 지혜 13

1
터널 속 한 줄기 빛 19

2
인간이라는 고독한 존재 51

3
관계 속의 마음공부 83

4
마음이 마음을 깨달을 때 109

5
'나'라는 이름의 환상 131

6
말과 기수 길들이기 154

7
마음을 바라보기 위해 마음을 이용하기　177

8
텅 빈 나, 텅 빈 타인　207

9
행복 참고서　222

10
삶을 진리 발견의 길로 삼기　246

11
보는 자가 보이는 대상보다 크다　268

12
즐거운 지혜　321

우리의 모든 것은 우리가 생각한 것의 결과이다　328

마음의 문제와 친구 되기

일 년에 한두 권씩 명상 서적을 번역 소개하는 것을 이번 생에서의 나의 업이자 역할로 삼고 살아온 내가 이번에 소개하는 책은 티베트 불교의 새로운 세대를 대표하는 욘게이 밍규르 린포체의 최신작이다. '영혼의 땅'이란 뜻의 마나슬루 히말라야가 바라보이는 네팔 누브리 계곡에서 태어난 밍규르 린포체는 티베트 밖에서 교육받은 티베트 불교의 떠오르는 별이다.

겨우 세 살이었을 때 그는 17세기 명상 수행자이며 대학자인 욘게이 밍규르 도르제의 7대 환생자로 밝혀졌다. 20세기 티베트 불교 스승으로 가장 높이 평가받는 인물 중 하나인 16대 카르마파가 이를 공식적으로 인정했다. 동시에 어린 그는 캉규르 린포체(1898-1975)의 환생으로도 인정되었다. 캉규르 린포체는 1950년대 중국의 침략으로 고향에서 추방된 위대한 티베트 스승으로, 세상을 떠나기 전까지 동서양의 수많은 제자들을 가르친 이다. 요컨대 두 명의 뛰어난 스승이 하나의 육체로 동시 환생한 것이다.

밍규르의 아버지 툴쿠 우르겐은 '위대한 완성'이라 불리는 티베트 불교의 족첸 수행을 세상에 널리 알린 스승으로, 누브리 계곡에 자리 잡은 그의 수행처에는 언제나 많은 외국인 수행자들이 모여들었다. 어머니 소남 최된은 8세기 후반 불교를 국교화한 치송 데첸 왕의 직계 후손이다. 이런 영적인 분위기에서 성장한 밍규르는 아무런 가르침을 받지 않았는데도 어려서부터 혼자서 집 뒤 히말라야의 동굴로 올라가 명상을 하곤 했다. 극도로 예민한 감성을 지닌 탓에 공황장애와 소심증, 대인공포증 등으로 얼룩진 유년기와 청년기를 보내야만 했지만 그는 그런 마음의 문제를 오히려 자신의 참본성을 깨닫는 도구로 삼을 수가 있었다. 아버지를 비롯해 당대의 스승들인 타이 시투 린포체, 라마 타시 도르제, 살자이 린포체 등으로부터 '마음의 문제와 친해지는 법'을 배운 것이다.

밍규르가 어린 시절부터 자신을 괴롭혀 온 두려움과 불안에 대해 털어놓자 살자이 린포체는 말했다.

"그대의 마음은 멀고 외딴 길이라네. 그리고 불안과 두려움 등은 산적들이지. 그들이 거기 있다는 것을 알기에 그대는 여행을 두려워해. 아니면 깨어 있는 마음을 호위대로 고용하는 방법이 있겠지. 하지만 문제들은 항상 그대보다 더 크고 강해 보일 거야. 가장 좋은 선택은 현명한 여행자처럼 되는 일이라네. 자신의 문제들을 자신과 함께 가도록 초대하는 것이지. '이봐 두려움, 나의 호위대가 되어 줘. 네가 얼마나 크고 강한지를 내게 보여 줘.' 그대의 문제들을 호위대로 고용할 때 그것들은 그대의 마음이 얼마나 강한가를 그대에게 보여 줄 거야."

이런 식으로 밍규르는 당대의 스승들로부터 많은 즐거운 지혜를 배웠다. 마침내 그는 '감정과 생각들은 나의 자각이라는 창에 투영된 나의 참본성의 반영'임을 깨달았다.

1998년부터 밍규르 린포체는 우연히 북미지역에서 순회강연을 하게 되었다. 원래는 형인 촉니 린포체가 강연하기로 되어 있었는데 급한 일이 생겨 대신 그 자리를 메우게 된 것이다. 이것은 일약 그의 존재를 세상에 알리는 계기가 되었으며, 이후 10년에 걸친 강연과 명상 지도는 그를 티베트 불교의 새로운 스승의 자리에 올려놓았다.

그는 네팔 산골에서 하루에 필요한 물을 길어 오기 위해 높은 산길을 열 번 이상 오르내려야 하는 사람들을 보며 자라났다. 서양에서 처음 명상을 가르칠 때, 그는 문명의 편리함을 누리고 있는 서양인들이 네팔인들보다 자신들의 삶에 훨씬 더 만족하고 있을 것이라고 추측했다. 하지만 그것은 순진한 생각이었다. 날마다 힘들게 물을 길어 날라야 하는 질곡 속에서 살고 있는 네팔인들만큼이나, 문명의 첨단을 걷는 서양 사람들 역시 고통 속에서 살고 있었다. 고통과 불만족이라는 문제는 붓다의 시대나 21세기인 오늘날이나 아무 차이가 없다. 밍규르 린포체는 그러한 인간 조건에서 벗어나 마음의 근원적인 행복과 자유에 이르는 길을 소개하는 훌륭한 안내자이다.

작은 체구에 안경을 쓴 환생한 라마승 밍규르 린포체는 누가 보더라도 한눈에 유쾌한 사람이라는 것을 알 수 있을 정도로 얼굴 가득 웃음을 띠고 있다. 그는 세계 곳곳을 다니며 사람들에게 명상을 가르치고, 달라이 라마와 함께 마음생명협회의 일원이 되어 신경과학자, 물리학자, 심리학자 등 다양한 과학자들을 만나 교류해 왔다. 또한 미국 위스콘신 대학의 와이즈먼 뇌신경 연구소가 주관한 실험의 대상자로 자원해 명상 수행이 뇌세포에 경이로운 영향을 미친다는 사실을 증명해 보였다. 이 과정에서 뇌 MRI 촬영 결과 그는 신경과학자들로부터 '지구에서 가장 행복한 사람'이라는 별칭을 얻었다. 그의 책 〈The Joy of Living〉과 〈Joyful Wisdom〉은 세계 13개국의 언어로 출간되었다.

그는 호기심이 많고 열정적이며 맑은 사람이다. 그의 가르침이나 강연을 들은 사람들은 그가 매력적인 유머 감각과 겸손함을 지니고 있다고 말한다.

인간적으로 스스로를 희화하는 유머와 스스럼없는 솔직함, 따뜻하고 격의 없는 미소, 그리고 육체의 나이를 가늠하기 어려운 깊은 이해와 지혜의 아우라를 지닌 이 티베트 명상 스승은 현재 인도, 네팔, 북미 지역을 여행하면서 명상 강의를 이어 가고 있다.

이 동안童顔의 승려의 '즐거운 지혜'를 번역하면서 내 삶에 즐거운 일들만 있었던 것은 아니다. 가까이 모시던 스승이 갑자기 암 선고를 받았으며 치료 후 병이 재발했다. 지난달에는 대학을 다니는 나의 아들 미륵이가 갑자기 폐 수술을 받았으며, 나 역시 젊은 시절 무절제하게 돌아다닌 보상으로 몸 안에 큰 병을 키웠다.

변화는 그뿐만이 아니었다. 최근 들어 내 인도인 친구 중 다섯 명이 각종 사고와 병으로 세상을 떠났다. 그중에는 바라나시 화장터의 왕인 돔 라자도 포함되어 있었다. 마치 모두가 나에게 '무상'의 진리를 일깨우려는 듯 연속적인 변화와 소멸의 시간들이었다.

하지만 고통과 상실은 더 깊은 이해에 도달하는 씨앗이다. 먼저 고통이 나 혼자만의 문제가 아니라는 인식에서 출발하라고 밍규르 린포체는 말한다. 모든 살아 있는 존재는 행복해지고 싶어 하는 열망과 고통으로부터 벗어나려는 바람, 이 두 가지를 공유하고 있다. 많은 스승들이 일깨우듯이 번뇌 속에 깨달음의 가능성이 있다. 이 아름다운 승려 밍규르는 자신이 어떻게 마음속 두려움과 장애를 극복했는지에 대한 이야기를 들려준다. 그의 이야기를 읽으면 감동이 되고 나 혼자만이 삶 속에서 마음을 끌어안고 고투하는 유일한 존재가 아님을 느끼게 된다. 기뻐하고, 기꺼이 받아들이고, 걸림이 있는 것이 아무것도 남아 있지 않다면, 이는 집착의 끝이다.

밍규르 린포체가 우리와 함께 나눈 고대 티베트의 기도문으로 이 글을 마무리할까 한다. 티베트 사람들은 깃발에 기도문을 써서 그것들을 바람에 나부끼게 하면서 이렇게 기원한다. 깃발 위로 지나가는 바람이 어디로 가든 그 기원을 널리 전파하기를 바라면서.

"모든 살아 있는 존재가 행복과 행복의 원인을 갖게 되기를.

모든 살아 있는 존재가 고통과 고통의 원인에서 해방되기를.

모든 살아 있는 존재가 즐거움과 즐거움의 원인을 갖게 되기를.

모든 살아 있는 존재가 좋아함과 싫어함에서 벗어나 대평안에 이르기를."

류시화

불안의 시대를 살아가는 지혜

모든 존재가 행복과 행복의 조건을 가지고 있다.

티베트의 격언

최근 북미지역 순회강연 중에 나는 명상을 배우는 한 사람에게서 이런 이야기를 들었다. 20세기의 어느 영향력 있는 철학자가 우리가 살고 있는 시대를 '불안의 시대'라고 이름 붙였다는 것이었다.

나는 그에게 물었다.

"그 이유가 뭐죠?"

그는 내게 설명했다. 그 철학자에 따르면 피를 부른 두 차례의 세계대전은 사람들의 마음에 깊은 상처를 남겼다. 과거에는 전쟁 중에 그토록 많은 사람이 목숨을 잃은 적이 한 번도 없었다. 더 불행한 점은 이 높은 사망률이 인간의 삶을 더욱 편리하고 문명화된 것으로 만들기 위해 개발된 과학과 기술 발전의 직접적인 결과라는 사실이다.

그 끔찍한 전쟁들 이후 물질적인 안락과 편리함에 있어서 인간이 이룬 진보는 거의 대부분 그늘진 면을 갖게 되었다. 우리에게 휴대전화, 슈퍼마켓 계산기, 현금인출기, 개인용 컴퓨터를 안겨 준 기술 발전은 동시에 인류 전체를 쓸어버리고 우리가 삶의 터전이라 부르는 이 행성을 순식간에 파괴해 버릴 수 있는 강력한 살상무기를 개발해 내었다. 생활을 편리하게 해 주는 것이 목적인 이메일과 인터넷 등의 컴퓨터 기술은 너무도 많은 정보와 가능성들로 우리를 압도한다. 그것들은 언제나 몹시 다급해 보이고 지나치게 우리의 주의와 관심을 빼앗는다.

그는 계속해서 말했다. 인터넷, 신문, 잡지 혹은 텔레비전에서 우리가 접하는 뉴스들은 극도로 불안한 것투성이다. 온갖 위기와 폭력적인 이미지와 미래에 닥칠 더 나쁜 일들에 대한 예측으로 넘쳐 난다.

의문을 느낀 나는 그에게 물었다. 왜 세상의 뉴스들은 사람들이 베푼 선행이나 긍정적인 일들보다 폭력과 범죄와 테러에 그토록 초점을 맞추는가?

그가 대답했다.

"나쁜 뉴스가 더 잘 팔리니까요."

나는 그 말이 얼른 이해가 가지 않아 무슨 의미인가를 물었고 그가 설명했다.

"재난은 사람들의 주의를 끌어당기죠. 사람들은 나쁜 뉴스에 더 끌리게 마련인데 삶은 예측할 수 없고 겁나는 것이라는 우리 마음 밑바닥의 가장 큰 두려움을 그것들이 확인시켜 주니까요. 우리는 미리 대비할 수 있을까 하는 생각에서 언제나 다음 순간에 일어날 나쁜 일들을 예측하죠. 그것이 주식시장의 붕괴이든 자살 폭탄테러이든 지진이나 해일이든 간에 그런 일들이 생기면 우리는 '역시 내가 두려워했던 게 옳았어. 이제 나 자신을 보호하기 위해 무엇을 해야 하지?' 하고 생각하죠."

이 이야기를 들으면서 나는 그가 묘사하고 있는 감정 상태가 단지 현 시대만의 특징이 아님을 깨달았다. 2,500년 역사를 가진 불교 관점에서 보면 인간 역사의 모든 장은 '불안의 시대'로 묘사될 수 있다. 지금 우리가 느끼고 있는 불안은 수십 세기 동안 인간 조건의 한 부분이었다. 우리는 이 근본적인 불안과 그것에서 비롯된 혼란스런 감정들에 대개 두 가지 방식으로 반응한다. 달아나려고 하거나 아니면 굴복하는 것이다. 어느 쪽을 선택하든 둘 다 우리 삶에 더 크고 더 복잡한 문제를 만드는 쪽으로 결론이 난다.

불교는 제3의 선택을 제안한다. 우리는 삶에서 경험하는 혼란스런 감정이나 다른 문제들을 자유로 나아가는 디딤돌로 삼을 수 있다. 거부하거나 굴복하는 대신 그 문제들과 친구가 될 수 있고 그것들을 통해 자신이 본래 가진 지혜, 자신감, 투명함, 기쁨에 이를 수 있다.

많은 사람들이 묻는다.

"어떻게 하면 그렇게 접근할 수 있나요? 내 삶을 그 길로 나아가게 하는 방법이 무엇인가요?"

여러 면에서 이 책은 그런 질문들에 대한 답이다. 이 책은 불교의 통찰과 수행을 매일의 삶에서 일어나는 도전들에 적용하는 구체적인 안내서이다.

또한 이 책은 현재 아무런 문제나 어려움을 경험하고 있지 않은 이들과 삶이 꽤 행복하고 만족스럽게 진행되고 있는 이들에게도 의미가 있다. 이 운 좋은 사람들은 이 책을 통해 불교적 관점에서 인간 삶의 근본 조건을 살펴볼 수 있으며 이는 그동안 자각하지 못했던 자신의 잠재 가능성을 발견하고 꽃피우는 길이 될 수 있다.

어떤 면에서는 이 책에서 설명한 생각과 방법들을 간단한 제품 사용 설명서처럼 정리할 수도 있을 것이다. 예를 들어 휴대전화를 구입할 때 우리가 다음과 같은 설명서를 받듯이. '1단계 — 다음의 부품들이 빠짐없이 있는지 확인하세요. 2단계 — 휴대폰 기기 뒷면의 배터리 덮개를 빼세요. 3단계 — 배터리를 끼워 넣으세요.' 하지만 나는 매우 전통적인 방식으로 훈련받아 왔기 때문인지 수행의 실질적인 효과를 얻으려면 먼저 원리 혹은 관점을 이해하는 것이 필수적이라는 생각이 어렸을 때부터 내 안에 심어져 있다. 그렇지 않으면 우리의 수행은 앞으로 나아감이 없고 방향감각이나 목적의식 없이 무턱대고 자신을 몰아갈 뿐이다.

이 이유에서 나는 가장 나은 접근법은 이 문제를 불교 경전의 방식에 따라 세 부분으로 나누는 일이라고 여긴다. 먼저 나는 우리가 처한 근본 상황을 살펴볼 것이다. 우리의 삶을 조건 지우는 여러 형태의 불안의 성질과 원인을 알아보고 이들을 안내자로 삼아 우리의 참본성(불성佛性, 자성自性으로도 부른다)을 자각하는 방법을 탐구할 것이다. 그다음에는 마음을 안정시키고 가슴을 열며 지혜를 키우는 데 도움이 되는 세 가지 기본적인 명상법을 소개할 것이다.

그리고 끝으로 앞에서 얻은 이해와 방법을 우리가 공통적으로 경험하는 몸과 마음의 문제 그리고 개인적인 문제들에 적용하는 법을 알아볼 것이다.

인생 초기에 나 자신이 겪은 마음의 문제들이 이 책을 쓰는 데 약간은 도움이 되었지만 대부분의 통찰은 나의 스승님들과 동료 수행자들로부터 온 것이다. 하지만 지난 12년 동안 세상을 순회강연 하면서 만난, 그들 자신의 삶에 대해 숨김없이 이야기해 준 사람들에게 나는 특별한 감사의 빚을 졌다. 그들이 내게 들려준 이야기들은 인간 마음의 복잡성에 대한 나의 이해를 더 넓혀 주었으며 나로 하여금 불교 수행자로서 배운 방법들이 지닌 가치를 더 깊이 깨닫게 해 주었다.

네팔에서
욘게이 밍규르 린포체

1

터널 속 한 줄기 빛

인간 존재의 유일한 목적은 단지 생존만 중요하게 여기는
무의식의 암흑 속에서 한 줄기 의식의 빛을 밝히는 것이다.

카를 융 〈기억, 꿈, 회상〉

몇 해 전 나는 뇌 영상 촬영의 일종인 기능성 자기공명
영상fMRI 장치에 벨트로 고정된 채 흰색 둥근 관처럼 생
긴 오목한 원통에서 혀처럼 밖으로 쑥 미끄러져 나온 실
험대 위에 누워 있었다. 사람들은 전혀 움직일 수 없게끔 나의 팔
다리와 머리를 벨트로 묶었고 턱을 고정시키기 위해 입 속에 마우
스피스까지 집어넣었다. 나로서는 테이블 위에 묶이는 등의 모든
검사 준비가 그저 재미있기만 했다. 왜냐하면 연구자들이 현재 자
신들이 무엇을 하고 있으며 왜 그 일을 하고 있는지에 대해 내게
매우 정중하게 설명해 주었기 때문이다. 기계 속으로 미끄러져 들
어갈 때의 느낌조차 매우 기분 좋았다. 상상력이 풍부한 사람이라

면 마치 자신이 기계 속으로 삼켜진다고 느꼈을 수도 있겠지만.

기계 안으로 들어가자 급속도로 더워졌다. 나는 두 팔이 묶인 채 누워 있어서 얼굴 아래로 타고 내려오는 땀줄기를 닦을 수가 없었다. 가려워도 긁는 일은 아예 불가능했다. 긁을 기회가 전혀 주어지지 않을 때 몸이 얼마나 가려운가는 놀라울 정도이다. 기계 회전하는 소리가 사이렌처럼 컸다.

그런 상태로 자기공명영상 스캐너 안에 한 시간 넘게 들어가 있는 것은 누구나 선뜻 해 볼 일이 아니다. 하지만 이 실험은 자원한 것이었다. 나를 포함해 열다섯 명의 불교 수행자들이 미국 위스콘신 주 메디슨 대학의 와이즈먼 뇌신경 연구소가 주관한 신경과학 연구의 피실험자가 되어 이 불편한 경험을 했다. 이 연구는 장기간의 명상 수행이 뇌에 미치는 영향을 살펴보기 위한 것이었다. 여기서 '장기간에 걸친 수행'이란 보통 1만 시간에서 5만 시간 정도 명상 수행이 축적된 경우를 말한다. 젊은 지원자들은 대략 15년 정도, 나이 든 수행자들은 40년 이상 수행을 계속해 온 경우이다.

내가 이해한 대로라면 이 영상 촬영은 일반적인 자기공명영상, 흔히 말하는 MRI와는 조금 다르다. 자기공명영상은 컴퓨터의 도움을 받아 자석에서 나오는 강한 자장과 고주파를 이용해 신체의 내부 장기나 인체 구조의 미세한 정지 영상을 촬영하는 데 쓰인다. 반면에 기능성 자기공명영상인 fMRI는 자석과 고주파 기술을 이용하는 것은 같지만 뇌의 활동과 기능 변화를 동영상으로 시시각각 보여 준다. 일반 MRI와 fMRI의 차이는 사진과 동영상의 차이와 비슷하다. 기능성 자기공명영상 기술을 이용함으로써 신경과학자들은 피실험자가 소리를 듣거나 비디오를 보는 것 같은 일종의 정신적 활동을 할 때 뇌의 다양한 부위에서 일어나는 변화를 계속 추적할 수 있다. 일단 뇌 스캐너에서 오는 신호가 컴퓨터로 처리되면 최종 결과는 뇌가 일하는 모습을 보여 주는 영화처럼 된다.

우리 피실험자들은 일정 시간 명상 수행을 하고 난 뒤 평상시의 중립 상태에서 마음을 휴식하는 일을 번갈아 했다. 예컨대 3분 동안의 명상과 3분 동안의 휴식을 반복하는 것이다. 단, 명상 중에는 누가 들어도 매우 불쾌하게 여길 소리들, 이를테면 여성의 비명이나 아이의 울음소리를 들려주었다. 실험 목표 중 하나는 귀에 거슬리는 이런 소리들이 숙련된 명상 수행자의 뇌에 어떤 영향을 미치는가를 알아내는 일이었다. 그 소리들이 집중된 주의력을 방해할 것인가? 짜증이나 분노와 연관된 뇌의 영역이 활성화될 것인가? 어쩌면 전혀 아무 영향을 미치지 않을지도 모른다.

연구팀은 수행자들에게 그 괴로운 소리들을 들려주었을 때 모성애나 연민 같은 긍정적인 마음 상태와 연관 있는 뇌 영역의 활동이 실제로 증가한다는 사실을 발견했다. 불쾌감이 오히려 깊은 고요와 투명함과 자비심을 경험하는 계기가 되는 것이다.

이 발견은 불교 명상 수행이 가져다주는 주된 이점 중 하나를 아주 간단하게 포착한 것이다. 그 이점이란 고통스런 상황과 그것에 흔히 뒤따르는 혼란스런 감정들을 인간 마음이 가진 힘과 잠재 가능성을 여는 기회로 바꿀 수 있다는 것이다.

많은 사람들은 이런 변화의 능력과 그것이 허용하는 내적 자유를 결코 발견하지 못한다. 날마다 등장하는 안팎의 도전들에 단순히 대처하느라 자기를 돌아볼 시간적 여유가 거의 남아 있지 않다. 자기를 돌아본다는 것은 매일의 사건들에 습관적으로 반응하기를 잠시 멈추고 혹시 다른 선택이 가능한가를 살펴보는 일이다. 그것을 우리는 흔히 '거리 두고 바라보기'라고 한다. 사람들은 시간이 지나면서 '어쩔 수 없다'는 무기력한 기분에 사로잡힌다. '이것이 나라는 사람의 방식이며 삶이란 원래 이런 것이다. 이것을 바꾸기 위해 내가 할 수 있는 일은 아무것도 없다.' 대부분의 사람들은 자신이 이런 식으로 자기 자신과 주위 세상을 바라보고 있다는 사실조차 자각하지 못한다. 존재하지만 보이지 않는 절망이라는 근본적인 사고방식이 강바닥의 진흙층처럼 가라앉아 있다.

마음 밑바닥에 깔린 이 절망감은 그들이 처한 상황에 상관없이 사람들에게 영향을 미친다. 내가 태어나서 자란 네팔은 물질적인 안락함과는 극히 거리가 멀었다. 전기도 안 들어오고 전화도 없으며 난방시설이나 에어컨도 없고 수돗물조차 나오지 않았다. 매일 누군가가 산 아래 멀리 있는 강까지 걸어 내려가서 물동이에 물을 길어서는 어깨에 짊어지고 다시 산을 올라와야만 했다. 그 일이 한 번에 끝나는 것이 아니라 큰 물탱크에 물을 비운 다음 또다시 물동이를 채우기 위해 터벅터벅 산 아래로 내려가야만 했다. 단지 하루에 필요한 적당량의 물을 길어 오기 위해 열 번이나 그 길을 왕복해야 했다. 많은 사람들이 가족을 먹일 충분한 음식조차 갖고 있지 않았다. 동양인들은 전통적으로 자신의 감정에 대해 말하는 것을 부끄럽게 여기긴 하지만 그들의 얼굴에는 근심과 절망감이 여실히 드러났다. 생존을 위해 날마다 힘겨운 싸움을 해 나가는 그들의 모습에서 그것을 쉽게 찾아볼 수 있었다.

1998년 서구 세계에서 처음 명상을 가르치기 시작했을 때 나는 그들이 현대문명의 온갖 편리를 누리고 있기 때문에 자신들의 삶에 훨씬 큰 자신감과 만족감을 느끼고 있으리라고 순진하게 추측했다. 하지만 형태와 원인은 비록 다를지라도 네팔에서 본 것만큼 많은 고통이 그곳에도 존재하고 있음을 깨달았다. 나는 이 현상에 깊은 호기심을 갖지 않을 수 없었다. 그래서 나를 초청한 사람들에게 물었다.

"이곳은 모든 게 훌륭합니다. 당신들은 멋진 집, 멋진 차, 멋진 직업을 가졌습니다. 그런데 왜 이토록 많은 불행이 있는 거죠?"

서양 사람들이 자신의 문제를 이야기함에 있어서 동양 사람들보다 더 솔직한 것인지, 아니면 내가 질문한 사람들이 배려를 해 준 것인지는 뭐라 단언할 수 없다. 하지만 오래지 않아 기대 이상의 대답들을 들을 수 있었다.

나는 금방 알게 되었다. 교통 체증, 사람들이 넘쳐 나는 복잡한 거리, 빠듯한 업무 일정, 밀려드는 각종 청구서, 은행과 우체국과 공항과 식료품가게의 긴 줄들이 긴장과 짜증, 불안과 분노의 공통된 원인이라는 것을. 집과 직장에서의 인간관계의 문제들은 감정을 뒤죽박죽으로 만드는 잦은 원인이다. 대부분의 사람들은 하루 일과가 온갖 활동들로 채워져 있어서 마침내 고단한 하루가 마무리될 쯤엔 잠시 세상과 사람들로부터 그냥 사라져 버렸으면 하고 소원하게 된다. 그럭저럭 하루를 마무리한 뒤 다리를 올려놓고 좀 쉬려고 하면 전화벨이 울리거나 이웃집 개가 짖기 시작하면서 모처럼 자리 잡은 편안함이 깨어져 버린다.

  이 설명을 들으면서 나는 사람들이 물질이나 외적인 부를 축적하고 유지하느라 시간과 노력을 다 써 버리기 때문에 자비, 인내, 너그러움, 평정 같은 내적인 부를 키울 기회를 전혀 갖지 못한다는 사실을 깨달았다. 이러한 불균형은 사람들이 이혼이나 심각한 질병, 만성이 된 신체적 고통이나 감정적 고통의 문제에 맞닥뜨렸을 때 특히 취약함을 드러낸다. 명상과 불교철학에 대해 강연하며 지난 10여 년 동안 세계 곳곳을 돌아다니면서 나는 삶이 안겨 주는 도전들을 다루는 데 거의 속수무책인 사람들을 만나 왔다. 일자리를 잃은 사람들은 가난의 두려움, 집을 잃을 두려움, 다시 일어설 수 없을 것이라는 두려움에 자신을 소진시킨다. 어떤 이들은 마약이나 술 등의 각종 중독과 싸워야 하고, 심각한 정신장애나 행동장애로 고통 받는 자녀나 가족 구성원을 돌봐야만 하는 부담감에 몸부림친다. 놀랄 만큼 많은 숫자의 사람들이 우울증과 자기혐오로 인해 불구자가 되어 있으며 심한 열등감으로 고뇌한다.

  이 가운데 많은 이들은 몸과 영혼을 쇠약하게 하는 감정 패턴을 극복하기 위해, 혹은 스트레스 받는 상황에 대처할 길을 찾기 위해 이미 많은 방법을 시도해 봤다. 그들이 불교에 끌리는 이유는 불교가 고통을 해결하고 어느 정도의 평화와 행복을 가져다주는 참신한 방법을 제시해 준다고 어디선가 읽거나 들은 적이 있기 때문이다. 하지만 2,500년 전 붓다가 펼친 가르침과 수행들은 우리의 나날의 삶에 늘 따라다니는 외로움, 불안, 두려움을 제거하거나 문제들을 정복하는 일과는 아무 관련이 없다는 것을 알고 종종 충격을 받는다. 정반대로 붓다는 우리를 힘들게 하는 조건들을 단지 기꺼이 받아들임으로써 자유를 발견할 수 있다고 가르쳤다.

이 메시지가 절망적으로 느껴질 사람들의 기분을 나는 충분히 이해한다. 나의 유년기와 청소년기 역시 불안과 두려움으로 깊이 얼룩져 있어서 그 무렵의 내가 생각할 수 있는 것이라고는 오직 달아나는 일뿐이었다.

달아날 곳은 없다

> 욕망이나 그 밖의 감정들을 표현하면 할수록
> 표현되기를 원하는 것이 거기 얼마나 많이 있는가를 깨닫게 된다.
> 칼루 린포체 〈부드럽게 속삭이는 가르침〉

나는 극도로 예민한 아이라서 늘 감정에 좌우되었다. 외부 상황에 따라 기분이 극적으로 오락가락했다. 누군가 내게 미소를 짓거나 좋은 말을 해 주면 며칠 동안 기분이 좋았다. 그러나 아주 사소한 문제, 이를테면 시험에 낙방하거나 누군가에게 꾸중을 들으면 어디론가 사라지고 싶었다. 낯선 사람들 앞에서는 특히나 신경이 곤두섰다. 나 자신이 이방인이 된 듯한 기분이 들면서 온몸이 떨리기 시작하고 목이 막혀 오고 현기증이 났다.

유쾌한 상황보다 불유쾌한 상황이 훨씬 더 많았으며 어린 시절을 통틀어 내가 발견할 수 있었던 유일한 위안은 집 주변 산으로 달아나 그곳의 많은 동굴들 중 한 곳에 혼자 앉아 있는 일이었다. 그 동굴들은 수 세대에 걸쳐 불교 수행자들이 오랜 기간 명상하며 앉아 있었던 매우 특별한 장소였다. 그들의 존재가, 그리고 그들이 성취한 마음의 고요가 느껴지는 것만 같았다. 나는 훌륭한 명상 지도교사인 나의 아버지 툴쿠 우르겐 린포체가 제자들과 함께 명상할 때 취하는 자세를 본떠 동굴 안에서 혼자 명상하는 흉내를 내곤 했다. 아직 정식으로 명상을 배운 적은 없었지만 그저 거기에 앉아 그 옛 스승들의 현존을 느끼고 있노라면 고요함의 느낌이 서서히 밀려오곤 했다. 마치 시간이 멈춘 듯했다. 물론 동굴에서 내려오면 어디 갔었느냐며 할머니가 몹시 꾸짖었고, 그러면 내가 막 느꼈던 고요함이 순식간에 사라져 버렸다.

　아버지 밑에서 정식으로 명상을 배우기 시작한 열 살 무렵 상황이 조금 나아졌다. 하지만, 명상을 가르치며 세계 여러 나라를 돌아다니는 사람으로서는 조금 고백하기 어려운 사실이긴 한데, 나는 명상이라는 생각과 그것이 약속하는 희망적인 결과들을 좋아하긴 했지만 정작 명상 수행 그 자체는 무척 싫어했다. 몸이 근질거리고 허리가 아프고 다리가 저려 왔다. 마음속에서 너무 많은 잡념들이 떠들어 대 도무지 집중이 불가능했다. '이 순간, 만일 지진이나 폭풍이 일어나면 어떻게 되지?' 하는 불길한 의문들로 주의가 흐트러지곤 했다. 나는 그 지역을 휩쓸고 지나가는 폭풍우를 특히 겁나 했다. 폭풍은 매우 극적으로 몰아쳤으며 천둥과 번개가 가득했다. 솔직히 말해 나는 겉으로는 매우 진지한 수행자처럼 보였지만 진실을 말하자면 전혀 명상을 한 적이 없었다.

나의 아버지 역시 최고의 스승님이었지만 훌륭한 명상 교사는 대개 제자들에게 명상의 구체적인 경험을 묻는다. 이것은 스승이 제자의 영적 진전을 가늠하는 방법 중 하나다. 얼마큼 나아졌는가를 읽어 내는 노련한 눈을 가진 스승 앞에서는 진실을 숨기기가 무척 어렵다. 그 스승이 자신의 아버지일 때는 특히 더 그렇다. 그래서 설령 내가 아버지를 실망시킬 게 뻔히 보인다 해도 아버지에게 진실을 말하는 것 말고는 선택의 여지가 없었다.

결과적으로, 솔직하게 고백하는 것이 내가 할 수 있었던 최선의 선택이었다. 경험 많은 스승들은 대개 그 자신이 수행의 여러 힘든 단계들을 대부분 통과한 경험이 있다. 남자든 여자든 명상을 하려고 처음으로 자리에 앉았을 때 완벽하게 마음의 안정을 이루는 경우는 매우 드문 일이다. 그런 드문 사람조차도 그들 자신의 스승에게서 배웠거나, 아니면 사람들이 맞닥뜨리는 다양한 형태의 문제들에 대해 과거의 스승들이 써 놓은 경전들에서 배움을 얻었을 것이다. 물론 수년 동안 수백 명의 사람들에게 명상을 가르쳐 온 스승은 수행 중에 일어나는 온갖 불평과 좌절감과 오해들을 익히 들었을 것이다. 그러한 스승은 그동안 쌓아 온 깊이 있는 앎을 통해 각각의 문제에 대한 정확한 치료법을 알고 있고 또 그 치료법을 정확하게 제시하는 법도 직감적으로 이해하고 있다.

나는 마음속이 너무도 산만해 눈에 보이는 사물에 집중하는 것 같은 간단한 명상법조차 따르기 힘들다고 고백했는데 나의 이 고백에 아버지가 보여 준 친절한 방식에 평생 감사드린다. 먼저 아버지는 내게 걱정할 필요가 없다고 말했다. 마음이 산만해지는 것은 특히 초보자에게는 지극히 정상적인 일이라고. 처음 명상 수행을 시작할 때는 마음속에 온갖 종류의 사념들이 갑자기 출몰하며 그것은 마치 세찬 강물에 떠내려오는 나뭇가지들과 같다. 그 나뭇가지들이란 바로 신체적인 느낌, 감정, 기억, 계획, 심지어 '난 명상을 잘 못해.' 같은 사념들이다. 따라서 그런 것들에 휩쓸리고, '나는 왜 명상을 잘할 수 없지? 내게 무슨 문제가 있는 걸까? 이 방의 다른 사람들은 잘하는 것처럼 보이는데 왜 나만 이렇게 힘들지?' 하는 의문이 드는 것은 매우 자연스러운 일이라는 것이었다. 그런 다음 아버지는 설명했다. 어느 순간에라도 내 마음속을 통과하는 것들이야말로 내가 명상의 초점으로 삼아야 하는 바로 그 대상들이라고. 왜냐하면 그것을 통해 내 주의력이 깨어 있을 수 있기 때문이다.

아버지는 말했다. 주의를 기울이는 바로 그 행위가 세찬 강물을 서서히 느리게 하고, 나아가 내가 바라보고 있는 대상과 그것을 바라보는 순수 자각 사이에서 작은 공간을 경험하게 해 준다고. 명상이 깊어질수록 그 공간은 점점 더 넓어질 것이다. 그리하여 차츰 내 안의 생각과 감정과 신체적인 느낌들을 나 자신과 동일시하는 습관을 중단하게 되고 그 순수 자각과 내가 하나가 되기 시작할 것이다.

이 가르침들로 인해 내 삶이 그 즉시 변화했다고는 말할 수 없지만 나는 그것들 속에서 큰 위안을 발견했다. 산만한 마음으로부터 달아날 필요가 없었으며 산만한 생각들이 나를 데리고 달아나게 둘 필요도 없었다. 나는 마음속에 떠오르는 것은 무엇이든, 그것이 생각이든 느낌이든 감각작용이든 나의 마음과 친해지는 기회로 삼을 수 있었다.

마음과 친해지기

> 우리는 기꺼이 완벽하게 평범한 사람이 되어야 한다.
> 이는 자기 자신을 있는 그대로 받아들임을 의미한다.
> 트룽파 린포체 〈자유의 신화〉

티베트어로 명상을 '곰'이라고 하는데 대충 번역하면 '친해지다'라는 뜻이다. 이 풀이를 따른다면 불교 명상은 마음을 알게 되는 과정이라고 이해하면 가장 좋을 것이다. 사실 그것은 모임에서 누군가를 만나는 일처럼 매우 단순하다. 서로의 소개가 이루어진다. "안녕하세요, 저는 욘게이 밍규르입니다." 그런 다음 서로의 공통된 관심사를 찾으려고 시도한다. "왜 여기 오셨나요? 누가 초대했나요?" 하지만 그러면서 내내 당신은 상대방을 바라보며 그 사람의 머리 색, 얼굴 생김새, 키가 큰지 작은지 등을 가늠한다.

명상 즉 자신의 마음을 알아 가는 일은 처음에는 그것과 비슷하다. 초면인 사람을 소개받는 일 말이다. 처음엔 이 말이 약간 이상하게 들릴 것이다. 왜냐하면 우리 대부분은 마음에서 일어나고 있는 일들을 이미 잘 안다고 여기는 경향이 있기 때문이다. 우리는 생각과 감정과 신체적인 느낌들의 흐름에 너무 익숙해져 있어서

초면인 사람과 인사를 나눌 때처럼 그것들을 하나하나 바라보기 위해 잠시 멈추는 일은 좀처럼 하지 않는다. 대개는 우리가 어떤 경험을 하든 생각과 감정과 신체적인 느낌이 한 덩어리가 되어 우리의 의식 속을 통과해 갈 뿐이다. 그것은 세부적인 것들의 집합으로 이루어진 한 완성체처럼 보인다.

아주 간단한 예를 들면 당신이 출근길에 차를 운전하고 가다가 갑자기 교통 체증에 맞닥뜨렸다고 하자. 당신의 머리는 이 상황을 '교통 체증'이라고 등록하지만 실제로는 많은 일들이 일어나고 있다. 당신은 액셀 위에 올려져 있던 발을 브레이크 페달로 옮겨 누르는 힘을 가한다. 그리고 양옆과 앞뒤에 있는 차들을 주시하면서 속도를 늦추고 정지한다. 양손의 신경들이 핸들의 감촉을 뇌에 전달하고 등과 다리의 신경들은 의자의 촉감을 등록한다. 아마도 바깥에 있는 차들의 경적 소리가 창문을 통과해 들려올 것이다. 동시에 당신은 생각할지도 모른다. '이러다가 아침 회의 시간에 늦겠어.' 그 순간, 당신이 회사에 지각했을 때 일어나게 될 일들이 마음속에 떠오르기 시작한다. 사장이 화를 낼 것이다. 당신은 중요한 정보를 놓치게 될 것이다. 혹은 당신이 동료들에게 프레젠테이션을 하기로 되어 있을 수도 있다. 그러면 심장이 더 빨리 뛰기 시작하고 아마 식은땀도 날 것이다. 당신은 앞쪽에 있는 운전사들에게 화가 날 것이며 답답한 마음에 경적을 눌러 대기 시작할 것이다. 그러나 이 많은 육체적, 정신적, 심리적 과정들이 동시에 일어남에도 불구하고 마음은 그것들을 단 하나의 결합된 경험으로 여기는 경향이 있다.

내가 대화를 나눈 인지과학자들에 따르면 경험의 다양한 가닥들을 뭉뚱그려서 한 개의 꾸러미로 만드는 이런 경향은 인간 마음의 정상적인 기능이다. 우리의 뇌는 감각기관을 통해 복합적인 정보의 흐름을 끊임없이 주고받으며 그것들을 과거의 경험과 비교해 평가하고 몸이 그것에 특정한 방식으로 반응하도록 준비시킨다. 예를 들어 위험해 보이는 상황에서는 우리의 자각력을 높이기 위해 혈액 속으로 아드레날린을 분비시킨다. 동시에 기억과 계획에 관련된 뇌의 영역들이 생각의 실을 자아내기 시작한다. '앞쪽에 얼마나 길게 차들이 밀려 있을까? 휴대폰을 꺼내 누구한테 전화를 해야 할까? 잠깐 동안만 참고 기다리면 될지도 몰라. 여기서부터 그리 멀지 않은 곳에 옆으로 빠지는 길이 있었던 것 같은데. 이곳에서 벗어나 다른 길로 가야 할까? 어, 저기 저 차가 갓길로 해서 끼어들려고 하네.' 뿐만 아니라 추론, 기억, 계획과 관련된 뇌 영역들은 감정적인 반응을 일으키는 뇌 영역들과 밀접하게 연결되어 있기 때문에 떠오르는 생각들이 무엇이든 으레 어떤 종류의 감정엔가 물들어 버린다. 이를테면, 교통 체증의 경우나 폭풍우에 대한 나의 반응은 대부분 불쾌한 감정을 동반한다.

대개의 경우, 이 과정들은 동시에 일어나며 일상적인 의식의 범위를 넘어선다. 우리의 뇌가 감각기관들을 통해 전달받는 정보들 중 1퍼센트도 안 되는 것만이 실제로 우리의 의식에 도달한다. 뇌는 주의를 끄는 한정된 것들만 취급한다. 불필요하다고 판단되면 제거하고 중요하게 보이면 접근한다. 이것은 꽤 유용한 분류 작업이다. 만일 이 방에서 저 방으로 이동하는 것 같은 단순한 활동과 관련된 모든 단계들을 우리가 민감하게 의식한다면 우리는 한쪽 발을 들고 다른 쪽 발을 내려놓는 세세한 과정, 우리 주위 공기의 작은 변화들, 벽의 색깔, 소리의 높낮이, 그리고 그 밖의 것들에 너무나 빨리 압도되어 아마 별로 멀리 나아가지도 못하고 쓰러질 것이다. 그리고 그럭저럭 옆방에 가더라도 도착했을 때는 우리가 하려고 했던 것을 다 잊어버릴 것이다!

하지만 뇌의 이런 정리 작업이 가져다주는 손실 역시 크다. 그 결과 우리는 순간순간 경험하는 것의 아주 작은 조각을 전체라고 착각하는 실수를 저지르게 된다. 이것은 우리가 불편한 상황이나 강한 감정에 직면했을 때 문제를 일으킬 수 있다. 우리는 우리가 경험하고 있는 것의 가장 강렬한 측면에만 주의를 고정시킨다. 신체적 고통, 약속 시간에 늦을 것이라는 두려움, 시험에 떨어진 낭패감, 친구를 잃은 슬픔 등이 그것이다.

일반적으로 인간의 마음은 그런 상황에 부딪혔을 때 대개 두 방향 중 하나에서만 맴돈다. 즉 달아나려고 노력하거나 아니면 압도 당해 버린다. 우리가 경험하고 있는 것이 하나의 적으로 보이거나 혹은 우리의 생각을 완전히 지배하고 우리의 반응까지도 조종하는 주인이 되어 버린다. 설령 우리가 텔레비전을 켜거나 책을 읽거나 인터넷 검색을 통해 우리를 괴롭히는 것으로부터 일시적으로 달아나는 데 성공할지라도 그 문제는 잠시 동안 아래로 잠복하는 것일 뿐이며 은연중에 더 많은 힘을 얻게 된다. 왜냐하면 이제는, 나중에 또다시 그 문제에 직면할지 모른다는 두려움과 섞이게 되기 때문이다.

아버지에게 명상 수행의 어려움을 고백했을 때 아버지는 내게 그 두 극단 사이의 중간 길을 제시했다. 나는 산만한 생각들을 막으려고 노력하거나 그것에 굴복하는 대신 그것들을 친구로 환영할 수 있었다. "안녕 두려움! 안녕 초조함! 잘 지내니? 잠시 머물면서 우리 서로를 알아 가는 게 어때?"

생각과 감정과 신체적인 느낌들을 다정하게 맞아들이는 이 수행을 흔히 '마음챙김'이라고 일컫는다. 여기에 해당하는 티베트어는 '드렌파'인데, 간단히 말해 '자각하다'라는 뜻이다. 그렇다면 무엇을 자각하는 것인가? 우리의 주의를 가로채고 압도하고 우리를 달아나도록 충동질하는 경험의 주된 측면 즉 '큰 그림'에 집중하는 바람에 우리의 주의에서 벗어나 버리는 몸과 마음의 모든 미묘한 과정들을 자각하는 것이다. 마음 챙김에의 접근은 큰 그림을 더 작고 더 다루기 쉬운 조각들로 점차 쪼개어 나가는 것인데, 그 작은 조각들은 놀라운 속도로 자각 속으로 반짝 떠올랐다가 금세 사라져 버린다.

사실 약간 놀라운 일이긴 하지만 당신이 마음과 친구가 되려고 할 때 마음은 무척 수줍어한다. 그토록 강력하고 견고해 보였던 생각과 감정들이 거의 나타나자마자 사라져 버린다. 마치 강한 바람에 획 하고 불려 가는 연기 같다. 마음을 자각하는 수행을 처음 시작한 많은 사람들처럼 나는 내 마음을 통과하는 것들 중 10분의 1조차 제대로 관찰하기 어렵다는 사실을 알게 되었다. 그럼에도 여러 인상들의 돌진이 아주 자연스럽게 서서히 느려지기 시작했다. 그리고 그렇게 해서 나는 몇 가지를 알아차렸다.

먼저 그때까지 나는 혼란스런 감정과 산만한 기분들이 견고한 실체를 가진 영원한 것이라 여겼었는데 그런 생각이 실제로는 환상이었음을 깨닫기 시작했다. 불안감이 아주 잠깐 머물다 사라지면 좀이 쑤시기 시작했다. 그 근질근질함은 창문 밖에 날아온 한 마리 새가 나의 주의를 끌기 전까지 아주 잠깐 동안만 유지되었다. 그다음엔 누군가 기침을 하거나 아니면 갑자기 '점심엔 뭘 먹지?' 하는 의문이 불쑥 들었다. 1초 후에는 불안감이 되돌아왔다. 근질근질함은 더 심해지고 내 앞에 앉아서 명상하는 사람이 자세를 바꾸었다. 이러한 인상들과 생각들과 신체적인 느낌들이 오고 가는 것을 지켜보는 게 거의 놀이처럼 되고, 그 놀이가 진행됨에 따라 나는 더 차분해지고 자신감을 갖기 시작했다. 의식적으로 의도하지 않고도 생각과 느낌들에 덜 겁내게 되고 산만함 때문에 덜 고통받게 되었다. 나의 마음은 음울하고 조종하려 드는 낯선 주인이기보다는 정확히는 아직은 친구가 아니지만 적어도 흥미 있는 동반자로 발전되어 갔다.

물론 나는 여전히 생각과 공상들에 끌려갈 수 있었고, 들뜬 상태와 둔감한 상태를 왔다 갔다 할 수도 있었다. 아버지는 그런 일이 일어날 때 지나치게 걱정하지 말라고 다시 한 번 내게 충고했다.

머지않아 나는 지금 이 순간에 무슨 일이 일어나든 그것들을 관찰하는 단순한 과제로 돌아오는 것을 기억할 수 있게 되었다. 핵심은 자각 상태에서 일시적으로 벗어났다고 해서 그것으로 나 자신을 판단하지 않는 일이다. 이는 중요한 교훈임이 입증됐는데, 왜냐하면 나는 종종 졸음에 빠졌다고 나 자신을 판단하곤 했기 때문이다. 하지만 여기서도 마음을 단순히 관찰하라는 가르침은 놀라운 깨달음을 가져다주었다. 나를 괴롭히는 것들 대부분은 자신의 경험에 대한 스스로의 판단들로 이루어진 것이었다. '이것은 좋은 생각이야. 이것은 나쁜 생각이야. 아, 이 기분은 맘에 들어. 이런, 이 기분은 정말 싫어.' 하는 것들이다. 두려움에 대한 두려움이 두려움 자체보다 더 강력했다. 나는 한동안 마치 내 마음속에 분리된 두 개의 방이 있는 것처럼 느꼈다. 하나는 내가 서서히 알아차리기 시작한 생각과 감정과 신체적인 느낌들로 가득 찬 방이고, 다른 하나는 그것들에 대해 수다를 떠는 유령들이 점령한 비밀의 뒷방이었다.

얼마 안 있어 나는 그 두 개의 방이 실제로는 분리된 게 아님을 깨달았다. 그 수다들은 내가 생각하고 느끼는 모든 것들 바로 옆에서 늘 진행되고 있었지만 너무나 미약해서 알아차리지 못했을 뿐이다. 마음속의 이 연속적인 해설에 대해서도 나는 그것들을 부드럽게 관찰하면 그 생각과 느낌들 역시 단명하다는 것을 깨닫기 시작했다. 그것들이 그렇게 왔다가 감으로써 뒤에서 판단하는 목소리들도 힘을 잃어 갔다.

오로지 아버지 밑에서만 명상을 배운 그 몇 해 동안, 어린 시절 내내 나를 따라다니던 극단적인 감정 변화들이 약간은 줄어들었다. 나는 주위의 칭찬에 쉽게 들뜨지도 않았고 당황과 실패 때문에 떨지도 않았다. 아버지에게 가르침을 받기 위해 빈번히 찾아오는 많은 방문객들과 대화를 나누는 일도 조금은 편해졌다.

하지만 머지않아 상황이 달라졌고 내가 배운 것들을 훨씬 더 깊은 차원에서 적용하지 않으면 안 되는 하나의 도전에 직면하게 되었다.

해독제와 호위대

> 티베트에는 첸둑이라 불리는 매우 위험한 독초가 있다.
> 죽을 생각이 아니라면 이것을 많이 먹어선 안 된다.
> 동시에 이 풀은 약으로도 사용된다.
>
> 툴쿠 우르겐 린포체 〈있는 그대로〉

열두 살이 되었을 때 나는 불교철학과 명상 수행을 집중적으로 배우기 위해 네팔의 아버지 절을 떠나 북인도 다람살라 근처의 세랍 링 수도원으로 갔다. 5천 킬로미터가 넘는 긴 여행이었다. 집과 가족으로부터 떨어지는 첫 여행이었고 비행기를 탄 것도 처음이었다. 나의 보호를 맡은 나보다 나이 많은 승려와 함께 네팔 카트만두에서 인도 델리까지 가는 비행기에 올랐을 때 나는 공포에 사로잡혔다. '비행기가 갑자기 엔진이 꺼지거나 번개에 맞으면 어떻게 되지?' 내 머릿속은 비행기가 하늘에서 추락해 땅으로 곤두박질하는 장면들로 가득 찼으며 좌석 팔걸이를 너무 꽉 움켜잡는 바람에 손바닥에 상처가 났다. 이윽고 비행기가 이륙하자 피가 온통 얼굴로 쏠리고, 나는 식은땀을 줄줄 흘리면서 경직된 채 앉아 있었다.

불안해하는 내 모습을 지켜보던 옆자리의 남자가 내게 걱정할 일이 전혀 없다며 경험 많은 여행자다운 말투로 나를 안심시켰다. 그는 웃으면서, 비행기는 매우 안전하며 비행시간이 불과 한 시간으로 짧기 때문에 내가 알아차리기도 전에 착륙해 있을 것이라고 했다. 그의 친절한 설명 덕분에 나는 곤두선 신경이 약간 가라앉았다. 나는 좌석에 앉아서 잠시 내가 배운 대로 마음을 관찰하는 명상을 시도했다. 그때 갑자기 비행기가 몹시 요동쳤고 그 남자가 거의 의자에서 뛰어오를 듯하면서 공포에 휩싸인 비명을 질렀다. 남은 비행 내내 나는 최악의 상황을 상상하며 꼼짝 않고 앉아 있었다. 마음을 관찰하는 일은 생각조차 할 수 없었다. 나는 곧 죽게 될 것이 틀림없었다.

운 좋게도 델리에서 세랍 링 수도원까지 자동차로 이동한 13시간의 여정은 덜 파란만장했다. 전에도 네팔에서 어머니와 다른 식구들과 함께 나의 고향 마을 누브리와 카트만두의 아버지가 계신 절을 몇 차례 육로로 왕래한 적이 있었다. 세랍 링 수도원은 산 높은 곳에 있기 때문에 산으로 올라가자 전망이 툭 트이면서 자동차 여행이 꽤 즐겁기까지 했다.

내가 눈치채지 못하게 수도원 측에서는 나의 방문을 환영하는 의식을 준비하고 있었다. 그곳에 사는 승려들 대부분이 나를 맞이하고자 도로가 내려다보이는 언덕 위에서 2.5미터 길이의 예식 나팔과 크고 묵직한 북들을 들고 일렬로 줄지어 기다리고 있었다. 당시 그 지역에는 전화 같은 통신수단이 없었던 터라 승려들은 꽤 오랫동안 기다려야만 했고 드디어 자동차 한 대가 다가오는 것을 보고 그들은 일제히 나팔을 불고 북을 치기 시작했다. 하지만 차가 멈추고 어느 젊은 인도 여자가 내리자 명백히 내가 아님을 알고 승려들이 우왕좌왕한 나머지 웅장한 환영식은 돌연 중단되었다. 그 여자는 당황한 걸음걸이로 환영 대열을 통과해 사원 문으로 들어갔다.

다시 얼마쯤 지나 내가 탄 차가 도로 쪽으로 들어섰고 승려들은 또다시 나팔 소리를 길게 울리며 북을 두들기기 시작했다. 그러나 차가 정문에 이르렀을 때쯤 다시 그들은 혼란에 빠져 연주를 중단했다. 나는 어른이 된 지금도 키가 아주 크지는 않다. 어렸을 때는 키가 너무 작았기 때문에 구식 자동차의 높은 운전석에 가려 내 머리가 보이지 않았다. 그래서 연주자들이 서 있는 곳에서는 조수석에 아무도 앉아 있지 않은 것처럼 보였다. 또다시 실수를 하는 게 내키지 않았던 그들은 나팔과 북채를 아래로 내렸고 음악은 흐지부지 중단되었다.

마침내 조수석 문이 열리고 내가 밖으로 나왔을 때 나를 환영하는 너무도 요란하고 열광적인 팡파르 소리에 나는 뼛속까지 진동이 느껴졌다. 악기 소리가 더 놀랄 일인지 나를 환영하려고 집합한 낯선 사람들의 모습이 더 놀랄 일인지 분간이 안 갔다. 비행기 안에서 느꼈던 모든 공포가 순식간에 되돌아왔기에 나는 몸을 돌려 엉뚱한 방향으로 걸어가기 시작했다. 만일 동행한 승려가 아니었다면 정문을 결코 통과하지 못했을 것이다.

세랍 링 수도원에서의 첫출발치고는 썩 좋은 징조가 아니었다. 수도원 자체는 북쪽과 동쪽으로 히말라야 산맥이 에워싸고 있고 남쪽과 서쪽으로는 넓은 평지가 굽이쳐 흐르는 매우 아름다운 곳임에도 불구하고 내게는 매우 비참하고 불행한 장소였다. 나의 고질적인 예민함과 불안감이 압도적인 힘을 갖고 되돌아와 아버지가 내게 가르쳐 준 대로 그것들을 환영하려는 나의 노력을 여지없이 짓밟아 버렸다. 불면증에 걸렸고 혼란스런 생각들의 연쇄반응을 어떻게도 할 수 없었다. 어느 날 아침, 잠에서 깨어 침실 유리창에 난 작은 금을 발견한 순간이 아직도 생생하게 기억난다. 그 후 한 달 넘게 나는 내가 유리창을 깬 것이라고 비난받을까 봐 두려움에 휩싸여 지냈다.

단체로 하는 명상 시간은 특히 고통스러웠다. 당시 그 절에는 약 80명의 수도승들이 머물고 있었고 모두들 서로 무척 친해 보였다. 수업과 명상 수행을 하는 짬짬이 무리 지어 돌아다니며 웃고 농담을 나누었다. 나는 그들 속에서 완전한 이방인이었다. 몸에 걸친 승복을 제외하면 공통점이라곤 전혀 없는 듯 느껴졌다. 예불을 위해 법당에 모일 때면 그들 전부가 불교 의식에 관련된 용어나 자세들을 나보다 훨씬 잘 알고 있었다. 그들이 내가 실수하기를 기다리며 나를 지켜보고 있는 게 아닐까 하는 생각까지 들었다. 대부분의 예불 의식에는 나팔, 북, 심벌즈가 동반되었다. 때로는 귀청이 터질 것 같은 그 굉음들 때문에 나는 심장이 두근거리고 머리가 빙빙 돌았다. 법당에서 뛰쳐나오고만 싶었다. 하지만 모두가 지켜보고 있었고 탈출구는 없었다.

유일하게 편안함을 경험한 순간이 있었다. 나에게 불교 용어와 철학과 의식 절차를 가르쳐 준 두폰 라마 출트림, 그리고 명상을 지도해 준 살자이 린포체와 함께한 개인 수업 시간이었다. 특히 네

모난 머리에 회색 머리카락을 한 매우 지혜로운 라마승 살자이 린포체에게 친근감이 느껴졌다. 80대의 나이에도 불구하고 그의 얼굴에는 주름살이 거의 없었다. 한 손에는 기도바퀴를, 다른 한 손에는 만트라 왼 숫자를 세기 위한 염주를 든 그의 모습이 지금도 눈에 선하다. 무한한 친절과 인내심 넘치는 그분을 나는 나의 또 다른 아버지로 여기게 되었다. 그에게는 크든 작든 온갖 문제들을 들고 갈 수 있었다.

그가 해 준 대답들은 변함없이 심오한 교훈들이었다. 어느 날 아침, 머리를 감는데 귓속에 물이 조금 들어갔다. 나는 물을 빼내려고 온갖 시도를 다 했다. 수건으로 귀 안을 닦아 내고, 머리를 흔들고, 얇은 화장지를 가늘게 말아 귀 안쪽으로 밀어 넣기도 했다. 어느 것도 도움이 안 되었다. 살자이 린포체에게 그것에 대해 말하자 그는 내게 귀에 물을 더 집어넣고 물이 빠져나오도록 머리를 가볍게 치라고 조언했다. 놀랍게도 효과가 있었다!

그것이 문제를 해독제로 이용하는, 오래전 붓다가 가르친 원리의 한 예라고 살자이 린포체는 설명했다. 나는 머뭇거리면서 그것과 똑같은 접근법이 생각과 감정을 다루는 데에도 이용될 수 있는지 물었다. 그는 의아한 시선으로 나를 바라보았고, 잠시 후 나는 삶의 대부분을 내가 얼마나 심각한 불안감 속에서 보냈는지 이야기를 쏟아 내었다. 때로는 거의 숨 쉴 수도 없을 만큼 격렬하게 밀려오는 공포감, 그리고 아버지가 가르쳐 준 방법대로 아무 판단 없이 친구처럼 마음을 관찰하는 데 기울인 온갖 노력들에 대해서도. 모든 것이 친숙한 환경인 네팔에서는 작은 성공을 거두었지만 새롭고 낯선 환경에 오자 과거의 모든 문제들이 훨씬 더 강력하게 수면 위로 떠올랐다고.

살자이 린포체는 내 속에 있는 말이 다 바닥날 때까지 귀 기울여 듣고는 다음의 이야기를 들려주었다.

"티베트는 멀고 외딴 길들로 가득하다네. 특히 마을이나 동네가 별로 없는 산악지역에선 더욱 그렇지. 여행길은 늘 위험천만이야. 산적들이 동굴이나 길가 바위 뒤에 거의 항상 숨어 있거든. 불쑥 뛰쳐나와 공격을 가하려고 기다리고 있지. 단단히 무장을 하고 떠난 여행객들도 사정은 마찬가지야. 허나 사람들이 어떻게 할 수 있겠는가? 장소를 이동하려면 반드시 그 길을 지나가야 하거든. 물론 무리를 이루어 움직일 수도 있고, 만일 그 무리가 충분히 크다면 산적들에게 공격을 당하지 않을 수도 있겠지. 하지만 이 방법이 늘 성공을 거두지는 못해. 왜냐하면 산적들은 대개 큰 무리를 이룬 여행자들을 덮칠 기회를 더 엿보고 있거든. 때로 사람들은 호위대를 고용해 자신을 보호하려고 시도하지. 하지만 그것 역시 크게 성공을 거두진 못한다네."

내가 물었다.

"왜 그렇죠?"

린포체가 웃으며 말했다.

"산적들이 언제나 더 난폭하고 또한 더 좋은 무기를 지니고 있기 때문이지. 게다가 만일 싸움이 발생하면 상처를 입기는 여행자들도 마찬가지거든."

살자이 린포체가 눈을 감고 머리를 떨구고 있어서 나는 그가 잠이 든 모양이라고 생각했다. 하지만 깨울 방법을 생각해 내기 전에 그가 눈을 뜨고 말을 이었다.

"더 현명한 여행객들은 산적들에게 공격을 받았을 때 그들과 거래를 하지. '우리가 당신들을 우리의 호위대로 고용할 순 없겠소? 지금 이 자리에서 당신들에게 얼마를 지불하고 여행이 끝난 지점에서 더 주겠소. 이 방식대로 하면 어떤 싸움도 일어나지 않고 누구 하나 다치지 않으며 당신들도 우리를 뒤쫓아 와 단순히 강탈하는 것보다 얻는 게 더 많을 것이오. 어느 누구도 당신들을 산에서 몰아내려고 하지 않을 것이기 때문에 당신들은 덜 위험할 것이오. 우리 역시 덜 위험할 것이오. 왜냐하면 우리가 고용할 수 있는 어떤 호위대보다 당신들이 더 강하고 더 좋은 무기를 갖고 있기 때문이오. 그리고 만일 당신들이 우리를 큰길까지 안전하게 호위해 주면 우리는 다른 사람들에게 당신들을 추천해 줄 수도 있소. 그러면 당신들은 머지않아 여행자를 강탈하는 것보다 훨씬 더 많은 소득을 얻게 될 것이오. 당신들은 가족과 함께 살 멋진 집도 소유할 수 있소. 겨울에는 추위에 떨고 여름에는 푹푹 찌는 동굴에 숨어 있을 필요가 없소. 양쪽 모두 이익을 누릴 수 있는 일이오.' 이렇게 협상을 시도하는 것이지."

린포체는 잠시 말을 멈추고 내가 이해했는지 보려고 기다렸다. 내 얼굴 표정이 이해가 안 간다는 인상을 준 게 틀림없었고 그는 이야기를 계속했다.

"그대의 마음은 멀고 외딴 길이라네. 그리고 그대가 설명한 모든 문제들은 산적들이지. 그들이 거기 있다는 것을 알기에 그대는 여행을 두려워해. 아니면 깨어 있는 마음을 호위대로 고용하는 방법이 있겠지. '생각들을 관찰하면 그것들이 사라질 거야.' 하고 기대하면서 희망과 두려움을 그것에 섞어 버리는 것이지. 어느 쪽이든 칼자루는 문제가 쥐고 있지. 문제들은 항상 그대보다 커 보이고 강해 보일 거야.

가장 좋은 선택은 현명한 여행자처럼 되는 일이라네. 자신의 문제들을 자신과 함께 가도록 초대하는 것이지. 두려울 때 그 두려움과 싸우려고 시도하거나 그것으로부터 달아나려고 하지 말게. 그것과 거래를 하는 거야. '이봐 두려움, 내 곁을 떠나지 말아 줘. 나의 호위대가 되어 줘. 네가 얼마나 크고 강한지를 내게 보여 줘.' 만일 그대가 이렇게 여러 차례 한다면 마침내 두려움은 단지 여러 경험 중 하나일 뿐이고 왔다가 가는 것에 지나지 않게 되지. 그대는 두려움과 함께해도 편안하고, 어쩌면 그것을 그대가 가진 마음의 힘을 인정하는 기회로 삼을 수도 있어. 그토록 큰 문제를 만들어 낸다면 그대의 마음은 틀림없이 매우 강력한 것일 테니까. 안 그런가?"

나는 고개를 끄덕였다. 그럴듯해 보였다.

그는 이어서 말했다.

"두려움 같은 강력한 감정에 더 이상 저항하지 않을 때 그대는 그 에너지를 더 건설적인 방향으로 돌릴 수 있게 되지. 그대의 문제들을 호위대로 고용할 때 그것들은 그대의 마음이 얼마나 강력한가를 그대에게 보여 줄 것이야. 그것들이 아주 사납다면 그만큼 그대가 강한 존재임을 자각하게 해 주는 셈이지."

뚫고 지나가기

가장 좋은 출구는 그것을 뚫고 지나가는 것이다.
로버트 프로스트 〈하인 대 하인들〉

내가 겪는 감정의 소용돌이를 내 마음이 지닌 힘의 증거라고 생각한 적이 나는 한 번도 없었다. 아니 좀 더 솔직히 말하면 그 효과에 대해서는 들은 바가 있었고, 특히 아버지로부터 혼란스런 감정이 실제로는 마음 그 자체의 표현들이라는 가르침도 여러 번 받았다. 강렬한 열이 태양의 산물이며 태양의 표현이듯이. 하지만 마음공부를 처음 시작할 때 대부분이 그러하듯이 나는 내 기분을 망쳐놓는 생각이나 감정의 근원지를 직접 들여다보는 대신에 그것들을 제거하는 데 훨씬 더 관심이 많았다. 살자이 린포체가 지적한 것처럼 마음챙김 수행을 할 때의 나의 노력들은 단지 희망과 두려움에만 열중해 있었다. 생각들을 관찰하면 불쾌한 생각들이 마침내 사라질 것이라는 희망, 그리고 그것들이 다시 수면에 떠오르면 거기서 영원히 벗어나지 못할 것이라는 두려움이 그것이었다.

지금 와서 돌아보면 나의 초기의 노력들은 도전적인 상황이나 격렬한 감정에 직면할 때 사람들이 흔히 사용하는 전략과 별로 다르지 않았다. 내게는 뭔가 절망적으로 잘못된 것이 있으며 만일 그 문제들을 사라지게 할 수만 있다면 모든 것이 좋아질 거라는, 다시 말해 삶이 더없이 행복하고 평온하며 문제로부터 해방될 것이라는 가정하에 불안과 공포에 시달리며 길을 찾으려고 노력한 것이다.

살자이 린포체가 준 가르침의 핵심은 이것이었다. 밤새 나를 잠 못 이루게 하고 종일 덫에 갇힌 새처럼 가슴이 콩닥거리게 만드는 생각과 감정들이 실제로는 뭔가 좋은 신호이니 환영하라는 것이다. 그것은 마음이 "나를 좀 봐! 내가 무엇을 할 수 있는지 봐 줘!" 하고 말하고 있는 것과 같다는 것이다.

어떤 이들은 곧바로 그런 근본적인 대안을 붙잡을 수 있다. 내가 듣기로 아버지가 그런 사람이었다. 아버지는 마음의 본성에 대한 가르침을 듣자마자 모든 경험이 마음의 무한한 가능성의 산물이라는 것을 간파했다. 불교 경전에서 흔히 말하듯 '순수 의식의 마술 같은 펼쳐짐'임을 알아차린 것이다. 불행히도 나는 그렇게 기민한 사람이 아니었다. 나의 과정은 훗날 내 가르침을 받은 몇몇 사람의 경우처럼 '두 걸음 나갔다가 한 걸음 물러서는' 식이었다. 내 두려움과 대면하고 그 근원을 알아차리고자 하는 것은 나를 위기로 몰아넣었다.

그 위기는 셰랍 링 수도원에서 보낸 3년 안거 수행의 첫해에 찾아왔다. 이 안거 수행은 티베트 불교의 필수적인 집중 수련으로, 구전으로 가르침을 전수받은 스승들이 새로운 세대의 제자들에게 그것을 전달하는 과정이다. 구전으로 가르침을 전하는 이 전통은 과거 천 년 넘게 변함없이 이어져 온 스승과 제자 간의 계보로, 최초의 형식 그대로 가르침을 보존하는 일종의 비의秘儀 전수 같은 것이다. 그 가르침은 고립된 환경에서 전수된다. 마음의 내면 풍경에 더 곧바로 집중하고 모든 산만한 요소를 최소화하기 위한 방법으로, 말 그대로 자물쇠를 채워 바깥세상과 완전히 격리시킨다.

나는 고작 열네 살이었던 터라서 안거 수행 참여 자체가 허락될지 다소 불분명했다. 일반적으로 이 수행 기회는 마음을 관찰하는 기초가 탄탄한 고참 승려들에게만 주어졌다. 하지만 살자이 린포체가 지도 법사가 될 예정이었다. 나는 그분의 지도 아래 배우고 싶은 마음이 굴뚝같아서 아버지에게 나 대신 말씀드려 달라고 간곡히 부탁했다. 결국 요청이 받아들여졌다. 나는 기쁜 마음으로 다른 참가자들과 함께 수행의 서약을 하고 나의 은둔 처소에 자리 잡았다.

나의 결정을 후회하는 데는 긴 시간이 걸리지 않았다.

열린 공간이라고 해서 문제가 되는 생각과 감정들을 다루는 게 쉬운 일은 아니지만 적어도 기분 전환을 할 기회들이 있다. 이를테면 오늘날 기분 전환을 하는 데 쉽게 이용 가능한 것은 텔레비전, 인터넷, 휴대전화이다. 아니면 단지 숲 속을 걷는 일만으로도 마음에게 '숨 쉴 공간'을 제공해 준다. 하지만 3년의 안거 수행이 진행되는 환경에서는 그런 기회들이 극히 제한된다. 내가 여전히 싫어하는 단체 수업과 수련, 그리고 장시간의 개인 명상 중에는 마음을 주시하는 일 말고는 아무것도 할 게 없다. 잠시 후 당신은 감옥에 갇힌 기분이 들기 시작할 것이다. 작은 번뇌가 더 크게 느껴지며 더 강력한 생각과 감정들이 위협적인 거인으로 변한다. 살자이 린포체는 이것을 공원이나 들판을 구경하러 가려고 계획하는 일에 비유한다. 당신은 아름다운 풍경 속에서 기분 전환하는 하루를 갖기 위해 음식과 그 밖의 준비물을 챙겨 들고 공원으로 나들이 간다. 그런데 자리를 잡고 앉자마자 곧바로 정부 관리들이 나타나 어떤 경우에도 당신이 공원을 떠날 수 없다고 적힌 왕의 명령서를 들이민다. 경비병들이 당신을 사방으로 에워싸고는 눈살을 찌푸리며 당신이 자리에서 한 발자국도 움직이지 못하게 한다. 당신은 미소를 지으며 그들에게 간청해 보지만 그들은 거기에 그대로 선 채 최대한 무표정한 얼굴로 당신의 웃음에 화답하려는 최소한의 충동조차 억제한다. 그 순간 당신의 경험 전체가 달라진다. 주변 풍경을 즐기는 대신 당신이 생각하는 것은 오로지 빠져나갈 방법에 대한 궁리뿐이다. 그런데 불행하게도 거기에 탈출구란 없다.

나는 내 방에 숨어서 단체 수행을 회피하기 시작했다. 하지만 어떤 면에서는 그것이 더 나빴다. 나의 마음으로부터는 숨을 수 없었기 때문이다. 몸이 떨리고 식은땀이 났다. 잠을 자 보려고 애쓰기도 했다. 결국 아버지에게서 배운 첫 번째 가르침에 따라 생각과 감정들이 일어나고 사라질 때 그것들을 단지 지켜보면서 그것들이 본래 무상하고 일시적인 것임을 자각하는 것 외에는 다른 선택의 여지가 없었다. 그날 이후, 나는 마음속에서 일어나는 생각과 감정들을 환영할 수 있게 되었고 어떤 면에서는 그것들이 지닌 다양성과 강렬함에 매혹되었다. 내게서 명상을 배운 어떤 사람이 묘사했듯이 그것은 만화경 속을 들여다보면서 패턴들이 변화하는 방식을 알아차리는 것과 같다. 또 그다음 날이 되자 살자이 린포체가 말한 티베트 산악지대를 여행하는 사람들의 호위대에 대한 비유가 머리로써가 아니라 어느 정도는 직접적이고 경험적으로 이해되기 시작했다. 불가항력적으로 보였던 생각과 감정들이 실제로는 내 마음이 가진 무한히 넓고 큰 창조적인 힘의 표현들이라는 사실을 느끼기 시작한 것이다.

다음 날, 나는 내 방에서 걸어 나와 지금까지 꿈꾸었던 것보다 더 큰 확신과 분명함을 가지고 다시 한 번 단체 수행에 참여했다.

나머지 안거 수행 기간 동안 심리적 감정적 동요를 전혀 겪지 않았다고는 말할 수 없다. 심지어 20년이 지난 지금도 나는 일반 사람들이 겪는 마음의 일들에서 크게 벗어나지 못하고 있다. 사람들이 깨달음이라고 부르는 것으로부터 나는 거리가 멀다. 다른 사람들이 그렇듯이 나도 지친다. 때로 좌절하고 화를 내며 지루해한다. 이따금 내 강연 일정이 취소되길 마음속으로 고대하며 감기에도 매우 잘 걸린다.

하지만 마음을 다루는 법을 배우고 나서부터 나 자신과 마음속 일들과의 관계에 변화가 생겼다. 그것들에 완전히 압도당하는 대신 그것들이 가져다주는 교훈을 즐거운 마음으로 환영하기 시작했다. 이제는 내가 직면하는 문제들은 무엇이든 더 깊은 차원까지 깨어 있는 순수 자각을 키울 기회가 된다. 명상을 통해 더 자연스럽게 마음의 변화가 일어난다. 헤엄치는 사람이 거친 물살이 몰아쳐 올 때 자동적으로 근육에 힘을 더 주며 그 물살이 지나간 뒤에는 더욱 강해지고 더 큰 자신감을 갖고 물 위로 솟아오르는 것과 같다. 화가 나고 피곤하고 지루할 때도 똑같은 일이 일어난다. 마음과 감정의 소용돌이에 고착화되거나 다른 곳에서 원인을 찾기보다는 그것을 있는 그대로, 마음의 파도로, 마음의 무한한 힘의 표현으로 바라볼 수 있다.

따라서 전체적으로 볼 때 나의 삶은 아직 완벽함에서 거리가 멀지만 나는 이 자체에 만족한다. 그리고 이상하게 들리겠지만 어릴 때 겪은 감정의 혼란을 감사하게 여긴다. 삶에서 우리가 마주치는 장애물들은 변화라는 강력한 보상을 제공해 줄 수 있다.

최근 캐나다 여행 중에 만난 한 사람이 그것을 이런 식으로 표현했다.

"나에게는 불안감이 늘 문제가 되었고, 특히 직장에서 그랬습니다. 일을 잘 못하거나 신속히 처리하지 못할 거라는, 다른 사람들이 나에 대해 험담하고 다른 사람들만큼 민첩하거나 유능하지 못해 해고될 거라는 느낌이 나를 괴롭혔습니다. 직장을 잃으면 가족을 어떻게 먹여 살리지? 식탁에 음식을 어떻게 올리지? 이런 생각들이 끊임없이 계속되다가 마침내는 깡통을 앞에 놓고 한 푼 구걸하며 길거리에서 노숙하게 될지도 모른다는 공포감까지 밀려왔습니다.

나 자신을 진정시킬 수 있는 유일한 방법은 '터널 끝 한 줄기 빛'을 발견하는 일이었습니다. 상황이 바뀌기를 간절히 소망하면서 말입니다. 새로운 직장을 구하면 많은 업무를 요구받지도 않고 압박감도 줄어들 것이라고 여겼습니다. 새 상사가 생기든지 아니면 나를 험담하는 사람들 모두 해고될 것이라고.

그 후 나는 내 불안감을 직접 들여다보기 시작했고, 문제는 직업이 아니라 내 직업에 대해 나 스스로 갖고 있는 생각들임을 깨닫기 시작했습니다. '터널 끝 한 줄기 빛'을 찾는 것은 두려움의 반대편, 즉 환경의 변화가 나를 공포로부터 구원해 줄 것이라는 막연한 희망이나 다름없었습니다. 차츰 희망과 두려움 역시 내 마음에서 떠다니는 생각에 지나지 않음을 알게 되었습니다. 실제로 그것들은 직업 그 자체와는 아무 관련이 없었습니다.

그 순간, 내가 찾고 있는 빛이 곧 터널이고 나를 가두고 있다고 느낀 터널이 곧 빛이라는 진실을 깨달았습니다. 둘 사이의 유일한 차이점은 나의 관점이었습니다. 즉 내가 나의 상황을 바라보기 위해 선택한 방식이었습니다.

관점의 이동이 모든 차이를 만들어 냈습니다. 불안하고 두려울 때마다 나는 그 충동들을 바라보면서 내게 선택권이 있음을 압니다. 나는 그것들에게 굴복할 수도 있고 그것들을 관찰할 수도 있습니다. 만일 내가 그것들을 관찰하는 쪽을 택한다면 나는 나 자신에 대해 그리고 내가 가진 힘에 대해 더 많이 배울 수 있습니다. 내 삶에서 일어나는 사건들에 대응하는 방식을 결정하는 힘 말입니다."

이 남자의 이야기는 기능성 자기공명장치인 fMRI 안에서의 내 경험을 기억나게 해 주었다. 그 기계 안은 일종의 터널과 같았으며 우리는 그 안에서 경험하는 열기와 소음과 비명과 울음소리들로 인해 마음이 쉽게 혼란에 빠질 수도 있었지만, 그러는 대신 그것들을 통해 더 생생한 평화와 투명함과 자비심을 발견하는 기회를 얻을 수 있었다. 나의 수행 초기의 경험들 역시 처음에 어둠처럼 보였던 것이 실제로는 마음의 진정한 빛이 던지는 그림자에 지나지 않는다는 사실을 내게 보여 주었다.

2

인간이라는 고독한 존재

그러면 모든 탐구의 끝은 출발했던 곳에 도달하는 것이며,
그 장소를 처음으로 아는 것이리라.

T. S. 엘리엇 〈리틀 기딩〉

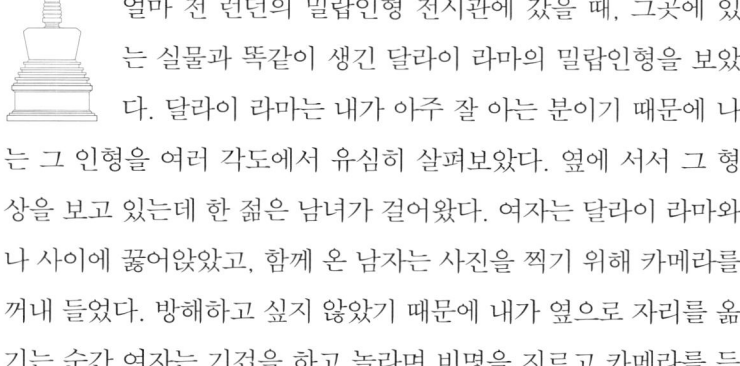

얼마 전 런던의 밀랍인형 전시관에 갔을 때, 그곳에 있는 실물과 똑같이 생긴 달라이 라마의 밀랍인형을 보았다. 달라이 라마는 내가 아주 잘 아는 분이기 때문에 나는 그 인형을 여러 각도에서 유심히 살펴보았다. 옆에 서서 그 형상을 보고 있는데 한 젊은 남녀가 걸어왔다. 여자는 달라이 라마와 나 사이에 꿇어앉았고, 함께 온 남자는 사진을 찍기 위해 카메라를 꺼내 들었다. 방해하고 싶지 않았기 때문에 내가 옆으로 자리를 옮기는 순간 여자는 기겁을 하고 놀라며 비명을 지르고 카메라를 든 남자는 입이 쩍 벌어졌다. 전시관 조명이 약간 어두웠던 터라 그들은 나를 전시물의 일부로 착각한 것이다. 달라이 라마 옆에 서 있

는 키 작은 승려의 행복한 밀랍인형으로.

 그 연인은 밀랍인형이 갑자기 살아난 걸 보고는 충격에 휩싸였다가 이내 나와 함께 한바탕 웃고 화기애애한 분위기에서 헤어졌다. 전시관을 계속 둘러보는 동안 나는 그 짧은 만남이 정도만 다를 뿐 인간 조건의 비극적인 면을 상징적으로 드러낸 사건이라는 생각이 들었다. 젊은 두 사람은 실제 상황이 자신들이 추측한 것과 다를 수도 있다는 가능성을 전혀 고려하지 않고 매우 분명하고 강한 확신을 갖고 밀랍인형 전시관 안으로 입장했다. 마찬가지로 대부분의 사람들은 온갖 종류의 선입견과 믿음으로 방해받기 때문에 인간 삶의 근본적인 사실들, 나의 스승님들이 '근본적인 상황'이라고 부르는 것에 무지하다.

 상황을 있는 그대로 이해하기 위해서는 붓다가 깨달음이라는 것을 성취한 직후에 전한 첫 번째 가르침을 살펴볼 필요가 있다. 물론 '깨달음'이라는 말은 평범한 사람의 능력을 넘어서는 거대한 사건으로 들릴 수 있을 것이다.

 사실 깨달음은 매우 단순한 것이다. 어느 어두운 방을 습관적으로 지나다니면서 탁자, 의자, 그 밖의 가구에 부딪히는 상황을 생각해 보자. 하루는 운 좋게 혹은 우연히 전등을 켜는 스위치나 버튼을 건드리고 지나간다. 그 순간 갑자기 방 전체와 그 방에 있는 모두 가구들을 보게 되며 우리는 이런 생각을 한다. '여기 이 많은 물건들 좀 봐! 내가 이 물건들에 부딪힌 건 당연한 일이야!' 그리고 그 물건들을 보면서 아마 최초로 그것들을 본 놀라움과 더불어 전등 스위치가 늘 그곳에 있었다는 사실을 깨달을 것이다. 우리가 단지 그것을 알지 못했을 뿐이다. 혹은 방이 어둡지 않을 수도 있다는 가능성을 전혀 생각하지 않은 것이다.

이것이 깨달음을 설명하는 하나의 방법이다. 어둠 속을 더듬고 지나다니면서 인생의 대부분을 보낸 방에 불을 켜는 것이다.

아마도 붓다의 가장 위대한 업적은 우리가 어둠 속을 걷는 데 너무 익숙해진 나머지 불을 켜는 방법을 잊고 있다는 메시지를 전달한 일일 것이다.

네 가지 고귀한 진리

> 우리는 지금 매우 얻기 어려운 자유와 혜택들이 주어진 삶을 살고 있지만 이 삶은 그리 오래가지 않을 것이다.
> 파툴 린포체 〈내 완벽한 스승님의 말씀〉

어떤 거창한 형이상학적인 사상을 선언함으로써 가르침의 경력을 시작하지 않았다는 점에서 붓다는 조금은 독특한 스승이었다. 그 대신 그는 최대한 많은 사람들에게 곧바로 현실적인 도움을 주는 데 초점을 맞추었다. 그의 분명하고 단순한 접근법을 이해하기 위해서는 그의 삶에 덧붙여진 신화들을 걷어 내고 신화 이면에 감추어진 한 인간을 보는 것이 도움이 될 것이다.

전설에 따르면 고타마 싯다르타는 왕자였으며 북인도 어느 부족장의 아들로 태어났다. 그의 탄생 직후 한 바라문(인도의 최고 계급인 승려 계급) 현자가 찾아와 장차 그가 위대한 왕이 되거나 혹은 위대한 성자가 되리라고 예언했다. 맏아들이 부족의 지도자 역할을 포기할까 봐 겁이 난 아버지는 영적인 성향을 일깨울지도 모를 삶의 고뇌스런 측면들에 노출되지 않도록 왕자를 호화로운 궁전의 울타리 안에 집어넣었다.

더 그럴듯한 이야기는 이것이다. 장차 붓다가 될 운명의 이 소년은 인도 대륙의 통치권을 두고 대치하는 두 개의 오만한 군주국으로부터 독립하기 위해 싸우던, 현재 네팔에 속한 16개 연합국 중 하나인 샤카 족 왕자였다. 그가 자란 호화 궁전들은 아마도 튼튼한 바위 요새나 다름없었을 것이다. 붓다의 어머니는 그를 낳은 직후에 세상을 떠났다. 아이는 용감한 전사로 키워졌고 훈련 기간 중에 많은 스승과 어린 시절 동무들이 전쟁놀이나 실제 전투에서 죽음을 맞이하는 광경을 목격했을 것이다. 그들 중 일부는 늙어서, 또 다른 이들은 전투에서 입은 부상으로 서서히 죽어 갔다. 열여섯 살 나이에 그는 부족의 혈통을 잇기 위해 자신의 의지와는 상관없이 결혼을 해야만 했고 후계자를 낳았다.

아버지는 전사의 삶이 지닌 더 고뇌스런 측면들로부터 아들을 보호하려고 애썼지만 아들은 틀림없이 이런 결론에 이르렀을 것이다. 물질적인 부와 정치적 세력을 쌓는 일은 안전함과 만족감을 주는 것과는 거리가 멀며, 오히려 더 복잡한 문제들을 낳을 뿐이라는. 그리하여 스물아홉 살이 되었을 때 그는 아버지의 성을 훌쩍 떠나 다른 군주들이 통치하는 남쪽 지역들을 여행했다. 그곳에서 그는 세속적인 번뇌로부터 자유로워지도록 도와줄 몇 명의 고행승을 만났는데 그들은 엄격한 금욕과 고행으로써 명상했다. 오직 그렇게 해야만 인간을 내적 갈등과 외적 갈등의 끝없는 순환 속에 빠뜨리는 생각과 감정의 습관으로부터 해방될 수 있다고 그 스승들은 가르쳤다.

하지만 6년에 걸친 극단적인 금욕 수행 이후 그는 좌절감이 생겼다. 속세로부터의 달아남은 그가 찾는 해답을 주지 못했다. 그래서 함께 수도하던 동료들의 비웃음에도 불구하고 그는 속세와 완전히 분리된 수행을 포기하고 니란자나 강에서 오랫동안 목욕을 한 뒤 마침 그곳을 지나가던 한 처녀가 건넨 음식을 받아들였다. 강에서 나온 그는 오늘날 보드가야라고 불리는 장소의 피팔라 나무 아래에 앉아 기껏해야 일시적일 뿐인 행복과 안전과 안정을 주는 것들을 쫓아다님으로써 끝없는 문제를 일으키는 인간 삶의 모순으로부터 벗어날 방법을 발견하기로 굳은 결의를 다졌다.

깊은 명상에서 깨어났을 때 그는 진정한 자유란 삶으로부터의 물러남에 있는 것이 아니라 삶의 모든 과정 속에 더 깊이 깨어 참여함에 있다는 사실을 자각했다. 그에게 처음 떠오른 생각은 이것이었다. '누구도 이것을 믿지 않으리라.' 전설에 따르면 이때 천상의 신들이 몰려와 가르침을 널리 전할 것을 간청했다고도 하고 혹은 중생을 향한 크나큰 자비심의 발로였다고도 하지만, 그는 마침내 보드가야를 떠나 북인도 바라나시 근처 사슴동산(녹야원)으로 가서 옛날에 함께 고행하던 동료 수행자들을 만났다. 그들은 붓다가 고행의 길을 포기했기 때문에 처음엔 그를 거부하려고 했지만 붓다가 자신들이 성취한 어떤 것보다 더 뛰어난 내적 안정감과 균형을 발하고 있음을 알아차리지 않을 수 없었기에 자리에 앉아 그가 말하는 것에 귀를 기울였다. 그의 메시지가 매우 설득력 있고 논리적이었기 때문에 경청한 사람들은 그 자리에서 그의 첫 번째 제자가 되었다.

흔히 '네 가지 고귀한 진리(사성제四聖諦)'로 알려진, 사슴동산에서 붓다가 전한 가르침은 인간 조건의 굴레와 가능성들을 단순하고 직접적인 언어로 분석한다. 붓다는 그 후 북인도 여러 지방과 현재 네팔의 일부 지역을 여행하며 보낸 45년의 기간 동안 각각의 단계마다에서 세 차례에 걸쳐 '진리(다르마)의 바퀴'를 돌렸다. 이 세 단계의 가르침들은 마음의 본질에 대한 그의 통찰을 잘 드러낸다. '네 가지 고귀한 진리'는 그 첫 번째 바퀴, 즉 초전법륜에 해당한다.

'네 가지 고귀한 진리'는 모든 불교 수행과 전통의 핵심을 이룬다. 사실 붓다는 이것을 매우 중요히 여겨 많은 청중들에게 여러 차례 말했다. 이 가르침은 후의 다른 가르침들과 더불어 붓다와 제자들 사이에 실제로 오간 대화라고 여겨지는 '수트라(경전)'의 형태로 우리에게 전해져 내려왔다.

대다수 사람들이 글자를 모르던 시대였기에 이 가르침들은 붓다가 죽고 난 뒤 얼마 동안은 구전으로 전해졌다. 결국 붓다 입적 후 3, 4백 년이 지나서야 붓다 시대 인도 중부에서 폭넓게 사용한 팔리어로 기록되었다. 훗날 이것은 다시 고대 인도의 수준 높은 문학어인 산스크리트어로 옮겨졌다. 그리고 불교가 아시아 전역과 서양으로 전파됨에 따라 여러 언어들로 번역되었다.

경전들을 읽어 보면, 대화 문장뿐 아니라 말투로 미루어 붓다가 듣는 이의 의심을 유도했음을 알 수 있다. 때로 그는 길고 매우 자세한 가르침을 전하기도 했지만 또한 간단하고 종종 애매한 표현을 쓰기도 했다. 이를테면 그는 이렇게 말했다.

"만일 거기에 기뻐하고 기꺼이 받아들이고 걸려 할 것이 아무것도 남아 있지 않다면 이는 집착의 끝이다."

그러고 나서 그는 자리를 떠나 자신의 천막이나 오두막, 혹은 인도 전역을 여행하는 동안 머물렀을 임시 거처로 돌아갔다. 그 자리에 있던 사람들은 머리를 긁적이면서 '붓다가 한 말이 무슨 뜻일까?' 하고 궁금해하며 그것을 이해해 보고자 서로 논쟁을 벌이곤 했다.

불교 용어로 이 방법은 종종 '사람들에게 수수께끼를 던져 줌으로써 그들 스스로 해답을 발견할 기회를 주는 방편'이다.

마찬가지로 붓다는 확정적인 수행법과 믿음 체계로서 '네 가지 고귀한 진리'를 제시하지 않았다. 대신 듣는 사람 자신의 삶과 그가 처한 상황, 그 상황을 이루고 있는 원인들, 나아가 상황을 변화시킬 수 있는 가능성과 그 방법들의 관점에 있어 하나의 실제적인 길잡이로서 그것을 소개했다. 사실 붓다는 사람들에게 그가 말하는 모든 것을 스스로 시험해 보라고 주장한 것으로 유명하다. 만일 그의 가르침들이 그들에게 효과가 있다면 좋은 것이다. 만일 그렇지 않다면 반드시 다른 것을 시도해 보라. 붓다는 매우 능숙하게도 이 초기의 가르침을 고대 인도의 의학 체계인 '발병 — 원인 규명 — 치료 — 완쾌'의 방식에 맞게 제시했다. 어떤 면에서 '네 가지 고귀한 진리'는 오늘날 우리가 '마음의 기능장애'라고 부르는 인간 마음의 근본 문제를 치유하는 실용적이고 단계적인 접근법이다. 이 기능장애는 과거의 경험에서 생겨난 편견과 미래에 대한 기대 감으로 현실을 왜곡시키는 증상이며 인간 마음의 무한한 잠재 가능성을 가로막는다.

고통이 있다

> 인간으로서 우리는 원하는 것을 얻지 못해서도 괴롭고,
> 가지고 있는 것을 잃을까 봐도 괴롭다.
>
> 칼루 린포체 〈빛을 발하는 마음 ─ 붓다의 길〉

'네 가지 고귀한 진리'의 첫 번째는 '고통의 진리'로 알려진 것이다. 이 가르침과 관련된 경전들은 수 세기 동안 여러 가지로 번역되어 왔다. 당신이 읽은 번역서에 따라 이 근본 원리를 '인생은 고통이다.' 또는 더 간단히 '고통이 있다.'라고 풀이했을 것이다.

처음 보아서는 이 첫 번째 진리가 매우 우울하게 느껴질 수도 있다. 그것을 듣거나 읽자마자 사람들은 불교를 몹시 비관적인 종교라고 간단히 결론 내리곤 한다.

"불교도들은 언제나 삶이 불행하다고 불평하는군! 행복해질 수 있는 유일한 길은 세상과 인연을 끊고 산속 어딘가로 들어가 종일 눈 감고 명상하는 일이라는 것이지. 얼마나 지루할까! 난 불행하

지 않아. 내 삶은 이대로 멋져!"

무엇보다 주목해야 할 것은 불교의 가르침들은 진정한 자유를 찾기 위해 집과 직업과 자동차와 그 밖의 모든 물질적 소유를 포기해야 한다고 주장하지 않는다는 사실이다. 붓다의 삶이 보여 주듯이 그는 극단적인 고행을 실천했지만 자신이 찾던 평화를 발견하지 못했다.

나아가 어떤 사람들에게는 삶이 잠시 동안은 이보다 더 좋을 수 없을 것처럼 전개되기도 한다. 자신의 삶에 매우 만족한 듯 보이는 사람들을 나는 많이 만났다. 안부를 물으면 그들은 "아주 좋습니다." 혹은 "잘 지냅니다!" 하고 답한다. 물론 그들의 몸에 병이 찾아오거나 직장을 잃거나 기쁨의 꽃다발 같던 사랑하는 자녀들이 사춘기를 맞아 하룻밤 사이에 부모와 접촉을 거부하는 변덕스럽고 불안한 낯선 사람으로 돌변해 버리기 전까지는 그렇다. 그때 내가 "요즘 어떻게 지냅니까?" 하고 안부를 물으면 대답이 조금 바뀐다. "네, 잘 지냅니다. 한 가지만 빼고요." 또는 "모든 게 좋습니다. 그런데……"

아마 이것이 '첫 번째 고귀한 진리'가 주는 본질적인 메시지일 것이다. 삶은 심지어 가장 만족스러운 생활을 누리고 있는 사람들에게조차 어느 순간에 예기치 않은 돌멩이를 던진다. 그 예상하지 못한 공격들 중에는 나이가 들면서 오는 어깨 통증이나 식료품가게에서 줄 서서 기다려야 하는 짜증 혹은 단순히 약속 시간에 늦는 일 같은 사소한 것들도 있지만, 어쨌든 이 모든 것들이 고통의 표현이다.

이 포괄적인 관점을 이해하기 어려운 이유를 나는 안다. 이 첫 번째 진리를 번역할 때 흔히 사용하는 '고통'이라는 단어는 매우 무거운 단어이다. 사람들은 이 단어를 처음 읽거나 들을 때 매우 극단적인 고통이나 장기간에 걸친 불행을 떠올린다.

하지만 팔리어 경전에 사용된 단어 '두카'는 오늘날 일상적으로 쓰이는 불편함, 불건강, 불안, 불만족 같은 단어들의 의미에 사실상 더 가깝다. 어떤 불교 경전들에서는 그것의 의미를 도자기 빚는 물레 돌릴 때 나는 '끼익—' 소리 같은 생생한 비유를 들어 설명한다. 다른 주석서들에서는 바퀴가 살짝 깨진 수레를 탄 사람의 모습에 이를 비유한다. 깨진 바퀴 부분이 지나갈 때마다 수레에 탄 사람은 덜컹거린다.

따라서 고통 혹은 두카가 극단적인 상황을 의미하는 것 같지만 붓다와 그 이후 불교 스승들의 시대에는 '무엇인가 그다지 만족스럽지 않다.'는 기분으로 쓰였다. 상황이 달라지면 삶이 더 좋아질 것 같은 기분, 우리가 더 젊고 더 날씬하고 더 재산이 많고, 혹은 좋은 관계를 갖거나 나쁜 관계에서 벗어나면 더 행복할 것 같은 기분이다. 불행의 목록은 끝없이 이어진다. 이와 같이 두카는 몸의 가려움 같은 단순한 것에서부터 만성적 통증이나 불치병 같은 좀 더 충격적인 경험에 이르는 모든 상황을 포함한다. 아마도 언젠가는 이 두카라는 단어도 산스크리트어의 카르마처럼 여러 언어와 문화권에서 사용될 것이다. 그렇게 되면 종종 '고통'으로 번역되어 온 이 단어를 좀 더 폭넓게 이해할 수 있게 될 것이다.

의사가 증상을 밝혀내는 일이 질병 치료의 첫 단계이듯이, 두카가 삶의 기본 조건임을 이해하는 것이 불편함과 불안함으로부터 벗어나는 첫걸음이다. 사실 어떤 이는 이 첫 번째 진리를 듣는 것만으로도 자유를 얻는 경험을 할 수 있다. 오랫동안 명상을 해 온 어떤 사람이 최근에 내게 고백하기를, 자신은 어린 시절과 청년 시절 내내 늘 주변 사람들과 동떨어진 기분을 느꼈다고 했다. 그가 보기에 다른 사람들은 말하고 행동해야 할 것을 정확히 알고 있는 것 같았다. 그들은 그보다 더 똑똑하고 옷도 더 잘 입고 별 노력 없이도 다른 사람들과 잘 지내는 것처럼 보였다. 세상의 다른 사람들은 태어날 때 '행복 참고서'를 물려받았고, 그래선지 자신이 왠지 깔보이고 있는 것처럼 느껴졌다.

훗날 그는 대학교에서 동양철학 수업을 받다가 붓다의 '네 가지 고귀한 진리'를 접하게 되었고, 그 후 그의 사고방식 전체가 변하기 시작했다. 그는 자신만 홀로 불편함 속에 있는 것이 아니라는 사실을 깨달았다. 어색함과 소외감은 인류 역사 내내 모든 인간 존재가 겪어 오고 있는 경험인 것이다. 그는 자신만이 '행복 참고서'에서 제외되었다는 우울한 생각을 모두 내려놓고 그냥 자기의 본래 모습이 될 수 있었다. 생각을 바꾸는 것 말고는 그가 할 수 있는 일이 없었다는 의미가 아니다. 이를 통해 적어도 그는 자신이 실제보다 바깥세상과 잘 어울리는 척하는 것은 중단할 수 있게 되었다. 외로운 이방인으로서가 아닌, 인간 모두와 공통된 문제를 지닌 한 인간으로서 자신의 어색함을 다룰 수 있게 되었다. 또한 언제든 예기치 않은 방식으로 고통이 찾아올 수 있음을 알게 된 그는 실제로 그런 상황이 생겼을 때 훨씬 덜 절망할 수 있었다. 모퉁이에서 돌연한 공포가 다가올 것을 예상함으로써 그 고통을 약간 줄일 수 있었던 나의 경우처럼.

고통이 있음을 인정하기

당신은 거리를 걸어가고 있다.
친구와 저녁식사를 하려고 만나러 가는 중이다.
당신은 이미 무엇을 먹을지 생각하고 있고, 그것이 배고픔을 느끼게 한다.
그런데 모퉁이를 돌아서자 사자가 떡하니 버티고 있다!

로버트 새폴스키 〈왜 얼룩말은 위궤양에 걸리지 않을까〉

삶에서 어느 순간에든 불안하고 불편한 경험과 마주칠 수 있다는 사실을 단순히 인정하는 것만으로도 첫 번째 고귀한 진리의 본질을 이해한 것이다. 하지만 삶의 이 근본 조건이 종종 어려운 용어들로 설명되기 때문에 나는 어떻게 하면 그것을 현대인들이 이해하기 쉬운 단어로 전달할 수 있을까를 고민했다.

최근 북미 강연 여행 중, 해 질 무렵 강연장 근처 공원을 산책하다가 멋진 비유 하나가 떠올랐다. 공원 안을 거닐면서 나는 일종의 '사고실험'에 열중했다. 사고실험은 실체의 본질을 이해하기 위해 현대의 과학자들뿐 아니라 고대의 철학자들도 사용했던 일종의 상상력 활용이다.

물론 우리는 역사적으로 유명한 몇 가지 사고실험에 이미 익숙해져 있다. 대표적인 것이 특수상대성이론으로, 시간과 공간이 고정된 실체가 아니며 경험은 사람이 움직이는 방향과 속도에 비례해서 달라진다는 아인슈타인의 사고실험이다. 아인슈타인은 당시 기술 장비로는 자신의 이론을 증명할 수 없었지만 최근의 기술 발달은 그의 통찰이 옳았음을 증명한다.

나의 사고실험은 물리법칙이 아니라 감정의 심리적인 측면에 관련된 것이었다. 나는 생각에 몰두하거나 휴대용 음악 플레이어를 듣거나 아니면 혼자 노래를 흥얼거리면서 숲이 우거진 공원을 지나가는 상황을 상상했다. 이때 만일 누군가 장난을 치기로 맘먹고 진짜와 똑같은 곰 복장을 하고서 갑자기 나무 뒤나 건물 뒤에서 뛰쳐나온다면 나는 어떤 경험을 하게 될까? 심장이 쿵쾅거리기 시작하고 온몸에 소름이 돋고 머리카락이 쭈뼛 설 것이다. 어쩌면 소스라치게 놀라 비명을 지를지도 모른다.

하지만 만일 누군가 내게 그 장난에 대해 미리 귀띔을 했다면 그렇게 몹시 놀라진 않을 것이다. 심지어 나는 그 장난친 사람에게 복수를 해서 도리어 놀래 줄 기회를 가질 수 있다. 그가 내 앞에 뛰어나오기 전에 내가 먼저 껑충 뛰어가 소리를 지를 수도 있다.

마찬가지로 만일 우리가 두카, 곧 고통이 삶의 근본 조건이라는 점을 깊이 이해한다면 우리는 삶의 길에서 만날 수 있는 다양한 불편함들에 더 잘 대비할 것이다. 이러한 이해를 키우는 것은 여행 지도를 만드는 일과 같다. 지도가 있으면 우리의 현재 위치를 더 잘 안다. 지도가 없으면 길을 잃기 쉽다.

자연적인 고통, 스스로 창조한 고통

이것이 탄생함으로 저것이 나타난다.
〈우다니경〉

앞서 말했듯이 고통은 여러 차원에서 일어난다. 수행 초기에 나는 다양한 종류의 고통을 이해하기 위해 그것들을 몇 가지로 구분하는 것이 필요하다고 배웠다.

가장 중요한 첫 번째 구분은 '자연스러운 고통'과 '스스로 창조한 고통'으로 분류하는 것이다.

자연스러운 고통은 삶 속에서 우리가 피할 수 없는 것을 전부 포함한다. 불교 경전에서는 이러한 피할 수 없는 경험들을 흔히 '네 가지 고통의 바다四苦海'라 부른다. 탄생하고 늙고 병들고 죽는, 인간 삶의 가장 일상적인 변화가 그것이다.

사람들은 때로 내게 개인적으로 혹은 강연의 질의응답 시간에 탄생을 고통으로 분류하는 이유를 묻는다. 그들은 말한다.

"새 생명의 시작은 당연히 큰 기쁨의 순간으로 여겨야 하는 것 아닌가요?"

물론 여러 가지 점에서 그 말이 맞다. 새로운 시작은 언제나 하나의 기회이다.

하지만 몇 가지 이유에서 탄생은 고통으로 간주된다. 무엇보다도 자궁이나 알 속의 보호받는 환경에서 더 넓은 지각 세계로의 이동은 불교철학자들뿐 아니라 심리학자, 과학자, 건강관리 전문가들도 크나큰 정신적 상흔을 남기는 경험의 변화로 여긴다. 우리 대부분은 이 최초의 극적인 변화를 거의 기억하지 못한다. 종종 어제 걸었던 전화번호조차 기억 못할 때가 있는데 하물며 탄생한 순간의 경험을 어떻게 기억하겠는가. 그렇지만 완벽하게 감싸여 보호받던 환경에서 한순간에 바깥으로 추방된 신생아의 뇌와 몸에는 틀림없이 깊은 상흔이 남을 것이다.

두 번째 이유는, 태어나는 순간부터 우리는 나머지 세 가지 고통의 바다에 노출된다는 것이다. 태어나는 즉시 '몸의 시계'는 째깍거림을 시작한다. 우리는 매 순간 나이를 먹는다. 물론 아이일 때는 대부분 그것을 환영한다. 나 역시 어서 빨리 어른이 되기를 바랐다. 윗사람들에게 명령받기를 무척 싫어해서 스스로 결정할 수 있는 나이가 될 때까지 도저히 기다리기가 어려웠다. 물론 어른이 된 지금은 내가 내리는 많은 결정들이 주위 사람에게 영향을 미치기 때문에 매우 심사숙고해야 한다는 것을 잘 안다. 그리고 한 해가 갈 때마다 나이 먹음으로써 몸이 받는 영향을 훨씬 더 예민하게 느낀다. 이제는 관절이 점점 굳어지고 피곤이 쉽게 몰려오며 감기에 더 잘 걸린다. 나는 운동에 좀 더 신경을 써야 한다.

또한 우리는 태어남으로써 세 번째 고통의 바다에 해당하는 온갖 종류의 질병에 걸리기 쉬워진다. 어떤 사람은 태어나면서부터 알레르기나 고질병에 이미 걸려 있다. 또 어떤 사람은 암이나 에이즈 같은 심각한 질병으로 쓰러진다. 또는 만성적 질환에 수년 넘게 시달리는 사람도 있다. 지난 몇 해 동안 내가 만난 많은 사람들은 자신이 고통을 겪고 있는 경우도 있었지만 친구나 가족 중에 우울증, 조울증, 중독, 치매 같은 비극적인 정신질환을 앓고 있는 사람을 보살피느라 고통 받고 있었다.

네 번째 고통의 바다는 의식이 몸과 분리되는 경험, 즉 죽음이다. 〈티베트 사자의 서〉라고 불리는, 더 정확하게는 '단 한 번 듣는 것만으로도 영원한 해탈에 이르는 가르침'이라고 번역되는 〈바르도 퇴돌〉 같은 티베트 경전은 이 경험을 놀라우리만치 자세하게 묘사한다.

여러 면에서 죽음은 탄생의 정반대 과정이며 육체와 정신과 감정의 해체이다. 탄생이 어떤 의미에서는 육체의 옷, 마음의 옷, 감정의 옷을 걸치는 과정이라면 죽음은 친숙했던 몸과 마음의 요소들을 하나씩 전부 벗는 과정이다. 이런 이유로 훈련받은 불교 스승들은 종종 이 〈바르도 퇴돌〉을 죽은 사람에게 큰 소리로 읽어 준다. 이것은 가톨릭에서 신부가 이 무서운 변화의 길을 안내하고 평안을 주기 위해 죽음을 앞둔 자에게 행하는 병자성사와 비슷하다.

나이가 들고 더 멀리까지 여행을 하면서 나는 자연스러운 고통의 종류가 불교 경전에서 열거한 것보다 훨씬 많다는 것을 알게 되었다. 지진, 홍수, 폭풍, 산불, 해일은 빈번히 인간의 삶을 파괴한다. 지난 십 년간 미국의 고등학교와 대학교에서 학생들에 의해 저질러지는 살인 사건이 증가하고 있다는 비극적 뉴스가 들린다. 더 최근에는 예상치 못한 경제 위기로 직장과 집과 인간관계를 잃은 사람들이 자신들의 참담한 처지에 대해 내게 솔직하게 털어놓기 시작했다.

우리가 통제할 수 없는 일들의 희생자가 되지 않으려고 아무리

애를 쓴다 해도 그것에서 벗어날 가능성은 크지 않다. 그런데 또 다른 범주에 속하는 고통과 불편함과 두카가 있다. 우리가 만나는 사람과 사건과 상황에 대해 우리의 마음이 실 잣듯이 자아내는 수 없이 다양한 심리적인 반응들이 그것이다.

아버지를 비롯한 나의 스승님들은 이런 형태의 고통을 '스스로 창조한 고통'으로 이해하도록 도와주었다. 우리 마음에 들지 않는 방식으로 행동하는 사람들에게 느끼는 분노나 적개심, 우리가 가진 것보다 더 많은 것을 가진 사람들을 향한 질투심, 두려워할 이유가 전혀 없음에도 생기는 무기력한 두려움 등은 상황과 사건에 대한 우리 자신의 해석으로부터 전개되는 경험들인 것이다.

스스로 창조한 고통은 종종 무의식 깊이 박혀서 우리 자신에게 이야기를 들려준다. 충분히 좋지 않고, 충분히 부유하지 않고, 충분히 매력적이지 않고, 어떤 면에서는 전혀 안전하지 않다고. 지난 수년간 세계 여러 나라에서 강연을 하면서 내가 목격한 '스스로 창조한 고통' 중 가장 놀라운 형태는 자신의 신체적인 외모와 관련된 것이다. 사람들은 코가 너무 커서 혹은 턱이 너무 짧아서 마음이 불편하다고 말한다. 모든 사람이 자신의 큰 코 혹은 짧은 턱을 쳐다보고 있다고 여기며 자의식 과잉에 시달린다. 심지어 문제라고 여기는 것을 바로잡으려고 성형수술에 의지하지만 수술이 충분히 잘됐는지 여전히 의심하면서 거울을 통해서나 다른 사람의 반응을 통해 끊임없이 결과를 확인한다.

최근에 만난 한 여성은 자신의 양쪽 광대뼈 중 한쪽이 다른 쪽보다 더 크다고 믿고 있었다. 그렇게 보이지 않는데도 그녀는 그 차이가 사실이며, 그것 때문에 그녀 자신의 눈이나 다른 사람의 눈에 그녀가 못생긴 얼굴로 보인다고 확신했다. 내가 느끼기에 그녀는 자신의 얼굴이 거의 '기형적'이라고까지 여기는 듯했다. 거울을 볼 때마다 '기형'이 더 도드라졌으며, 그녀는 만나는 사람마다 그것을 알아차린다고 믿었다. 다른 사람들의 반응들을 종합한 결과 그녀는 광대뼈의 차이 때문에 세상 사람들이 그녀를 일종의 괴물처럼 취급한다고 여겼다. 결과적으로 그녀는 사람들 앞에서 매우 부끄러워하고 사람들과의 접촉에서 멀어지려 했으며 회사에서도 너무 겁을 내고 불안해했기 때문에 업무 능력이 현저히 줄어들었다. 어느 날 그녀는 거울에서 광대뼈를 자로 재어 보고 양쪽의 차이가 고작 2밀리미터 미만이라는 걸 확인하고는 지난 수년 동안 자신이 겪은 절망감, 두려움, 자기혐오, '기형'이라는 생각들이 전부 마음의 창조물임을 이해하기 시작했다.

 스스로 창조한 고통은 본질적으로 마음이 만들어 낸 것이지만 나 자신이 어린 시절 경험했던 공포감처럼 자연스런 고통에 비해 결코 강도가 덜하지 않다. 사실 훨씬 더 고통스러울 수 있다. 인도에서 만난 한 승려를 나는 생생히 기억한다. 그 승려의 친구가 다리에 종양이 있다는 진단을 받고 양다리 절단수술을 받았다. 곧이어 이 승려 역시 다리에 매우 극심한 통증을 느껴 움직일 수조차 없게 되었다. 그는 병원으로 실려 가 다양한 정밀검사와 진단을 받았지만 아무리 해도 문제의 원인을 알아낼 수 없었다. 심지어 아무 문제가 없다는 결과가 나온 이후에도 승려는 여전히 다리에 심한 통증을 느꼈다. 그래서 의사는 다른 방향으로 원인을 찾기 시작했고 다리의 통증이 발병되기 전에 있었던 사건에 대해 물었다. 결국 그 통증이 친구의 다리 절단수술 직후에 시작되었다는 사실이 밝혀졌다.

의사는 생각에 잠겨 고개를 끄덕인 다음, 승려에게 다리 절단수술을 한 친구를 보면서 느낀 감정에 대해 물었다. 승려는 다리를 제거하면 어떤 고통이 느껴질까, 의족으로 걷는 법을 배울 때 어떤 어려움이 있을까, 지금까지 당연한 일로 여겨 온 온갖 일들을 어떻게 처리해야 할까를 상상하면서 큰 두려움을 느꼈음을 인정했다. 의사는 매우 자상하게 승려로 하여금 그의 마음이 창조한 여러 시나리오들을 전부 되돌아보게 했고, 마침내 승려는 고통에 대한 두려움, 나아가 두려움에 대한 두려움이 그에게 얼마나 깊은 영향을 미쳤는가를 깨달았다. 그 말을 하는 도중에 그는 다리의 통증이 사라지는 걸 느꼈으며 이튿날 병원에서 걸어 나왔다. 그는 고통으로부터 자유로워졌으며 고통 밑바닥에 깔려 있던 두려움으로부터도 해방되었다.

개인적인 문제란 없다

우두머리가 되라. 단 결코 지배자는 되지 말라.
노자 〈도덕경〉

승려가 느끼는 통증의 원인을 조사하는 의사의 방식은 붓다가 첫 번째 고귀한 진리에서 보여 준 노련함과 여러 면에서 비슷하다. 붓다는 청중에게 "그대는 고통 받고 있다." 혹은 "사람들은 고통 받는다." 심지어 "모든 창조물은 고통 받는다."라는 말은 결코 하지 않았다. 그는 단지 이렇게 이야기했다.

"거기 고통이 있다."

그는 고통이 우리 삶의 결정적인 특징인 것처럼 인간 조건에 대해 확정적으로 발언하기보다는 명상하고 사색해야 할 일반적인 관찰 대상처럼 표현했다. "공기가 있다." 또는 "구름이 있다."라고 말하듯이 고통의 존재를 개인적 차원이 아닌, 부정할 수 없는 하나의 단순한 사실로 표현했다.

내가 대화를 나눈 심리학자들은 이처럼 심리적으로 겁을 주지 않는 방식으로 고통이라는 근본 조건을 소개하는 것은 매우 예외적인 일이라고 말했다. 그들은 그 방법이 우리의 경험을 좀 더 객관적으로 보게 해 준다고 했다. 예를 들어 우리는 '난 왜 이렇게 외롭지? 공평하지 않아! 난 외로운 느낌이 싫어. 이런 기분을 없애기 위해서는 어떻게 해야 하지?'라는 식으로 우리 자신과 상황을 판단하면서 그 경험을 거부하거나 억누르는 방향으로 생각하는 대신에 한 걸음 뒤로 물러서서 '거기 외로움이 있구나.' '거기 근심이 있구나.' 혹은 '두려움이 있구나.'라고 관찰할 수 있다.

이처럼 치우치지 않은 자세로 불편한 경험에 접근하는 것은 내가 명상을 하려고 노력할 때마다 어김없이 등장하던 산만한 생각들을 다만 바라보라고 가르쳐 준 아버지의 방식과 매우 비슷하다. 아버지는 말하곤 했다.

"그것들을 판단하지 마라. 그것들을 없애려고 노력하지 마라. 그냥 바라보라."

그런데 그렇게 시도하면 집중을 방해하던 잡념들이 거의 즉시 사라져 버리곤 했다. 이 문제에 대해 말씀드리려고 찾아갔을 때 아버지는 웃으면서 말했다.

"아주 훌륭하다. 이제 아는구나."

나는 그렇지 않았다. 적어도 그때는 그렇지 않았다. 내게는 아직 고통의 본질에 대해 배워야 할 것들이 몇 가지 더 남아 있었다.

고통의 고통

질병의 고통, 악의적 소문 등이 불행 자체의 불행을 만든다.

잠곤 콩툴 〈확신의 햇불〉

고통은 범위가 매우 넓은 단어이기 때문에 붓다의 뒤를 이은 많은 영적 스승들은 자각 있는 존재가 겪는 다양한 고통들을 크게 세 가지 범주로 나누었다.

첫 번째는 '고통의 고통'이다. 이것은 간단히 말해 어떤 고통과 불편함을 직접적이고 즉각적으로 경험하는 것이다. 단적인 예는 실수로 손가락을 베였을 때 경험하는 고통이다. 이 범주에는 질병과 관련된 다양한 통증과 아픔이 포함된다. 가벼운 두통, 코 막힘, 목의 따가움에서부터 고질병이나 불치병으로 괴로워하는 사람들이 겪는 훨씬 심각한 통증까지 다양하다. 나이가 들면서 오는 관절염, 류머티즘, 약해지는 팔다리, 심장과 호흡 질환 같은 불편함도 '고통의 고통'으로 간주될 수 있다. 뿐만 아니라 사고나 자연재해의 피해자로서 겪는 뼈의 골절, 심각한 화상, 내부기관들의 외상 같은 통증도 여기에 포함된다.

이 고통들 대부분은 앞서 '자연스런 고통'이라고 정의한 것과 연관이 있다. 하지만 '고통의 고통'에 관련된 아픔과 불편함은 이런 것들에서 그치지 않고 '스스로 창조한 고통'이라는 심리적 감정적 차원으로까지 확대된다. 어린 시절 내내 내 안에서 넘쳐흘렀던 공포와 두려움은 꼭 그것과 관련된 원인이 있는 것은 아니었지만 확실히 즉각적이고 직접적이었다. 분노, 질투, 당황, 불친절한 말과 행동에서 오는 상처, 사랑하는 사람을 잃고 난 후의 슬픔 같은 강한 감정들 역시 이 범주에 속하는 고통들과 똑같이 생생한 경험들이다. 우울증, 외로움, 심한 열등감처럼 장기간 지속되는 심리적 장애도 마찬가지다.

'고통의 고통'이 불러일으키는 감정이 언제나 극단적이고 오래가는 것은 아니다. 나는 얼마 전 한 여인과 대화를 나누었다. 그녀는 점심시간을 이용해 은행일을 보려고 회사에서부터 부지런히 달려왔는데 창구에 사람들이 길게 줄을 서 있는 걸 보았다고 했다.

그녀는 말했다.

"정말이지 소리를 지르고 싶었어요. 중요한 회의가 있어서 회사에 다시 들어가 봐야 하는데 시간이 진짜 얼마 없었거든요. 물론 소리를 지르진 않았어요. 나는 그런 사람은 아니니까요. 대신 회의 발표 자료를 꺼내 검토하면서 기다렸을 뿐이죠. 서류와 손목시계, 그리고 전혀 줄어들 것 같지 않는 줄을 번갈아 보면서 말예요. 내 앞에 서 있는 모든 사람들, 그리고 몹시 까다로운 한 여성 고객을 참을성 있게 대하려고 애쓰는 은행 직원에 대해 얼마나 많이 짜증이 났는지 몰라요. 지금은 그 상황에 대해 웃을 수 있지만, 결국 점심도 못 먹고 회사로 돌아왔을 때 나는 여전히 화가 나 있었고 회의가 다 끝날 때까지도 감정이 가라앉지 않았어요. 밖으로 뛰어나가 샌드위치를 사 갖고 내 자리로 돌아왔지요."

변화의 고통

세상일들에 대한 염려를 벗어던지라.
9대 걀와 카르마파 〈마하무드라 ― 진리의 대양〉

고통의 두 번째 범주는 내가 처음 설명 들었을 때 느꼈듯이 훨씬 더 미묘하다. '변화의 고통'이라고 불리는 것이 그것이다. 이 종류의 고통은 변화할 수밖에 없는 사물과 상황으로부터 얻는 극히 일시적인 만족감, 편안함, 안정감, 기쁨 등과 관계가 있다. 예를 들어 당신이 새 자동차, 텔레비전, 최신 부품을 장착한 반짝이는 컴퓨터를 얻었다고 해 보자. 얼마 동안은 황홀한 기분일 것이다. 바퀴가 부드럽게 굴러가고, 신호등이 파란불로 바뀌자마자 다른 차보다 앞서 출발할 수 있고, 추운 겨울 아침 버튼을 누르기만 하면 좌석이 자동으로 따뜻해지는 이 모든 것들이 당신은 무척 마음에 든다. 또는 새 평면 텔레비전의 화면이 매우 선명하고 밝다. 선명도가 굉장해서 전에는 전혀 보이지 않던 세세한 것들도 골라낼 수 있다. 그리고 새 컴퓨터는 열 가지 다른 프로그램을 엄청난 속도로 동시에 띄울 수 있다. 하지만 무엇을 구입하든 그 신기함은 얼마 안 가서 시들해진다. 자동차는 고장이 날 것이다. 당신이 아는 누군가는 더 크고 더 선명한 화면의 텔레비전을 구입한다. 컴퓨터는 기능이 갑자기 멈춘다. 아니면 훨씬 더 좋은 사양과 기능을 가진 새 모델이 출시된다. 당신은 '더 기다렸어야 했는데.' 하고 생각한다.

당신을 행복하게 만드는 것이 물건이 아니라 상황일 수도 있다. 사랑에 빠진 당신 눈에 비친 세상은 무지갯빛으로 가득하다. 그 사람을 생각하는 매 순간 미소를 멈출 수가 없다. 아니면 당신은 새 직장을 얻거나 승진한다. 현재 당신과 일하고 있는 사람들 모두 매우 훌륭하다. 당신은 번 돈으로 마침내 빚을 청산하고 새집을 구입하고 저축을 시작한다. 그렇지만 얼마 후 그 흥분감은 사라진다. 그렇지 않은가? 불과 몇 달 전에 더없이 완벽하게 보였던 사람의 단점이 서서히 드러나기 시작한다. 새 직장은 당신이 상상한 것보다 더 많은 시간과 에너지를 요구하며 월급도 기대한 만큼 많지 않고 빚을 다 갚았는데도 세금을 떼고 나면 저축할 돈이 얼마 없다.

'변화의 고통'에 대한 설명은 이것으로 막을 내리지만 중요한 것이 빠졌다. 신기함이 사라지고 상황이 흐트러지기 시작할 때 느끼는 불만족과 싫증은 사실 '스스로 창조한 고통'이라는 것이다. 더 정확히 말하면 '변화의 고통'은 관계든 직장이든 높은 시험점

수든 혹은 반짝이는 새 자동차든 우리가 원하는 것을 얻음으로써 생기는 기쁨에 대한 집착에서 일어난다.

불행하게도 외부의 원천으로부터 얻는 기쁨이 가진 문제는 그것이 본래 일시적이라는 점이다. 일단 그 기쁨이 점점 옅어지고 일상의 상태로 돌아가면 예전과 비교되어 더 견디기 어려운 것처럼 느껴진다. 그래서 우리는 또다시 다른 관계, 다른 직장, 다른 물건들에게서 기쁨을 찾기 시작한다. 몇 번이고 이런저런 대상과 상황에서 즐거움과 편안함과 안도감을 추구하지만 그것들이 우리의 높은 희망과 기대를 충족시켜 주지는 못한다.

'변화의 고통'은 실제로는 손에 넣을 수도 없는 영원히 지속되는 '황홀감'을 찾아 끝없이 헤매는 일종의 중독이다. 내가 대화를 나눈 신경과학자들에 따르면 원하는 것을 얻는 기대감에서 오는 '황홀감'은 뇌의 화학물질인 도파민의 분비와 특히 관계가 있다. 도파민은 기쁨의 감정을 일으키는 물질이다. 시간이 지남에 따라 우리의 뇌와 몸은 도파민의 생성을 자극하는 활동이 반복되기를 원한다. 말 그대로 기대감에 사로잡히는 것이다.

티베트 불교 경전에서는 이 중독성 있는 행동을 '면도칼에 묻은 꿀 핥아 먹기'에 비유한다. 처음의 기분은 달콤하지만 뒤따르는 결과는 매우 해롭다. 다른 사람에게서 혹은 바깥의 사물과 사건에서 만족을 찾는 것은 있는 그대로의 우리 자신은 전혀 완전한 존재가 아니라는 깊고 무의식적인 믿음을 강화시킨다. 완전함과 안전과 안정을 성취하려면 우리 자신 너머의 무엇인가가 필요하다는 믿음이다. '변화의 고통'은 우리 자신에 대한 조건 지워진 견해에서 오는 것이라고 설명하면 아마도 가장 적당할 것이다.

"나를 지탱해 주는 이것 또는 저것을 갖고 있는 한 나는 문제 될 게 없어."

"내 직업은 많은 것을 요구하지만, 적어도 나는 좋은 인간관계를(혹은 건강을, 잘생긴 외모를, 훌륭한 가정을) 가지고 있어."

모든 곳에 스며 있는 고통

손바닥에 놓인 이 머리카락 한 올
눈 속에 들어가면 불편과 고통을 일으키네.
라자푸트라 야쇼미트라 〈바수반두의 아비달마구사론에 대한 주석〉

지금까지 설명한 두 가지 고통, 그리고 '자연스런 고통'과 '스스로 창조한 고통'으로 불리는 것의 밑바닥에는 '모든 곳에 스며 있는 고통'으로 알려진 것이 있다. 이 형태의 고통은 그 자체로는 눈에 띄게 고통스러운 것이 아니며, 또한 '변화의 고통'과 관련된 일종의 중독성 있는 기쁨 추구도 아니다. 이것은 의식이 자각하는 차원 바로 아래에 계속해서 존재하는, 일종의 가려움 같은 근본적인 불편함이라고 하면 가장 잘 설명될 것이다.

이렇게 생각해 보자. 당신은 회의나 강의 시간에 혹은 그냥 텔레비전을 보고 있는 동안 매우 편안한 의자에 앉아 있다. 하지만 의자가 얼마나 편안하든 상관없이 어떤 시점이 되면 당신은 움직이고 싶은 충동에 엉덩이를 들썩이거나 다리를 뻗는다. 이것이 '모든 곳에 스며 있는 고통'이다. 더할 나위 없이 좋은 환경에 있지만 결국에는 쑤시는 불편함이 당신을 잡아당기며 속삭인다.

"음, 그다지 완벽하지는 않아. 만일 이렇게 하면 더 좋아지지 않을까?"

그 가려움, 미묘하게 쑤셔 대는 불만족은 어디서 오는 걸까?

아주 간단히 말하면 우리의 경험 속에 있는 모든 것은 언제나 변화한다. 주위 세상, 우리의 육체, 우리의 생각과 감정, 심지어 우리의 생각과 감정에 대한 우리의 생각들조차 끊임없이 유동적이며, 원인과 조건들의 멈추지 않는 상호작용이 만들어 내는 결과물들이다. 그리고 그 결과물 자체가 또 다른 결과를 일으키는 원인과 조건이 된다. 이 끊임없는 변화를 불교 용어로 '무상無常'이라고 부른다. 항상하지 않다는 뜻이다. 붓다는 여러 가르침에서 이 움직임을 강의 흐름에서 일어나는 작은 변화들에 비유한다. 거리를 두고 보면 매 순간의 변화를 감지하기 어렵다. 오직 강둑에 앉아서 자세히 물속을 들여다볼 때만 물결무늬의 작은 변화들, 모래알의 이동, 물 밑에 사는 물고기와 다른 생물체들의 움직임을 볼 수 있으며 시시각각 진행되는 놀라울 정도로 다양한 변화들을 알아차리게 된다.

무상은 많은 차원에서 일어나며 그중 일부는 눈에 띌 정도로 분명하다. 예를 들어, 어느 날 아침 일어나 보니 도로변 아래 공터가 공사 현장이 되어 기초 세울 땅을 파고 콘크리트를 붓고 철근 구조물을 세우느라 소음 가득한 분주한 장소로 변해 있다. 건물 뼈대를 세우기에 앞서 다른 인부들은 수도관과 가스관을 묻고 구조물 구석구석에 전기선을 잇느라 바쁘다. 나중에는 또 다른 팀이 건물 안에 벽을 세우고 창문을 설치하고 그 다음 나무와 잔디를 심고 정원을 꾸미고 간단한 조경도 할 것이다. 마침내는 공터 대신 완성된 건물 하나가 들어서며 드나드는 사람들로 가득해진다.

이 명백한 변화의 차원을 불교 가르침에서는 '거친 무상'이라고 부른다. 우리는 공터의 변화를 똑똑히 볼 수 있으며, 설령 그 새 건물이 시야를 가리거나 혹은 대형 상업건물이라서 오고 가는 교통량의 증가로 불편을 겪게 되면 우리가 그것을 좋아하지 않을 수도 있지만 그 변화가 우리를 몹시 놀라게 하지는 않는다.

거친 무상은 계절의 변화에서도 느껴진다. 몇 달 동안 날씨가 몹시 춥고 땅에 눈이 쌓인다. 몇 달 후 나무에 싹이 나고 이른 꽃들이 얼굴을 내민다. 얼마쯤 지나 싹이 잎사귀로 변하고 들판과 정원이 많은 꽃들로 풍성해진다. 그러다가 가을이 온다. 꽃은 시들고 나뭇잎 색이 울긋불긋 변하기 시작한다. 그 다음 겨울이 다시 찾아온다. 나뭇잎과 꽃들은 사라지고 대기가 차갑게 바뀐다. 때로는 눈이 내리고 때로는 투명한 유리로 코팅한 것처럼 얼음이 대지를 뒤덮는다.

이렇듯 거친 무상의 결과는 쉽게 드러난다. 하지만 무상은 그것뿐 아니라 또 다른 쉼 없는 변화의 형태로도 나타난다. 붓다는 그것을 '미세한 무상'이라고 불렀다. 즉 마치 '풍경 뒤편에서' 일어나는 것처럼 거의 알아차리기 힘든 매우 깊은 차원에서 일어나는 조건들의 변화이다.

미세한 무상을 이해하는 한 가지 방법은 시간에 대한 우리의 관념을 살펴보는 일이다. 일반적으로 우리는 과거, 현재, 미래라는 세 가지 범주에서 시간을 이해하는 경향이 있다. 일 년의 관점에서 이 세 가지 구분을 보면 작년, 올해, 내년이 있다. 하지만 작년은 사라졌고 내년은 아직 도래하지 않았다. 본질적으로 작년과 내년은 시간에 대해 우리가 갖고 있는 관념이나 생각에 불과하다. 그렇다면 오로지 올해만이 남는다.

하지만 일 년은 열두 달로 이루어져 있다. 그렇지 않은가? 이것은 내게 조금 헷갈린다. 왜냐하면 서양 달력은 12개월로 되어 있는 반면 티베트 달력에는 13번째 달이 하나 더 있기 때문이다. 하지만 서양 달력에 따라 지금이 6월이라고 해 보자. 한 해의 6개월은 이미 지나간 반면 우리 앞의 6개월은 아직 오지 않았다. 그렇다면 이제 우리가 현재라고 부르는 것은 이번 해에서 이번 달로 영역이 줄어들었다. 그런데 한 달은 서양 달력에서 30일 혹은 31일로 구성되어 있다. 오늘이 6월 15일이라고 해 보자. 6월의 반은 이미 지났고 남은 반은 아직 오지 않았다. 따라서 현재는 오로지 오늘이다. 하지만 하루는 또다시 24시간으로 이루어져 있다. 만일 지금이 정오라면 하루의 반은 지나갔으며 하루의 남은 반은 아직 도착하기 전이다.

우리는 다시 한 시간을 60분으로, 1분을 60초로, 1초를 백만 분의 1초로, 백만 분의 1초를 십억 분의 1초로 과학자들이 측정할 수 있는 만큼 미세하게 쪼개어 나갈 수 있다. 시간의 이 작은 조각들은 늘 움직이면서 우리에게서 날아가 버린다. 그 변화를 우리의 의식이 자각하기도 전에 미래는 현재가 되고 현재는 과거가 된다. 신경과학자들은 감각기관이 시각적 자극을 접수해 신호를 뇌로 전달하고 우리의 의식이 그 신호를 인지해서 단기기억으로 자리 잡게 되는 시간이 눈 깜짝할 사이에 해당하는 0.5초라는 것을 측정했다. '지금'이라는 생각을 뇌가 접수시킨 그 순간조차 이미 '과거'가 되어 있는 것이다.

우리의 바람이 얼마나 강하든 상관없이 우리는 시간을 멈출 수 없고 시간이 가져오는 변화를 중단시킬 수 없다. 삶을 현재 시점으로 '되감기'할 수 없고 미래의 어떤 장소로도 '빨리감기'할 수 없다. 하지만 무상을 받아들여 그것과 친구가 되는 법은 배울 수 있으며, 나아가 변화를 마음과 감정의 호위대로 여기는 법을 배울 수는 있다.

변화의 호흡

호흡은 곧 생명이다.
소걀 린포체 〈삶과 죽음을 바라보는 티베트의 지혜〉

어떤 사람은 변화가 가져다주는 고통에 대한 설명을 듣는 것만으로도 무상을 이해할 수 있다. 또 다른 사람의 경우는 그 이해가 그다지 쉽게 찾아오지 않는다. 다소 불가사의하고 추상적인 관념으로 남을 뿐이다. 다행히도 붓다와 그의 뒤를 이은 훌륭한 스승들은 겁을 주지 않는 방식으로 미세한 변화의 차원을 직접 경험할 수 있는 몇 가지 간단한 연습을 제시한다. 언제 어디서나 해 볼 수 있는 가장 간단한 방법은 숨을 쉴 때 몸에서 일어나는 변화에 주의를 기울여 보는 일이다.

 등을 똑바로 펴고 앉아 몸의 긴장을 푸는 것으로 시작한다. 만일 눕는 것이 더 편안하다면 그렇게 할 수도 있다. 눈은 계속 뜨고 있어도 되고 감고 있어도 된다. 하지만 당신이 운전 중이거나 거리를 걷는 중이라면 눈을 감으라고 권하진 않겠다. 다만 자연스럽게 코로 숨을 내쉬고 들이쉬라. 그렇게 하면서 숨 쉬는 동안 몸에서 일어나는 변화, 특히 폐의 팽창과 수축 그리고 아랫배 부위의 근육이 올라가고 내려가는 것에 편안하게 주의를 기울인다. '호흡을 주시해야 한다, 호흡을 주시해야 한다.'라고 생각하며 너무 지나치게 집중할 필요는 없다. 그냥 숨을 들이쉬고 내쉴 때 일어나는 변화들을 있는 그대로 자각하며 마음을 편하게 가지면 된다. 이 연습을 하는 동안 마음이 다른 곳에 가 있는 것을 알아차리게 되어도 역시 걱정할 필요가 없다. 그것 역시 무상함에 대한 또 다른 가르침일 뿐이다. 만일 어제 일어난 일을 생각하거나 내일에 대한 공상에 잠겨 있는 자신을 발견하게 된다면 다시금 호흡할 때 몸에 일어나는 변화들로 부드럽게 주의를 돌리면 된다. 약 1분 동안 이 연습을 계속한다.

 1분이 지나면 몸에 일어난 변화에 대해 무엇을 알아차렸는지 검토해 본다. 배가 올라갔다 내려가고 폐가 팽창하고 수축하는 것 말고도 다른 것을 느꼈을지 모른다. 콧구멍 안과 밖으로 흐르는 공기의 이동을 더 의식했을지도 모른다. 아니면 수십 가지 다른 생각,

감정, 기분들을 알아차렸을지도 모른다. 산만해져서 정신이 다른 곳으로 갔을 수도 있다. 어쨌든 당신은 미묘한 차원에서 일어나는 끊임없는 변화를 저항감 없이 관찰하는 시간을 가졌다.

이 연습을 하루에 한 번 혹은 몇 차례씩 계속한다면 더욱 미묘한 차원에서 더 많은 변화들을 자각하게 될 것이다. 차츰 무상은 화낼 것 없고 저항할 게 없는 오랜 친구처럼 되어 갈 것이다. 이 연습을 반복하면 나중에는 일터에서 혹은 식료품가게나 은행에서 줄 서서 기다리는 동안, 심지어 점심이나 저녁을 먹는 동안에도 이 자각을 그대로 유지할 수 있다는 사실을 발견할 것이다. 단지 자신의 호흡으로 돌아가는 이 단순한 일은 온전하게 지금 이 순간에 '채널을 맞추고' 내면과 주위에서 일어나고 있는 미묘한 변화들에 생생하게 깨어 있는 효과적인 방법이다. 이것은 더 마음을 열고 균형 잡힌 시각에서 현상을 더욱 분명하게 바라보고 행동할 수 있는 기회를 준다. 혼란스런 생각과 기분이 떠오를 때마다, 아니면 느닷없이 살아난 밀랍인형에게 기습을 받게 될 때면 그 상황들은 단지 무상이 존재한다는 근본 사실을 상기시켜 주는 역할을 할 것이다.

그러면 상황들은 왜 그토록 개인적인 일처럼 여겨질까?

3

관계 속의 마음공부

돌아다니는 마음을 감시하지 못하면
수행을 계속해 나가는 것이 불가능하다.

산티데바 〈입보리행론〉

여러 해 전 내가 인도의 거리를 걷고 있을 때였다. 길 대부분이 아직 자갈로 포장되어 있는 상태였다. 서두르는 바람에 샌들 신는 걸 잊고 숙소를 나선 나는 곧 후회했다. 자갈로 된 길을 맨발로 걷는 기분은 아무래도 불편했기 때문이다. 그 후 얼마 지나지 않아 나는 한 인도인 의사에게 이 경험을 이야기하게 되었다. 그는 말했다.

"네, 아주 좋아요!"

그 말이 무슨 의미인지 묻자 그는 고대 의학 체계에 따르면 발바닥의 여러 지점들을 누르는 것은 몸의 여러 내부기관과 조직의 활동을 자극함으로써 전신을 건강하게 해 준다고 설명했다. 발반사 요법에 어느 정도 익숙한 사람들은 이미 그것이 주는 이점을 알고 있을 테지만 나로서는 그것이 매우 참신한 생각이었다. 의사의 설명을 듣고 난 후부터 나는 더 자주 맨발로 다녔다. 놀랍게도 불편함 대신 발바닥에 닿는 돌의 감촉에 쾌감이 느껴지기 시작했다.

왜일까?

돌은 달라지지 않았다. 내 발도 달라지지 않았다. 걷는다는 신체적인 행동에도 변화가 없었다.

그 경험에서 변한 것은 단지 나의 관점뿐이라는 사실을 나는 깨달았다. 전에는 자갈 위를 맨발로 걸으면 아플 거라고만 추정했다. 의사가 그 상황을 바라보는 다른 방식을 제시하자 그 또 다른 가능성이 경험의 질적인 변화를 가져다주었다.

문제를 바라보는 방식

> 우리가 무언가를 경험한다는 것은
> 단지 마음의 표현에 지나지 않는다.
>
> 켄포 카르타르 린포체 〈감포파의 가르침〉

어릴 적 나를 힘들게 한 생각과 감정들을 다룰 때에도 나의 관점을 바꾸는 똑같은 근본 원리를 사용하곤 했지만 육체적인 불편함과 관련된 실로 다양한 상황들에는 그것을 별로 적용하지 못했었다. 그런데 앞의 사건을 계기로 내가 지금껏 '나의 몸'이 곧 '나'라는 생각을 얼마나 깊이 가졌었나를 깨닫자 이는 큰 충격으로 다가왔다.

하지만 이 일을 통해 얻은 더 중요한 교훈이 있었는데 그것은 그 이후 어떤 문제나 불편한 상황을 바라보는 나의 방식에 영향을 미쳤다. 그것은 이것이다. 만일 내가 전혀 불편을 느끼지 않았거나 아니면 나 자신이 그 불편함에 굴복했거나 혹은 방에서 나올 때마다 샌들 신는 것을 기억하려고 노력하는 등의 일상적인 방법으로 그 문제를 해결하려고 시도했다면 나는 내 마음의 조건 지워진 측면을 발견하지 못했으리라는 것이다.

그날 이후로 나는 아픔과 불편을 경험하는 순간들에 더 많이 감사하게 되었다. 그것들 각각은 더 깊은 이해에 도달하는 씨앗이며 마음을 더 잘 알 수 있는 계기이고 내게 있다는 것조차 몰랐던 나 자신과 주위 세상에 대한 관념들을 관찰하는 기회이다.

그렇다고 내가 말하고자 하는 바가 문제에 직면하거나 짜증과 불편을 느낄 때마다 티베트 승려식의 탐정 모자 같은 걸 쓰고는 "음, 어디 보자. 여기엔 어떤 관점이 있지? 내가 뭘 보지 못하고 있는 거지? 오라, 여기 있군! 자, 새로운 관점으로 대체하자." 하고 말하며 마음 구석구석을 샅샅이 뒤지자는 것은 아니다. 그것 역시 불편한 상황을 제거하려는 교묘한 시도에 불과하며 자신의 마음속에서 일어나는 일들을 정복해야 할 적군이나 진정시켜야 할 지배자로 바라보는 습관을 강화시킬 뿐이다.

실제로 해야 할 일은 그것이 아니라 단순히 그 상황과 함께 머물러 있으면서 그것을 직접적으로 바라보는 일이다. 이런 방식으로 마음속 경험들에 접근하면 저절로 그것 주위에 작은 공간이 생겨나고 이 공간은 상황을 더 넓은 문맥에서 바라보게 해 준다. 만일 어떤 감정을 바라볼 수 있는 마음이 있다면 논리상 그 마음은 감정보다 더 크다는 결론이 된다. 이것을 인식하는 짧은 순간에 마음의 무한한 크기를 찰나적으로 감지하는 것이 가능해진다. 나의 아버지와 스승님들이 설명한 것처럼 매 순간의 생각과 감정들을 끝없는 바다에서 오르락내리락하는 일련의 파도 중 하나로 보는 것이 가능해진다. 하지만 파도는 그 무한히 넓은 바다와 결코 분리되어 있지 않은 것이다.

이러한 찰나적인 감지는 종종 고통의 '근원' 혹은 '원인'이라고 번역되는 '두 번째 고귀한 진리'를 이해하는 바탕이 된다. 우리는 일상적으로 고통의 원인을 상황이나 조건에 돌리는 경향이 있다. 그러나 '두 번째 고귀한 진리'에 따르면 고통의 원인은 사건이나 상황에 있는 것이 아니라 경험이 전개될 때 그것을 지각하고 해석하는 우리의 방식에 있다.

관점이 경험에 얼마나 많은 영향을 미치는가에 대한 놀라운 예 하나는 특정한 동양 종교의 신도들에게서 찾아볼 수 있다. 그들은 자신들의 손가락 끝을 불 속에 가져다 댄다. 우리가 상상할 수 있는 것보다 더 힘들고 어두운 아픔을 겪는 다른 존재들의 고통을 대신 줄여 주기 위해서 그렇게 하는 것이다. 기록에 따르면 자신의 신체를 공양함으로써 그들이 느끼는 환희심은 그들이 경험하는 고통을 상쇄하고도 남는다.

덜 극단적인 차원을 예로 들면, 일반적으로 사람들은 몸을 주무

르거나 세게 누르는 것을 좋아하지 않는다. 특히 근육이 뭉친 부위는 통증이 심하다. 하지만 어떤 사람들은 안마와 지압이 통증이나 고통을 완화시켜 주며 기분이 더 좋아질 것이라고 기대하면서 마사지를 받으려고 돈까지 지불한다. 통증을 느끼기 위해 안마 예약을 하는 것이다.

최근에 한 대만 여성의 이야기를 들은 적이 있다. 그녀는 몇몇 친구들과 함께 길을 걷다가 양말이 신발에 엉켜 통증과 불편함을 느꼈다. 그녀는 소리쳤다. "잠깐! 양말을 고쳐 신어야겠어. 아파서 견딜 수가 없어." 아이러니하게도 그녀는 발반사 요법 전문가에게 진료를 받으러 가는 길이었으며 그곳에 도착했을 때 그녀는 요구했다. "발바닥을 아주 세게 눌러 주세요! 많은 돈을 내고 지압을 받는 것이니 본전을 뽑아야겠어요!"

나는 웃지 않을 수 없었다. 방금 전까지만 해도 그녀는 발바닥에 느껴지는 압박감을 참을 수 없어 했으면서 30분 뒤에는 더 센 지압을 요구하고 있는 것이다. 똑같은 상황에 대한 반응이 그녀의 해석과 기대감에 따라 극단적으로 왔다 갔다 한 것이다.

그러면 이 해석들은 어디에서 왔으며, 왜 그토록 우리에게 깊은 영향을 미치는가?

관점의 상대성

육안으로 보는 이 형상들을 우리는

여러 가지 방식으로 평가하는 경향이 있다.

켄첸 탕구 린포체 〈9대 카르마파의 진리의 대양〉

우리는 삶을 살아가면서 많은 부분을 우리의 구분하는 능력에 의존한다. 어떤 구분들은 오른쪽 왼쪽, 길고 짧음, 시끄러움과 조용함, 손과 발, 낮과 밤처럼 매우 직접적이고 단순하지만 어떤 것은 더 세밀한 구분을 요구하기도 한다. "이 과일은 너무 익은 건가요, 아니면 덜 익은 건가요?" "이것은 적당한 가격인가요, 아니면 다른 가게에서 더 싼값에 동일한 물건을 살 수 있나요?" 그런가 하면 어떤 것은 훨씬 더 깊은 통찰을 요구한다. 자녀를 교육하는 데 자신이 너무 엄격한지 아니면 너무 관대한지를 궁금해하는 부모들과, 말다툼이나 의견 충돌에 대해 고민하는 부부 혹은 연인 관계에서 흔히 있을 수 있는 일이다. "오늘 일진이 안 좋아서인가, 아니면 뿌리 깊은 성격 차이 때문에 우리가 그런 식으로 말하고 행동한 것일까?" 또한 직장에서 일어나는 갈등들에 대해 상담을 요청하는 사람들이 내게 비슷한 질문을 하곤 한다. "내가 이 사람을 너무 냉정하고 가혹하게 판단하고 있나요?" "내가 너무 일만 열심히 하고 나 자신과 가족들을 위해서는 시간을 충분히 내지 않고 있는 건가요?"

마음에 새겨야 할 중요한 점은 모든 구분은 근본적으로 상대적이라는 사실이다. 즉 비교에 바탕을 둔 생각과 판단과 기분들인 것이다.

간단한 예를 들어 보자. 만일 당신이 10센티미터 유리컵을 15센티미터 유리컵 옆에 놓았다면 그 컵은 15센티미터 컵보다 작은 것이 된다. 하지만 15센티미터 유리컵을 20센티미터 유리컵 옆에 두면 방금 전까지 '커' 보였던 15센티미터 유리컵은 이제 '작아지게' 된다. 마찬가지로 왼쪽은 오로지 오른쪽이 있어야만 의미를 갖는다. 밤은 오직 낮과 비교될 때 의미를 지닌다. 따뜻함은 오직 차가움과 비교해서만 의미가 있다. 당신은 지금 불교의 가르침에서 종종 '상대적인 실체'로 불리는 것에 대한 간략한 강의를 들은 것이다. 즉 구분들에 의해 정의 내려지는 경험의 차원이다.

다양한 과학자들과 나눈 토론을 통해 나는 이 구분 능력이 하나의 생존 도구로 진화된 중요한 생물학적 기능임을 알게 되었다. 논쟁할 여지 없이 독성을 가진 식물과 열매, 그리고 먹을 수 있는 영양가 풍부한 식물과 열매를 구분하는 것에는 큰 강점이 있다. 마찬가지로 우리가 먹을 수 있는 대상과 우리를 잡아먹을 대상을 구분하는 일은 매우 유용하다.

인간 존재는 이 구분 과정에 복잡한 방식으로 반응하는데, 생물학적 용어와 심리학적 용어로 설명하면 이해가 더 빠를 것이다.

생물학적 관점에서 보면 지각작용에는 세 가지 필수 요소가 요구된다. 첫째는 눈·귀·코·혀·피부 같은 감각기관, 둘째는 꽃과 구름 같은 감각 대상, 셋째는 감각기관으로부터 받은 신호를 진행시키고 반응하는 능력이다. 감각기관과 뇌의 영역들, 그리고 그 둘을 연결하는 신경세포 다발을 우리는 뉴런이라고 부른다. 인간의 뇌는 수십억 개의 뉴런으로 구성되어 있으며, 그것들 대부분은 학습, 기억, 감정과 관련된 구조를 이루고 있다. 그 구조들 사이의 상호작용은 이루 말할 수 없이 복잡하다.

지금 당신이 꽃 한 송이를 보고 있다고 하자. 특정 지어 말하면 붉은색 장미다. 그것은 하나의 사물이며 과학 용어로는 '자극'이라 일컫는다. 자, 당신이 장미를 보고 있다면 처음에 당신의 시각세포는 이 물체를 위쪽은 둥글고 아래는 가늘며 밑으로는 긴 초록색의 줄기가 연결되어 있고 약간 거무스레하고 뾰족한 것들이 내밀어져 있는 한 뭉치의 붉은색 덩어리로 인식한다. 이 이미지가 시신경을 구성하는 일종의 섬유 또는 끈으로 이루어진 일단의 세포군을 통해 전달되며 시신경은 눈에서 받은 시각 정보를 시각피질이라는 뇌 영역으로 전달한다. 뇌의 이 영역은 시각을 통해 받은 자극을 체계화하는 작업을 한다.

이 시각 자극을 받자마자 시각피질은 뇌 중심부 가까이에 위치한 세포군인 시상(뇌의 다섯 개 부분의 하나인 간뇌의 대부분을 차지하는 주요 구조로 많은 신경핵군으로 이루어져 있다)이라는 뇌 영역으로 긴급 메시지를 보내는데, 이곳에서 다른 뇌 영역으로 보내지기 전에 감각기관에서 받은 대부분의 메시지가 해독된다. '시상'이라는 단어는 사실 친밀한 대화가 일어나는 장소인 '침실'을 의미하는 고대 그리스어이다.

시각피질에서 온 메시지가 시상으로 전달되자마자 다시 여러 방향으로 보내지는데 한 세트는 대뇌변연계로 보내진다. 이곳은 고통과 기쁨을 구별하고 감정 반응을 결정하며 학습과 기억의 기초를 제공하는 일을 주로 책임지는 곳이다.

뇌의 이 영역에서 메시지들을 해석하는 데 특히 중요한 역할을 하는 두 가지 핵심 구조가 있다. 하나는 감정적인 반응을 결정하는 작은 아몬드 모양의 편도체이다. 예를 들어, 만일 그 거무스레하고 뾰족한 것들 중 하나에 찔렸다면 당신은 붉은색 덩어리로 이루어진 그 물체에 대해 '나쁘게' 혹은 '불쾌하게' 반응할 것이다. 다른 하나는 기억과 경험들의 시간적이고 공간적인 요소들을 저장하는 장소인 해마체이다. 예를 들어, 이곳은 당신이 처음 장미를 어디서 언제 보았는지 기억하게 해 준다.

동시에 시상하부의 침실에서 모아진 친밀한 대화는 신피질로 전달된다. 신피질은 형태를 인식하고 개념을 만드는 일 같은, 주로 분석 기능에 관여하는 영역으로 뇌의 바깥층이다. 신피질은 사물에 이름을 붙이고 개념을 체계화하는 법을 배우는 뇌 영역이다. 그곳은 장미를 '붉은색 덩어리로 구성된 물체'라고 정의하는 장소이다. 그곳은 또한 대뇌변연계에서 생성되는 기억과 감정 반응들을 조절해 어떤 것은 억누르고 어떤 것은 고조시켜 주는 영역이다.

설명이 다소 길어졌지만 감각기관과 뇌의 다양한 뉴런 구조를 구성하는 수천 개 세포들 사이의 이 모든 의사소통은 순식간에, 손가락을 튕기는 시간보다 더 빨리 일어난다. 그리고 뇌는 아드레날린, 도파민, 엔도르핀 같은 화학물질의 분비를 자극하면서 거의 즉각적으로 반응한다. 이것들이 우리의 몸 전체에 퍼져 심장박동을 늦추거나 빠르게 하고 우리의 기분을 바꾸기도 한다. 동시에 일련의 연결이 감각기관, 뉴런, 중요 기관, 분비기관들에 새롭게 자리 잡는다. 간단히 말하면 이것은 붉은색 장미에 대한 내부 지도를 만들어 내는 일종의 '긴급통신 네트워크'이다.

다시 말해, 우리는 장미 자체를 실제로 보고 있다기보다는 장미에 대한 개념을 보고 있는 것이다. 이 개념은 종종 매우 넓은 범위의 요소들에 의해 조건 지워진다. 대상에 대한 우리의 최초 경험을 둘러싼 주변 환경들, 뇌의 여러 영역에 저장된 기억과 기대치, 더 최근의 경험을 통한 변화들이 그것이다. 그리고 아마도 가장 중요한 것은 경험자인 '나'와 경험되어지는 대상인 그것(이 경우에는 '장미')과의 구분일 것이다.

이 경우, 장미와는 본래부터 완전히 분리된 실체로서의 '나'를 구분하는 것 역시 감정, 기억, 그리고 감각기관에서 오는 신호들과 연결된 다양한 뉴런 구조들의 상호작용에서 생겨난 마음의 이미지에 불과하다. 이 이미지는 갓난아기일 때는 매우 흐릿할 것이다. 하지만 나이를 먹어 감에 따라 우리는 우리의 신체적인 느낌들을 구별할 뿐 아니라 '나 아닌 것'과 구분되는 '나', '불쾌감'과 구분되는 '쾌감', '바람직하지 못한 것'에 반대되는 '바람직한 것'이라는 내면의 느낌들을 발달시켜 간다. 그리고 일종의 '중립지역'까지도 구분하는데 어떤 식으로 우리 자신과 연결시킬 것인지에 대한 판단이 유보된 경험들이 모여 있는 곳이다. 사람들이 서류, 신문, 사진 등을 각각 별도의 상자에 넣어 정리하는 것처럼 우리는 경험들을 개념적인 '상자' 안에 정리해 둔다.

다양한 과학적 이론을 공부한 사람들과 대화를 나누면서 나는 이 상자들이 언제, 어떻게, 왜 생겨나는가에 대해 학자마다 약간의 의견 차이들이 있음을 알았다. 하지만 그들의 의견 가운데 일치하는 부분이 있다. '나'라는 상자는 갓난아기가 태어날 때, 즉 아이가 엄마의 몸과 분리되어 전혀 예측할 수 없는 상황에 내던져지면서 한 사람의 개인적인 존재로서 자신을 경험하기 시작할 때부터 만들어진다는 점이다.

갓난아기일 때 우리는 배고픔과 추위와 축축함 같은 불편함에 저항할 뿐 아니라 음식과 따뜻함 같은 편안함을 추구하려는 욕구에 이끌린다. 때로는 편안하지만 때로는 그렇지 않다. '나'라는 상자는 아직 견고하지 않으며 일관적이지도 않고 심지어는 울고 트림하고 꿀꺽거리고 싱긋 웃는 것을 제외하고는 자기표현이 불가능하다. 하지만 유쾌한 경험과 불쾌한 경험 속에는 본질적으로 '좋은' 상자, '나쁜' 상자, '내가 아닌' 상자를 정의 내리는 가능성이 내재해 있다.

이 무렵이 지나면 부모들이 흔히 '미운 네 살'이라고 표현하는 시기가 된다. 이때 아이는 종종 "싫어!" 하는 표현으로 독립된 존재인 자신을 주장하기 시작하며 상자들은 더 견고해지고 뚜렷한 형태를 갖추어 나간다. 그리고 이미 또 다른 상자들이 등장하기 시작한다.

나비 죽이기

모든 존재는 먼저 '나'를 생각하면서 자아에 집착하고,
'나의 것'을 생각하면서 물건에 애착을 갖는다.
찬드라키르티 〈입중론〉

서양과학이 발달하기 수 세기 전에 이미 붓다는 고통이 마음에서 비롯된다는, 말하자면 보는 사람의 '눈'에 달려 있다는 이해에 도달했다. 붓다가 사용한 용어들은 오늘날의 생물학자와 뇌신경과학자와 심리학자들의 용어들과는 다를 수 있지만, 그가 제시한 통찰은 놀라울 만큼 일치한다.

초기 팔리어로 쓰인 '두 번째 고귀한 진리'에 대한 붓다의 가르침에 따르면 두카 즉 고통은 '탄하' 곧 '갈망'이라고 부르는 마음의 근본 조건으로부터 일어난다. 이 초기 팔리어본을 번역한 사람들은 이 근본 원인을 '트리쉬나' 곧 '갈증'이라고 정의했다. 붓다의 가르침이 티베트로 전해지면서 그것은 다시 '진파' 곧 '붙잡음'으로 번역되었다.

어쨌든 이 세 가지 용어들은 무상의 반대가 되는 영원과 안정에 대한 근본적인 갈구를 의미한다. 또 다른 시각에서 보면 그것들은 무상을 거부하고 인정하지 않으려는 노력이다. 이런 갈망의 가장 근본적인 성향은 '나'와 '다른 사람', '주체'와 '객체', '좋은 것'과 '나쁜 것' 등의 모든 상대적 구분들이 본래부터 독립되게 존재하는 것이라고 오해하는 것이다. 불교 경전에서는 이것을 종종 '무지'라고 표현한다. 가장 단순하게 설명하면, 무지는 매운 소스 병에 붙은 상표를 매운 소스라고 착각하는 것이다.

사람, 장소, 사물이 본래부터 독립적으로 견고하게 실재하는 것이라 여기는 관념으로부터 두 가지 강한 충동이 똑같이 일어난다. 욕망이라고 불리는 첫 번째 충동은 우리가 '좋은 것'이라고 정의 내린 것은 무엇이든 손에 넣고 계속 지니고 있으려는 갈망이다. 혐오라고 알려진 두 번째 충동은 우리가 '나쁜 것'이라고 정의 내린 것들을 피하고 제거하기 위해 반대쪽으로 달아나려는 욕구이다.

무지, 욕망, 혐오를 합쳐서 불교 경전에서는 삼독 즉 '세 가지 독'이라 부른다. 이것들은 너무도 깊게 뿌리박혀 있어서 어떤 경험을 할 때 구름으로 마음을 가려 독이 되는 습관들이다. 그것들은 개별적으로 또는 합동해서 수없이 많은 또 다른 태도와 감정들을 만들어 낸다. 예를 들어 자만심, 완벽주의, 열등감, 자기혐오, 내가 승진할 자격이 있다고 생각하는데 다른 동료가 승진할 때 느끼는 질투심, 병들고 나이 든 부모를 볼 때 우리를 압도하는 극도의 슬픔과 절망 등이 그것이다. 따라서 불교의 몇몇 가르침들은 이러한 태도와 감정들을 '번뇌' 혹은 '무명'이라고 부른다. 왜냐하면 그것들은 경험을 해석하는 방식에 한계를 만들고, 그럼으로써 생각하고 느끼고 행동하는 우리의 잠재 능력을 가로막기 때문이다. '나'와 '내가 아닌 것'이라는 근본적인 구분을 지니게 되면 우리는 '나의 것'과 '나의 것이 아닌 것', '내가 소유한 것'과 '내가 소유하지 않은 것', '내가 원하는 것'과 '내가 원하지 않는 것'이라는 식으로 모든 경험을 제한하기 마련이다.

당신이 망가진 고물 자동차를 몰고 가는데 사고로 차체에 손상을 입은 벤츠나 롤스로이스 같은 멋진 자동차가 옆을 지나간다고 해 보자. 당신은 자동차 주인에게 약간의 안쓰러움을 느끼겠지만 그 차에 대해서는 분명 아무 애착도 느끼지 않을 것이다. 몇 달이 지나 당신은 새 자동차를 구입할 때가 되어 중고차시장에 들른다. 그곳에 아주 좋은 가격으로 살 수 있는 벤츠와 롤스로이스가 있다.

바로 몇 달 전 당신이 보았던 사고로 손상된 그 자동차이다! 설령 당신이 그 사실을 안다 해도 상관없다. 이제 그 차는 당신 것이다. 하지만 차를 집으로 몰고 가다가 어디선가 날아온 돌멩이 때문에 앞 유리창에 금이 가 버렸다. 이런 비극이 있나! '나의 차'가 파손된 것이다. '나'는 그것을 수리하기 위해 돈을 지불해야만 한다.

그것은 몇 달 전 스쳐 지나가면서 본 사고로 파손된 바로 그 차이며, 옆을 지나갈 때는 그것에 대해 별 느낌이 없었다. 하지만 이제 그것은 당신의 자동차이며, 만일 앞 유리창에 금이 갔다면 당신은 분노와 절망감, 그리고 아마 약간의 두려움까지 느낄 것이다.

그렇다면 그냥 중단하면 안 될까? 독과 그 독의 결과물들을 그냥 놓아 버리면 안 될까?

만일 그것이 쉽다면 이 문장을 다 읽기도 전에 우리 모두는 붓다가 되어 있을 것이다!

붓다의 가르침과 여러 스승들의 주석에 따르면 세 가지 독과 그것들로부터 생겨난 모든 심리적 감정적 습관들은 사실 고통의 원인이 아니다. 오히려 고통은 그것들에 대한 집착에서 일어난다. 이것이 티베트어 '진파'의 본래 의미에 가장 가깝다. 앞에서 말했듯이 이 단어는 종종 '붙잡음'으로 풀이되지만 '고착'으로 해석되기도 한다고 나는 들었다. 고착이란 병적인 집착을 말한다. 진파는 끊임없이 움직이고 변화하는 시간과 장소 안에 고착되어 있으려는 시도인 것이다.

최근에 나에게서 명상을 배운 한 사람이 이렇게 소리쳤다.

"그것은 나비를 죽이는 것과 같아요!"

그 말이 무슨 의미인가를 묻자 그녀는 어떤 사람들은 나비를 잡아서 죽인 다음 나비의 몸체를 유리병이나 플라스틱 장식용 케이스 안에 핀으로 고정시켜 놓는 취미를 갖고 있다고 설명했다. 자신이 채집한 것을 바라보는 짜릿한 쾌감, 그리고 그것을 주위 사람들에게 보여 주는 기쁨 때문에 그렇게 한다는 것이다.

그녀는 슬픈 목소리로 말했다.

"아름답고 연약한 생명체를 그런 식으로 죽이는 거예요. 나비들의 운명은 하늘을 나는 거예요. 만일 날 수 없다면 더 이상 나비가 아니에요. 그렇지 않은가요?"

그녀의 말이 옳다.

우리가 우리의 견해에 고착화될 때 우리는 날 수 있는 능력을 상실해 버린다.

거울아, 거울아

이 세상을 구성하는 것들, 생명 가진 모든 존재는 무상하다.
잠곤 콩툴 〈확신의 횃불〉

자신의 믿음과 견해에 대한 강한 집착이 얼마나 심각한 고통을 불러오는가를 나는 몇 해 전 미국에서 만난 한 여인을 통해 생생히 알게 되었다. 그녀는 자리에 앉자마자 펑펑 울기 시작했다.

나는 그녀에게 말했다.

"괜찮아요. 마음이 진정되면 무엇이 문제인지 말해 보세요."

잠시 기다리는 동안 그녀는 마음을 추슬렀으며 마침내 입을 열었다.

"저는 늙고 싶지 않아요. 거울 앞에 설 때마다 이 주름살들이 다 보이는데 그것들이 정말 싫어요. 주름살이 너무 싫어서 그저께는 거울을 깨 버렸어요. 물론 나가서 다시 새 거울을 사와야 했지만요. 거울을 들여다볼 때마다 눈에 띄는 것은 오직 주름살들뿐이고, 그것 때문에 미치겠어요. 너무도 화가 나고 우울해서 어떻게 해야 할지 모르겠어요."

그녀의 격한 감정에 다소 놀랐음을 인정해야겠다. 내 할머니는 주름살이 매우 많았지만 나는 그 주름살들이 할머니의 얼굴을 더 아름답게 만들어 준다고 생각했었다. 더 부드럽고 다정해 보이며 지혜로 가득하고 늘 미소 짓고 있는 것처럼 보였다. 물론 나는 이것을 그 여인에게 직접 말하지는 않았다. 누군가 어떤 고통을 겪고 있을 때 당신이 할 수 있는 최악의 충고는 아마도 이렇게 말하는 것이리라. "그건 단지 너의 생각일 뿐이야. 생각을 바꾸면 상황도 달라질 거야." 만일 내가 불안과 공포에 사로잡혀 있을 때 스승님들 중 한 분이 그런 식으로 말했다면, 그것은 나에게 아무 의미도 없는 말이 되었을 테고 결국 나는 이미 느끼고 있는 것보다 훨씬 더 심한 고립감과 당혹감을 느꼈을 것이다. 힘들게 싸우고 있는 동안 내게 필요했던 것은 그 순간의 내가 직면하고 있는 문제가 모든 사람들, 모든 생명 가진 존재들이 어떤 식으로든 겪고 있는 딜레마와 똑같은 것임을 깨닫는 일이었다. 살아남고자 하는 강한 욕망,

오래 살고 잘살고 싶은 욕망, 나아가 평화의 순간들을 경험하고 싶은 욕망이 그것이다.

"경험하는 것을 단지 바라보라. 생각과 감정과 판단과 신체적인 느낌들이 오고 가는 것을 단지 주시함으로써 그것들을 이해하라."고 격려해 주며 이 과정을 거치도록 이끌어 준 나의 아버지, 그리고 살자이 린포체와 여러 스승님들에게 깊이 감사드린다. 그렇게 함으로써 그분들은 매우 실질적인 방식으로 붓다의 뛰어난 가르침인 '네 가지 고귀한 진리'로 나를 인도했다. 붓다는 '두 번째 고귀한 진리'를 완전히 생략할 수도 있었다. 첫 번째의 고통의 진리에서 세 번째의 고통을 소멸시키는 진리로 건너뛸 수도 있었다. 그러는 대신 붓다는 왜 우리가 고통, 불편함, 불쾌감, 좌절, 짜증을 경험하는가를 설명했다. 이 생에서 우리가 겪는 힘든 상황들을 창조해 내는 원인과 조건들을 직접 대면하고 문제를 해결하기 위해서는 근본적인 이해가 필요하기 때문이다. 동시에 두 번째 고귀한 진리는 우리가 문제에 부딪힐 때 혼자가 아니라는 사실을 강조한다. 우리가 누구이며 어떤 존재라는 관념에 대한 집착, 우리가 원하고 필요로 하는 것에 대한 집착, 또한 우리가 원하지 않고 필요로 하지 않는 것으로부터 달아나려는 집착은 모든 생명 가진 존재의 공통된 현상인 것이다.

나의 스승님들의 예를 좇아 나는 주름살 때문에 고통 받는 여인에게 무상에 대해 설명하기 시작했다. 그것이 우리 모두가 직면하고 있는 근본 조건임을. 그리고 그 사실을 받아들이면 우리가 삶의 과정을 통과하며 겪는 거친 변화나 미묘한 변화들로부터 몇 가지 장점을 발견할 수 있음도 이야기했다.

나는 그녀에게 말했다.

"젊었을 때의 외모와 젊었을 때 가능했던 것들에 고정되어 있으면 당신은 나이를 먹으면서 갖게 되는 이점들을 전혀 볼 수 없게 됩니다. 젊었을 때는 할 수 없었지만 이제는 가능한 일들을 생각해 보십시오. 삶의 경험들이 당신에게 가져다준 폭넓은 시각을 생각해 보십시오."

그러고는 덧붙였다.

"또한 젊었을 때는 더 현명하고 더 경험 많고 더 존경받는 사람이 되기 위해 어서 빨리 나이 들고 싶었던 적이 있었을 겁니다. 겉으로 드러나는 거친 변화의 차원에만 고정된다면 더 미세한 변화들이 가져다주는 혜택을 볼 수 없습니다. 난 젊었을 때 어서 나이를 먹고 싶어 도저히 참을 수가 없었습니다. 나이가 들면 더 안정되게 내가 원하는 일들을 자유로이 할 수 있고 아무도 나한테 뭘 하라고 지시하지 않을 것 같았기 때문입니다."

그 후 1년쯤 지나 다시 미국을 여행할 때 그녀가 또 나를 찾아왔다. 이번에는 편안해 보였고 그녀는 미소를 머금은 얼굴로 자리에 앉아 우리의 지난 만남 이후로는 거울을 깬 적이 없다고 했다.

그녀는 말했다.

"그때 이후 나는 시간과 나이가 나의 적이 아니라는 사실을 깨달았어요. 고정되어 있으려는 나의 욕망이 적이었지요. 거울을 볼 때 나는 다른 사람들이 볼 거라고 생각한 것만 보았어요. 나이 든 여자, 매력이 사라진 쓸모없는 여자의 모습이었죠. 그래서 나 역시 그런 식으로 행동하기 시작했고 당연히 사람들은 나를 늙고 쓸모없는 존재로 대하기 시작했어요. 그것은 악순환이 되었어요.

그렇지만 지난 세월 내가 쌓아 온 경험들에 초점을 맞추기 시작하자 내 주름살에 대해 약간의 자신감을 갖게 되었어요. 마치 주름살 하나하나가 영광의 상장, 잘 헤쳐 나온 위기, 통과한 시험 같았어요. 나는 비슷한 나이의 사람들을 돌아보기 시작했어요. '그래, 우리는 많은 일들을 통과해 왔어. 그리고 앞으로도 크고 작은 변화들이 남아 있어.' 매일 아침마다 변화를 기대하며 침대에서 벌떡 일어났다고는 말하지 않겠어요. 제가 벌떡 일어나기에는 조금 나이가 많잖아요."

그녀는 웃으며 말을 이었다.

"하지만 나는 삶에, 그리고 매 순간에 더 집중하게 되었어요. 왜냐하면 그것이 내가 가진 전부이니까요, 그렇지 않나요? 바로 이 순간 말이에요. 그리고 지금 이 순간에 일어나는 일이 생각했던 것보다 훨씬 많더군요."

나는 깊이 감동받았다. 이 여인은 누구의 안내도 없이 인간의 삶 밑바닥에 깔린 불편함의 주된 원인인, 자기 자신의 고정된 생각에 대한 집착에서 벗어날 수 있었다. 그녀는 그것과 정면으로 마주했으며, 거기서 배움을 얻었고, 그렇게 함으로써 자신의 삶을 더 깊이 음미하게 되었다.

이것이 두 번째 고귀한 진리의 본질적인 교훈이다. 모든 조건들이 반드시 변화할 수밖에 없음을 인정하면 우리는 그 사실에 저항하거나 압도당하기보다는 긴장을 풀고 더 분명한 시각과 자신감을 가지고 매 순간에 다가갈 수 있다. 경험에 꼼짝없이 휘둘릴 필요가 없다. 적군이 되어 그것들과 싸울 필요도 없고 달아날 이유도 없다. 우리는 현상을 바라보면서 이렇게 인식할 잠재 능력을 가지고 있다.

"이것은 지금 이 순간에 일어나고 있는 일이다. 다음 순간은 다른 경험을 가져올 것이며, 그다음 순간은 또 다른 것을 가져올 것이다."

순간순간의 변화들에 대한 저항. 붓다와 그 이후의 스승들은 두카가 상징하는 넓은 범위의 고통과 불편함의 원인이 바로 거기에 있다고 보았다.

조건들

작은 불꽃 하나도 산더미 같은 건초를 태워 버릴 수 있다.
파툴 린포체 〈내 완벽한 스승님의 말씀〉

무지, 욕망, 혐오라는 세 가지 독에 대한 매달림이 고통의 즉각적인 원인이라고는 하지만 대개 씨앗 하나가 움트기 위해서는 흙과 물과 햇빛의 결합이 필요하듯이 다양한 괴로움은 개개인마다 다른 조건들의 복잡한 상호작용에 따라 제각기 다른 방식으로 일어난다. 많은 조건들은 최근에 와서야 생물학과 뇌신경학 분야의 전문가들에 의해 밝혀지기 시작한 유전적 요인뿐만 아니라 개인의 특수한 경험, 성장 배경과 가정환경, 그리고 그가 몸담고 살아가는 문화의 영향 등에서 일어난다. 그러한 요인들을 각자의 삶 속의 흙, 물, 햇빛이라고 볼 수 있다.

예를 들어, 많은 아시아 문화권에서 늙음은 존경의 상징이다. 오래 산 삶은 경험이 주는 지혜를 더 많이 가지고 있다는 것이 보편적인 인식이다. 내가 방문한 서양 문화권 대부분에서는 늙음이 상실과 허약과 뒤떨어짐을 상징했다. 한편 내가 많은 시간을 보낸 인도에서는 커다란 배, 둥근 얼굴, 두세 겹의 턱을 부와 성공의 상징으로 여기는 반면에 서양 문화권에서 만난 사람들은 이 같은 신체 특징을 종종 매력 없고 건강하지 못한 것으로 여기고 있었다.

동서양을 막론하고 많은 문화권에서는 사회적 위치가 강함과 약함의 표시로 여겨지며, 그것은 자신이 스스로를 어떻게 보는가와 남들이 자신을 어떻게 보는가에 큰 영향을 미친다. 이를테면 붓다는 크샤트리아 무사 계급에서 태어나 그 시대 인도 사회의 많은 이들에게는 주어지지 않은 여러 가지 특권들을 누리며 자랐다. 신분과 특권을 포기함으로써 그는 가정환경과 사회적 조건이 우리의 자아상에 미치는 영향을 깨닫는 중요한 걸음을 내디뎠다.

어떻게 그렇게 했는가?

그는 단지 걸어 나왔을 뿐이다. 모든 특권을 뒤로 하고 떠났을 때 그의 마음이 어떠했을지는 알 수 없지만 아마도 그를 묶고 있는 기대들로부터 풀려난 해방감을 느꼈으리라고 짐작할 수 있다.

한 가정에서 태어난 아이들도 때로는 드러나지 않게 혹은 대놓고 서로 비교당한다는 말을 나는 들었다. 최근 캐나다에서 만난 한 남자가 그 상황을 들려주었다.

"장남인 제 형은 아버지의 총애를 받았어요. 말 그대로 '골든 보이'였죠. 아버지의 눈에 형은 잘못된 적이 한 번도 없었고, 아버지는 형에게 야구공 던지는 법, 자동차 엔진 수리하는 법, 보트 조종하는 법을 가르쳐 주면서 많은 시간을 함께 보냈어요. 내가 그런 것들을 배울 때가 되었을 때 아버지는 자주 얼굴을 찌푸리시곤 했죠. '넌 왜 형만큼 똑똑하지 못하니? 넌 절대로 제대로 해낼 수 없을 거야.' 하지만 나는 여러 가지 면에서 운이 좋았어요. 그런 상황에서는 늘 어머니가 뒤에 계시면서 내가 다른 면에선 똑똑하다고 말해 주셨거든요. 어머니는 말씀하시곤 했어요. '넌 뛰어난 수학적 두뇌를 가졌어.'

결국 나는 성공적인 세무 회계사가 되었고, 반면에 형은 자동차 수리공이 되었어요. 밖에서 보면 나는 형보다 훨씬 안락한 삶을 살고 있죠. 돈 잘 버는 직업에 큰 집, 좋은 자동차 두 대, 딸들을 피아노학원과 무용학원에 보낼 수 있는 능력……. 하지만 난 열등하다는 기분에서 한 번도 벗어난 적이 없어요. 직장과 가족을 위해 지금 내가 하는 모든 일은 어렸을 때 절대로 될 수 없었던 '골든 보이'가 되기 위한 노력일 수밖에 없어요.

나는 형을 사랑하고 우린 매우 잘 지내요. 하지만 여전히 형에게 작은 질투를 느끼고 그 질투는 함께 일하는 다른 사람들에게까지 확대되곤 하죠. 직장 상사를 기쁘게 해 주기 위해 늘 고심하며, 다른 직원이 나보다 업무를 더 빨리 또는 더 효과적으로 끝내면 어쩌나 하고 염려하는 거예요. 그래서 종종 더 늦게까지 근무하며, 그것은 곧 가족과 함께 보낼 시간이 줄어듦을 의미하죠. 경제적으로 가족을 잘 부양하면서도 혹시 내가 정신적으로는 가족과의 유대관계가 끊어져 있지나 않나 하는 의문을 늘 갖죠.

형은 저녁 5시에 정시 퇴근해서 가끔씩 집으로 피자를 사 들고 와서는 아이들이 좋아하는 프로그램을 보려고 텔레비전 앞에 앉아요. 아이들이 웃는 모습을 보는 걸 좋아하기 때문에 그렇게 하는 거죠. 무엇을 하든 나는 형만큼 성공하고 행복하고 만족하지 못할 거라는 기분을 극복할 수 없을 것 같아요. 얼마큼 노력하든 간에 난 결코 충분히 잘하지 못할 거라는 생각이 들어요."

이 남자가 자신 안의 질투심을 자각하고 결코 충분히 잘할 수 없을 것이라는 기분을 인정하기까지 얼마나 큰 용기가 필요했을까! 고통의 원인과 조건을 그렇게 직접 바라보는 일은, 피할 수 없고 변하지 않을 것 같은 한계를 뛰어넘는 중요한 첫걸음이다.

사회적 배경과 가정환경 외에 지극히 개인적인 경험들도 자기 자신과 자신이 경험하는 일들을 바라보는 시각을 조건 지울 수 있다. 내가 만난 많은 사람들은 배우자나 애인 또는 자녀들과 논쟁을 하면서 밤을 새우거나 실연을 당한 경험이 있으며, 그 경험이 자기 자신과 주위 세상을 바라보는 시각에 얼마나 나쁜 영향을 미치는가를 고백했다.

또 어떤 이들은 최근에 만난 소울메이트 덕분에 혹은 늘 원했던 직장을 얻었거나 꿈같은 집을 계약하게 되어 매우 긍정적인 얼굴을 하고서 나와의 개인 면담실로 들어오곤 했다.

이런 대화들을 통해 나는 붓다가 말한 '두 번째 고귀한 진리'를 여러 면에서 더 깊이 이해할 수 있게 되었다. 붙잡음이든 고착화든 갈증이든 이것들은 무상이라는 삶의 근본 조건에 대한 즉각적이고 종종 무의식적인 반응이다. 심리학 분야에서 일하는 나의 친구들은 그것을 방어기제(자아가 자신의 불안을 감소시키기 위해서 사용하는 모든 범위의 정신적 전략. 합리적인 적응에 실패했을 때 자아가 쓰게 되는 불합리한 적응 수단, 도피, 또는 일종의 자기기만)라고 부른다.

사실 '집착' 또는 '붙잡음' 같은 단어만으로는 이 메커니즘 밑바닥에 깔린 복잡한 심리를 제대로 표현할 수 없다. 이 자기방어 메커니즘은 희망과 두려움 사이에서 일종의 균형을 유지하려는 행동이라고 설명하면 맞을 것이다. 변화될 것이라는, 아니면 동일하게 지속될 것이라는 희망 또는 두려움이다. 때로 우리는 어느 한쪽 방향으로 내몰리기도 하고, 때로는 양극단 사이에 갇혀 어쩔 줄 몰라 한다.

대중 강연과 개인 면담에서 자주 받는 질문 중 하나는 이것이다.

"어떻게 하면 집착을 버릴 수 있을까요? 희망과 두려움을 어떻게 하면 내려놓을 수 있나요?"

답은 간단하다.

"노력하지 말기."

왜인가?

우리가 무엇인가를 제거하려고 노력할 때 그것은 희망과 두려움을 단지 강화시키기만 할 뿐이기 때문이다. 만일 우리가 조건, 감정, 신체적인 느낌 등을 적으로 대한다면 이는 그것들을 더 강하게 만들 뿐이다. 우리는 그것들에 저항하면서 동시에 굴복하게 되는 것이다. 붓다가 제안한 중도는 생각하고 느끼는 것이 무엇이든 그것을 단지 바라보는 일로부터 시작한다.

'나는 화가 난다. 나는 질투가 난다. 나는 피곤하다. 나는 두렵다……'

그것들을 바라볼 때 당신은 그것들이 처음에 보였던 만큼 그렇게 고정되고 견고하지 않다는 사실을 알아차리게 될 것이다. 무상에는 이점이 존재한다. 모든 것은 변한다는 것이다. 심지어 우리의 희망과 두려움까지도.

나를 들여다보는 연습

삶은 심지어 단 한 순간도 제자리에 머물러 있지 않다.

감포파 〈해탈보장론〉

우리의 경험 안에서 미세한 변화들을 관찰하려면 약간의 연습이 필요하다. 이다음에 욕실 거울 앞을 지날 때 얼굴이 보이지 않는 각도로 서 보라. 그 대신 거울에 비친 다른 것들을 바라본다. 예를 들어 벽의 타일과 정돈된 수건들을. 그다음에 자신의 얼굴을 본다. 그리고 방금 거울에서 본 것들에 대한 자신의 심리적인 반응에 잠시 주목한다. '배경'에 대한 당신의 반응과 '자신의 얼굴'에 대한 반응 사이에 차이가 존재함을 알아차릴 수 있는가?

만약 그럴 수 있다면 조금 있다가 같은 거울 앞에서 이 연습을 다시 해 보거나 아니면 다음 날 해 보라. 주위 배경에 어떤 변화가 있는가? 당신 자신의 얼굴에 어떤 변화가 있는가? 약간의 변화를 알아차릴 가능성이 크다. 타일이 닦여 있거나 혹은 약간 얼룩이 묻어 있을 것이다. 수건이나 다른 물건들이 살짝 재배치되어 있을 수도 있다. 이어서 자신의 얼굴을 보면 역시 작은 차이를 알아차릴 것이다.

이 연습을 너무 오래 할 필요는 없다. 30초 정도면 충분하다. 단, 그런 변화들에 대한 자신의 심리적인 반응에 주목하라. '오늘은 이곳이 더 깔끔해 보이네.' '내가 피곤해 보이는군.' '내가 늙어 보여.' '뚱뚱해 보이네.' 일어나는 생각과 감정이 무엇이든 그것들은 당신이 가진 편견과 집착의 본질을 들여다볼 수 있게 해 줄 것이다. 그것들을 판단하거나 분석하려고 들 필요는 없다. 단지 그것을 바라보는 것이다. 이 연습의 핵심은 눈과 귀로 지각하는 가장 단순한 행위에조차도 즉각적으로 그것을 해석하고 판단하는 생각과 감정의 베일이 뒤따른다는 사실을 인식하는 일이다.

이 연습을 계속하다 보면 순수 지각작용과 그것에 바짝 뒤따르는 심리적인 요소들을 구분하는 일이 차츰 쉬워질 것이다. 하지만 그 요소들을 인식한다는 것은 그것들을 거부하거나 제거해야 한다는 의미가 아니다. 경험을 고정된 틀에 집어넣는 마음의 역할을 깨닫는 것이 중요하다. 이렇게 함으로써 고통의 문제에 대한 붓다의 진단 중 두 번째 단계인 '두 번째 고귀한 진리'는 우리를 세 번째 진리인 '병의 예후' 단계로 나아가도록 준비시켜 준다.

4

마음이 마음을 깨달을 때

우리가 속박되어 있다는 사실을 자각하는 것만으로도
해방이 일어난다.

9대 걀와 카르마파 〈마하무드라—진리의 대양〉

많은 청중 앞에서 강연을 할 때 나는 종종 당황스러운 문제에 봉착한다. 이야기를 시작하면 목이 건조해지기 때문에 나는 강연 초반에 물을 한 컵 쭉 들이켜는 경향이 있다. 사람들은 내 유리컵이 비었다는 걸 알고는 친절하게도 다시 채워 준다. 말을 계속하다 보면 목이 건조해져서 물컵을 비우면 어느새 누군가 다시 채워 주고, 나는 말을 계속 이어 나가면서 물을 마시고, 그러면 또다시 누군가가 컵을 채운다.

얼마쯤 지나면 대개 강연 시간이 끝나기도 전에 다소 거북한 기분이 들고 한 가지 생각이 떠오른다.

'이런, 강연이 끝나려면 한 시간이 남았는데 소변이 마렵군.'

나는 몇 가지 질문에 더 대답을 하고 손목시계를 힐끔 본다.

이제 45분 남았고 나는 정말로 오줌을 누어야 한다.

30분이 지나면 오줌을 누라는 몸의 재촉이 강력해진다.

이때 누군가 손을 들고 묻는다.

"순수한 자각과 조건 지워진 자각의 차이가 무엇인가요?"

청중의 그 질문은 '세 번째 고귀한 진리'에 대한 붓다의 가르침의 핵심이다. 종종 '고통의 소멸에 이르는 진리'로 번역되는 이 세 번째 통찰은 우리가 겪는 다양한 형태의 고통이 소멸될 수 있다고 우리에게 말해 준다.

하지만 이제 나는 정말로 정말로 오줌을 누어야만 한다.

그래서 나는 그에게 말한다.

"그것은 위대한 비밀입니다. 잠깐 휴식을 가진 뒤 여러분에게 말씀해 드리겠습니다."

나는 최대한 위엄을 가장하면서 앉아 있던 의자에서 일어나 합장하며 인사하는 사람들 앞을 조심히 통과한 다음 마침내 화장실에 도착한다.

오줌 누기는 어느 누구도 깨달음의 경험이라고 여기지 않겠지만 일단 꽉 찬 방광을 비우는 순간에 느껴지는 해방감은 '세 번째 고귀한 진리'를 위한 좋은 비유이다. 즉, 그 편안함은 언제나 나와 함께 있었다는 것이다. 따라서 당신은 그것을 하나의 근본 조건이라고 부를 수 있다. 그것이 오줌 때문에 일시적으로 흐려져서 내가 인식하지 못했을 뿐이다. 하지만 나중에 그것을 인식하고 고맙게 여기게 된 것이다.

붓다는 좀 더 고상한 비유로 이 딜레마를 설명했다. 그는 이 근본 본성을 태양에 비유했다. 태양은 항상 밝게 빛나지만 종종 구름에 의해 흐려진다. 하지만 구름을 실제로 볼 수 있는 것은 태양이 구름을 비춰 주기 때문이다. 마찬가지로 우리의 근본 본성은 항상 존재한다. 사실 참본성은 그것을 흐리게 만드는 것조차 분간하게 해 준다. 내가 화장실로 향하기 바로 직전에 나왔던 질문으로 돌아가면 이것이 더 잘 이해될 것이다.

두 가지 형태의 자각

일어나는 모든 생각의 근본은 순수한 자각이다.
펭가르 잠펠 상포 〈금강수보살의 짧은 기도〉

사실 순수 자각과 조건 지워진 자각의 차이를 이해하는 데 위대한 비밀이란 없다. 둘 다 자각이라는 점에는 차이가 없으며 경험의 매 순간을 인식하고 등록하고 어떤 면에서는 '분류하는' 능력이라고 간단하게 정의 내릴 수 있다.

순수 자각은 깨끗한 크리스털 공과 같다. 그 자체로는 무색이지만 당신의 얼굴, 다른 사람들, 벽, 가구 같은 모든 것을 비추는 능력이 있다. 그 공을 중심으로 돌면 방의 다른 쪽 부분이 보이고 가구의 크기와 형태와 위치가 바뀔 것이다. 만일 그 크리스털 공을 밖으로 가지고 나가면 나무, 새, 꽃, 심지어 하늘까지도 볼 수 있다. 하지만 보이는 모든 것은 단지 반영일 뿐이다. 그것들은 크리스털 공 안에 실제로 존재하는 게 아니며 어떤 식으로도 크리스털 공의 본질을 바꿔 놓지 않는다.

이제 크리스털 공을 색깔이 있는 비단 천으로 감쌌다고 해 보자. 반대쪽으로 돌아가든 다른 방으로 이동하든 밖으로 가지고 나가든 크리스털 공에 비치는 것들은 비단 천의 색깔로 인해 상당 부분 흐려질 것이다. 이것이 조건 지워진 자각에 대한 꽤 정확한 비유이다. 무지와 욕망과 혐오에 의해 물든 견해, 혹은 붙잡음과 고정된 집착에 의해 흐려진 시각이 그것이다. 하지만 물들었다고 해도 그것들은 단지 크리스털 공에 비친 영상일 뿐이다. 그 영상들이 그것들을 비추는 크리스털 공의 본질을 바꿔 놓지는 않는다. 크리스털 공은 본래가 무색이다.

마찬가지로 순수 자각 그 자체는 항상 투명하고 모든 것을 비출 수 있으며, 심지어 그 자신을 제한되고 조건 지워진 것으로 여기는 잘못된 견해조차도 비출 수 있다. 태양이 그것을 흐리게 만드는 구름을 비추는 것처럼 순수 자각은 우리로 하여금 자연스런 고통뿐 아니라 스스로 창조한 고통의 슬픈 드라마, 즉 나 대 당신, 나의 것 대 당신의 것, 이 느낌 대 저 느낌, 좋음 대 나쁨, 쾌감 대 불쾌감, 변화를 원하는 간절한 바람 대 영원불변을 원하는 똑같이 간절한 희망 등을 경험할 수 있게 해 준다.

'고통의 소멸에 이르는 진리'는 갈망, 목마름, 고정된 집착으로부터의 최종적인 풀려남이다. '소멸'이라는 단어가 현재 상황과는 다른 것 또는 더 좋은 것을 의미하는 듯하지만 실제로는 우리 안에 본래 있는 잠재 능력을 인정하는 문제이다.

두카의 소멸 혹은 두카로부터의 해방은 가능하다. 왜냐하면 순수 자각은 본래 투명하며 어떤 조건에도 물들지 않기 때문이다. 두려움, 부끄러움, 죄책감, 탐욕, 경쟁심 등은 단지 색깔 있는 베일일 뿐이며 문화적 배경, 가정환경, 개인적 경험에 의해 물려받고 강화된 관점들에 불과하다. 세 번째 고귀한 진리에 따르면 우리가 움켜쥐고 있는 것을 얼마만큼 내려놓는가에 따라 고통은 줄어든다.

욕망, 혐오, 집착을 억누르거나 '다르게 생각하려는' 시도를 통해서는 이것을 이룰 수 없다. 오히려 의식을 내면으로 돌려 자신을 괴롭히는 생각과 감정과 기분들을 관찰함으로써 그것들이 본래는 순수 자각의 표현임을 알아차리고, 나아가 그것들에 감사함으로써 두카를 소멸시키거나 두카로부터 해방되는 것이 가능하다.

간단히 말하면, 우리가 경험하는 다양한 질병의 원인이 곧 치료제인 것이다. 움켜쥐는 그 마음이 곧 우리를 자유롭게 해 주는 마음인 것이다.

모든 것은 참본성의 표현

어둠 속에 살고 있다면 왜 불빛을 찾지 않는가?
붓다 〈법구경〉

이것을 좀 더 분명하게 설명하기 위해 나는 붓다가 초전법륜의 가르침에서 드러내 놓고 다루지 않았던 주제를 슬쩍 끼워 넣으려고 한다. 사실 나의 여러 스승님들이 인정했듯이 이 주제는 초전법륜과 제2전법륜(붓다가 왕사성 부근 영취산에서 설한 가르침이며, 가장 중요한 핵심은 '공'을 깨닫는 지혜로 〈반야심경〉이 여기에 포함되어 있다) 속에 은연중에 암시되어 있다.

가장 뛰어나고 똑똑한 제자들에게만 전하려고 붓다가 어떤 큰 비밀을 누설하지 않았던 것은 결코 아니다. 오히려 그는 책임감 있는 교사처럼 더 높은 단계의 주제로 넘어가기에 앞서 기본 원리를 가르치는 데 초점을 맞추었을 뿐이다. 아직 더하기, 빼기, 나누기, 곱하기의 기본도 숙달이 안 된 아이들에게 미적분을 가르치는 게 실용적인지 초등학교 교사에게 물어보면 알 것이다.

그 주제란 '불성(참본성)'이다. 불성은 승복을 입고 음식을 탁발하러 다니는 사람들의 행동이나 태도를 가리키는 것이 결코 아니다. '붓다'는 '잠에서 깨어난 자'로 얼추 번역되는 산스크리트어이다. 붓다의 정식 이름은 고타마 싯다르타이며 2,500년 전 보드가야에서 깨달음을 성취한 젊은 남자이다.

하지만 '불성'은 고유명사가 아니다. 그것은 역사 속의 붓다나 불교 수행자들만 독점하는 특성이 아니다. 만들어지거나 상상으로 지어낸 것도 아니다. 모든 살아 있는 존재 안에 내재된 알맹이이며 본질이다. 즉 행동하고 보고 듣고 무엇이든 경험할 수 있는 무제한의 잠재 능력이 곧 불성이다. 불교에서 '불성'이라고 부르는 이 참본성 때문에 우리는 배울 수 있고 성장할 수 있고 변화할 수 있다. 누구나 본래부터 붓다가 될 자격을 갖추고 있는 것이다.

참본성은 상대적 개념으로는 설명될 수 없다. 직접 경험해야 하며, 직접적인 경험은 말로 규정짓기가 약간 어렵다. 예를 들어, 그랜드캐니언처럼 너무 거대해서 우리의 묘사 능력을 뛰어넘는 장소를 눈앞에 두고 있다고 하자. 당신은 그곳이 매우 웅장하고 양쪽 바위 절벽이 붉은색이며 공기는 건조하고 삼나무 내음이 은은히 난다고 설명할 수 있다. 하지만 얼마만큼 잘 묘사하든 당신의 설명은 그 광대한 장소를 마주하고 있는 경험을 전부 포함할 수는 없다. 혹은 현대의 7대 불가사의 중 하나로 일컬어지는, 지구상에서 가장 높은 건물인 대만의 101타워 전망대에서 내려다보는 풍경을 묘사할 수도 있다. 360도로 펼쳐지는 전망, 건물 아래 개미처럼 보이는 자동차와 사람들, 아니면 매우 높은 고도에 올라와 있는 아찔한 기분을 이야기할 수 있을 것이다. 하지만 그것들로는 여전히 당신이 경험하는 것의 깊이와 넓이를 전달할 수 없다.

참본성은 말로는 설명이 불가능하지만 이 표현 불가능한 경험으로 나아갈 수 있도록 붓다는 안내 표지판이나 지도 같은 방식으로 우리에게 약간의 실마리를 주었다. 붓다가 참본성을 설명한 한 가지 방법은 그것이 가진 세 가지 특성이다. 참본성의 첫 번째 특성은 과거와 현재와 미래의 무엇이든 알 수 있는 무한한 지혜를 갖추고 있다는 점이다. 두 번째 특성은 고통의 조건으로부터 나 자신과 다른 존재들을 구출하는 무제한의 힘을 가진 무한한 잠재 능력이라는 점이다. 그리고 세 번째 특성은 참본성이 측량할 길 없는 사랑과 자비라는 점인데, 이것은 모든 생명체에 대해 느끼는 무한한 유대감, 타인을 향한 열린 마음이다. 이 마음이 모든 존재가 풍요로운 삶을 누릴 수 있는 조건을 만들어 주려는 동기가 된다.

많은 이들은 붓다의 이 설명을 조금도 의심하지 않으며, 배움과 수행을 통해 그 무한한 지혜와 능력과 자비를 직접 경험할 수 있다고 믿는다. 어쩌면 터무니없는 소리라고 여기는 사람들도 많을 것이다.

기이하게도 여러 경전을 보면 붓다는 그의 말을 의심하는 사람들과 대화하기를 즐긴 듯하다. 어쨌든 그는 대략 기원전 5세기경 인도 대륙을 방랑하는 많은 스승들 중 한 사람에 불과했다. 그 당시는 라디오와 텔레비전과 인터넷에서 쏟아지는 온갖 영적 교사들과 다양한 가르침들의 홍수 속에서 살아가는 오늘날 우리의 상황과 비슷했다. 하지만 동시대 사람들과는 달리 붓다는 자신이 발견한 방법이 고통으로부터 벗어나는 유일하게 진실한 길이라고 사람들에게 확신시키려는 노력을 전혀 하지 않았다. 많은 경전들에 흐르고 있는 하나의 공통된 주제는 이렇게 요약할 수 있다.

"이것은 단지 내가 경험한 것이며 내가 깨달은 것이다. 내가 그렇게 말한다는 이유 때문에 내 말을 믿지 말라. 그대들 스스로 그것을 시험해 보라."

붓다는 자신이 안 것과 알아낸 방식에 대해 사람들이 의문을 갖는 것을 막지 않았다. 오히려 참본성에 대한 가르침에서 그는 청중들에게 일종의 사고실험을 제시했다. 그는 참본성이 우리의 일상생활에서 수시로 나타나는 방식을 우리 자신의 경험을 통해 스스로 찾아보라고 권했다. 그는 등불이 켜져 있는, 차양이나 덧문이 내려진 집에 비유하며 이 실험을 소개했다. 집은 몸과 마음과 감정이라는 겉으로는 견고해 보이는 조건을 상징한다. 등불은 우리의 참본성을 가리킨다. 차양과 덧문이 아무리 단단히 내려져 있어도 필연적으로 집 밖으로 작은 빛줄기가 새어 나오기 마련이다.

집 안에서 등불의 빛은 의자와 침대와 카펫을 구분할 수 있는 밝음의 상태를 제공한다. 그 빛이 차양이나 덧문 틈새로 비쳐 나옴에 따라 우리는 이따금 직관이라는 이름의 지혜를 경험하곤 한다. 어떤 이들은 그것을 사람과 상황과 사건들에 대한 '본능적인 느낌'이라고 설명한다.

우리가 자발적으로 누군가에게 도움을 주거나 편안함을 준 순간은 덧문 틈새로 사랑과 자비의 빛이 비쳐 나온 순간이다. 보답으로 이익이나 무엇인가를 얻게 되리라는 생각에서 나온 행동이 아니라 단지 그렇게 하는 것이 옳은 것 같아서 했을 뿐이다. 누군가 고통 속에 있을 때 눈물을 흘리도록 어깨를 빌려 주거나 길을 건널 때 도와주는 간단한 행위일 수도 있고, 아픈 사람이나 죽어 가는 사람 옆에 앉아 있는 일 같은 더 오랜 베풂일 수도 있다. 어떤 사람이 자기 생명의 위험조차 생각하지 않고 물에 빠진 낯선 사람을 구하러 강으로 뛰어든 극적인 이야기를 우리 모두 들은 적이 있다.

능력은 종종 우리가 어려운 상황에 처할 때 드러난다. 최근에 만난 한 명상 수행자는 1990년대에 주식시장에 대량 투자를 했고, 그 후 10년간 주식이 폭락하면서 전 재산을 잃고 말았다. 그의 친구들과 동업자들 대부분이 많은 돈을 잃었으며, 그들 중 일부는 정신이 나가 버렸다. 어떤 이는 자신감과 의사 결정 능력을 상실했고, 어떤 이는 깊은 우울증에 빠졌다. 1929년 미국 증권시장 몰락 때 돈을 잃은 사람들처럼 창문에서 뛰어내린 사람도 있었다. 하지만 이 사람은 조금도 미치지 않았고 자신감을 잃지 않았으며 우울증에 빠지지도 않았다. 그는 조금씩 재투자를 시작해 탄탄한 재정 기반을 쌓을 수 있었다.

심각한 하강 국면에서도 그가 눈에 띄게 침착성을 유지하는 것을 보면서 많은 친구와 동료들은 그에게 어떻게 그렇게 마음의 평정을 유지할 수 있는지 물었다.

그는 대답했다.

"나는 주식시장에서 이 돈을 벌었고, 그다음 그 돈은 다시 주식시장으로 갔으며, 지금은 돌아오고 있다네. 상황들은 변하지만 난 달라진 게 없어. 난 결정을 내릴 수 있네. 어느 해는 대저택에서 살았고 그다음 해는 친구 집 소파에서 잠을 잤지만, 그렇다고 해서 그것이 나 자신과 내 주변에서 일어나는 일들에 대해 나 스스로 어떻게 생각할 것인가를 선택하는 능력까지 달라지게 하진 않아. 사실 난 매우 운이 좋다고 생각해. 어떤 사람들은 그것을 선택할 능력이 없고, 또 어떤 사람들은 자신이 선택할 수 있다는 사실조차 깨닫지 못하지. 내가 생각해도 난 행운아야. 왜냐하면 난 다행히도 선택할 수 있는 자신의 능력을 깨달은 사람들의 범주에 속하기 때문이지."

나는 자기 자신이, 혹은 부모나 자녀나 배우자가 심각한 질병과 싸우고 있는 사람들로부터도 비슷한 이야기를 들었다. 최근 북미 지역에서 만난 한 남자는 치매로 고통 받는 아버지를 돌보면서도 자신의 직업뿐 아니라 아내와 자녀와의 관계를 잘 유지한 경험담을 긴 시간 들려주었다.

"물론 이 모든 일들 사이에서 균형을 유지하기란 쉬운 일이 아닙니다. 하지만 그것이 내가 할 일이었습니다. 다른 길은 보이지 않더군요."

매우 단순한 말이지만 얼마나 신선한가! 그는 전에 불교 가르침을 접한 적도 없고 경전을 공부한 적도 없으며 자신을 굳이 불교도라고 여길 필요도 없었다. 하지만 그의 삶과 접근 방식은 참본성이 지닌 세 가지 특성의 자연 발생적인 표현이라고 할 수 있다. 자신이 처한 상황의 깊이와 무게를 가늠하는 지혜, 그 상황을 어떻게 해석하고 행동할까를 선택하는 능력, 사랑과 자비가 자발적으로 우러나는 태도가 그것이다.

그의 말을 들으면서 나는 참본성의 이 세 가지 특성을 한 단어로 요약할 수 있겠다는 생각이 들었다. 그것은 모든 의심과 불확실성에도 불구하고 지금 여기, 지금 이 순간에 우리의 있는 그대로 존재하는 용기이다. 상황을 직접 대면하는 일은 우리가 경험하는 모든 것―사랑, 외로움, 미움, 질투, 기쁨, 욕심, 슬픔 등이 본질적으로는 우리 안의 참본성이 지닌 무한한 잠재 능력의 표현임을 깨닫는 문이 된다.

이 원리는 세 번째 고귀한 진리의 '긍정적인 예후' 속에 포함되어 있다. 우리가 느끼는 불편이 무엇이든, 미묘한 것이든 강한 것이든 아니면 그 중간이든, 자기 자신에 대한 매우 제한되고 조건 지워지고 가정적인 시각에서 얼마큼 벗어나는가에 따라, 또한 무엇이든 경험할 수 있는 능력을 가진 존재와 자신을 얼마큼 동일시하는가에 따라 그 불편함 역시 줄어든다. 그렇게 될 때 마침내 참본성 안에서 편히 휴식하는 일이 가능하다. 한 마리 새가 자신의 둥지로 돌아와 편히 쉬는 것처럼.

그 순간 고통은 소멸된다. 두려워할 게 아무것도 없고 저항할 것도 없다. 심지어 죽음조차 당신을 괴롭힐 수 없다.

나는 그것을 아버지의 임종 때 곁을 지키면서 매우 명확하게 이해했다. 그때 내 나이는 스물둘, 아버지는 77세였다. 아버지는 마음의 무한함과 감각작용의 덧없음을 깨닫는 원리를 체득하는 데 전 생애를 바친 위대한 수행자였다. 그는 그 원리를 스승들로부터 전수받았으며 또한 전 세계 수천 명의 제자들에게 전했다.

아버지의 임종을 며칠 앞두고서 승려들, 가족과 친지, 명상 교사들, 제자들, 그리고 주변 마을 사람들까지 방문했다. 때로 아버지는 그들을 반기며 자리에서 일어났지만, 다른 때는 자리에 누워 계셔야만 했다. 아버지는 모든 방문객들에게 자상한 미소를 지어 보이며 부드러운 목소리로 고맙다고 말했다. 얼굴 표정에는 조금의 두려운 기색도 없었으며 가냘픈 몸에는 어떤 투병의 증거도 없었다. 아버지가 특별한 변화를 겪고 있다는 유일한 표시는 이따금 얼굴에 스치는 가벼운 호기심, 그리고 방문객들이 전부 자신의 스승인 것처럼 한 사람 한 사람에게 고마움을 표하는 마지막 작별 인사였다.

최후의 순간에 아버지는 소변이 마려웠다. 병실이 복도 끝에 있었기 때문에 일종의 이동식 변기 같은 것을 가져다주자 아버지는 침상에서 몸을 일으키기 시작했다.

우리 형제 중 한 사람이 제안했다.

"그냥 그대로 누워 계시는 게 낫겠어요. 우리가 이걸 아버지 밑에 놓아 드릴게요."

"아니야, 아니야."

아버지는 우리의 걱정을 뿌리치며 웃으셨다.

볼일을 끝내시고 아버지는 침대 위에 다시 앉아 명상하는 자세를 취했다. 양다리를 포개어 허리를 꼿꼿이 펴고 두 손을 부드럽게 무릎 위에 놓은 뒤 정면을 응시했다. 이내 호흡이 아주 서서히 느려지더니 마침내 멈추었다. 우리는 심지어 몇 분이 지나도록 아버지가 숨을 거두었다는 사실조차 눈치채지 못했다. 아버지는 몸이 저절로 푹 쓰러지기 전 3일 동안 티베트에서 툭담이라고 부르는 명상 자세를 계속 유지했다. 툭담은 대략 '죽음 명상'이라고 번역할 수 있는데, 육체로부터 의식체가 분리되는 것을 깨어 있는 의식 상태에서 경험하는 과정을 일컫는다. 이 기간 동안 아버지의 육체는 사후경직이 일어나지 않았고 혈색은 계속 밝고 붉은색을 유지했으며 약간 광채가 나기까지 했다. 현대 세계의 많은 사람들에게는 믿기 힘든 상황이라는 걸 나는 잘 안다. 만일 직접 목격하지 않았고, 사람이 완전한 의식과 평온을 유지한 채로 죽음을 경험하는 것이 가능하다고 여기는 전통에서 자라지 않았다면 나도 믿기 어려웠을 것이다. 하지만 증거가 거기 있었다. 아버지는 완전한 의식을 갖고 죽음을 맞이했으며 최악의 고통조차도 자신의 참본성의 빛나는 표현으로 여기며 차분히 응시했다.

깨달음의 순간

> 모든 생명 가진 존재는 더 나아지고 깨달음에 이를
> 잠재 능력을 지니고 있다.
> 12대 타이 시투파 린포체 〈잠든 붓다 깨우기〉

우리 대부분은 누군가가 우리의 참본성을 가리켜 보이기 전까지 그것을 깨닫지 못한다. 얼마 전 나는 비싼 시계를 얻게 된 한 인도인 남자에 대한 이야기를 들었다. 그는 시계가 무엇이며 어떤 용도로 쓰이는지에 관한 경험이 없어서 그것을 단지 예쁜 팔찌와 다름없는 물건이라 여겼다. 그는 그것이 시간을 말해 주는 도구임을 전혀 알지 못했다. 그 결과 출근 시간에 항상 늦었으며, 마침내 직장에서 해고당해 집을 잃게 되었다. 그는 여러 전망 있는 회사들과 면접 약속을 잡았지만 매번 면접 시간에 늦거나 너무 일찍 도착했다. 결국 좌절감에 빠진 그는 길에서 만난 한 행인에게 물었다.

"지금 몇 시나 되었나요?"

행인은 의아한 눈으로 그를 쳐다보며 말했다.

"당신이 차고 있는 시계가 몇 시인지 말해 줄 거요."

그는 놀라서 물었다.

"시계요? 그게 뭐죠?"

그 행인은 그의 손목에 차고 있는 것을 가리키며 말했다.

"지금 농담하는 거요?"

그는 대답했다.

"아뇨. 이 물건은 멋진 보석인 걸요. 내 친구가 주었어요. 이 팔찌가 몇 시인 걸 아는 것과 무슨 관계가 있죠?"

낯선 행인은 참을성을 갖고 거리에서 처음 본 그에게 손목시계에서 시침 분침을 보는 법과, 심지어 매초마다 빨리 지나가는 초침 보는 법도 가르쳐 주었다.

남자는 소리쳤다.

"믿을 수 없군! 시간을 알려 주는 물건을 늘 지니고 다니면서도 내가 그걸 전혀 몰랐다는 말인가?"

행인이 말했다.

"나를 탓하지 마시오. 그것을 준 사람이 그게 무엇인지 설명해 주었어야죠."

한순간 생각한 뒤, 그는 당황한 목소리로 중얼거렸다.

"아마 그 친구 역시 이것이 뭔지 몰랐을 거예요."

행인이 대꾸했다.

"어쨌든 그 사람은 사용법을 모르는 선물을 당신에게 주었소. 하지만 이제 당신은 사용법을 알잖소."

행인은 그 말을 남기고 보행자들과 걸인들과 자동차와 릭샤로 가득한 분주한 인도의 거리 속으로 사라졌다.

이 낯선 행인이 붓다였을지 아니면 손목시계와 팔찌의 차이를 알고 있는, 길 가다 우연히 만난 행인에 불과한지 누가 알겠는가? 어떤 경우이든 이 인도인 남자는 자신의 손목시계를 사용할 수 있게 되었고 면접 시간에 제때 갈 수 있었으며 결국 다시 좋은 직장을 구해 자리를 잡을 수 있었다. 이 이야기에서 내가 배운 교훈은 우리는 무한한 잠재 능력을 부여받았지만 누군가 지적해 줄 때까지 그것을 깨닫기에는 종종 역부족이라는 것이다. 그렇게 기억을 떠올리는 것을 나는 '깨달음의 순간Buddha Moment'이라고 부른다. 즉 조건 지워진 자각 상태에서 깨어나는 기회이다.

캘리포니아에서 첫 순회강연을 하는 동안 나는 그러한 깨달음의 순간 중 하나를 경험했다. 사람들이 내게 운동 삼아 수영할 것을 거듭 권했다. 나는 가고 싶지 않았지만 주최 측 사람들이 올림픽 규격만 한 풀장이 있는 헬스클럽에 미리 예약을 해 놓은 상태였다. 나는 풀장으로 뛰어들었고 물밑에서 헤엄치는 데는 즉시 성공했다. 내 말은 곧바로 돌처럼 가라앉았다는 뜻이다. 나는 수면 위로 몸을 밀어 올리려고 계속해서 버둥거렸지만 1분 이상 버틸 수 없었다. 팔다리에 힘이 빠지고 숨이 막혔다. 나는 판단했다. '좋아, 뭔가를 이루려고 애를 쓰니까 너무 긴장한 거야.' 그래서 근육의 힘을 완전히 빼자 곧 수면 위로 떠올랐지만, 또다시 가라앉는 데 성공했다.

그때 한 가지 기억이 떠올랐다. 어렸을 때 나는 집 근처 작은 연못에서 수영을 하곤 했다. 그다지 깊은 연못이 아니었고 헤엄치는 폼은 우아하다고 할 만한 것이 전혀 아니었다. 그냥 개헤엄 치듯이 팔다리를 휘저을 뿐이었다.

헬스클럽으로 나를 데려온 사람들이 놀라워하며 말했다.

"당신은 1분은 가라앉고, 그다음 1분은 수영을 하는군요. 어떻게 그렇게 하죠?"

나는 대답했다.

"처음에는 수영장 크기 때문에 어리둥절했지만, 그다음에는 내가 수영을 할 수 있다는 사실을 기억해 냈죠."

수영장에서의 그 경험은 참본성의 힘과 잠재 능력을 기억해 내는 것과 비슷하다. 우리의 내면 깊은 곳에는 지혜와 힘과 자비 같은 능력들이 자리 잡고 있다. 하지만 우리는 물속에서 허우적거리는 상황에 던져지기 전까지는 이 능력들을 기억하지 못하는 경향이 있다.

좋은 면을 보기

나는 모든 존재들의 선한 행위에 마음 가득 기쁘다.
산티데바 〈입보리행론〉

여행 도중에 많은 심리학자들과 대화를 나누면서 나는 인간 본성의 한 가지 흥미로운 습관을 알게 되었다. 우리의 성격 중에 열 가지 요소가 있다면 그것들 중 아홉 가지는 긍정적이고 한 가지는 부정적이라는 것이다. 그런데 문제는 대부분의 사람들이 오로지 그 한 가지 부정적 성격에만 초점을 맞추고 긍정적인 것들에 대해선 잊는다는 것이다.

얼마 전 일이다. 내가 아는, 나름대로 인기 있는 한 음악 연주자가 밤늦은 시각에 내게 전화를 걸었다. 그때 그녀는 유럽의 수천 명에 달하는 열광적인 청중 앞에서 연주를 한 뒤 호텔 방으로 막

돌아온 상태였다. 당신에게 환호하는 수많은 사람들 앞에서 기쁨을 주며 연주를 한다고 상상해 보라!

콘서트를 마치고 호텔 방으로 돌아온 그녀는 노트북 컴퓨터를 켰다. 불행하게도 배터리가 다 됐고 그녀의 컴퓨터에 맞는 어댑터가 없었다. 도움을 요청하기 위해 안내 데스크로 전화를 걸자 직원은 곧 올라오겠다고 답했다. 하지만 몇 분이 지나도 아무도 나타나지 않자 그녀는 조금씩 화가 나기 시작했다. 이메일이나 인터넷을 통해 바깥세상과 연결될 수 없다는 생각이 들자 불쾌감, 분노, 외로움 같은 온갖 감정이 일어났다.

당시 나는 파리에서 명상을 지도하고 있었는데 결국 그녀는 내게 전화를 해서 물었다.

"어떻게 하면 좋죠? 난 수천 명의 사람들을 기쁘게 만들 수 있지만 정작 나 자신은 혼자 호텔 방에 갇혀서 불행해하고 있어요. 컴퓨터 때문에 생긴 이 바보 같은 작은 문제가 나의 오늘 밤을 망쳐 놓았어요."

나는 그녀와 함께 무상을 받아들이는 것에 대해, 그리고 상대적인 세계에 집착하는 문제에 대해 잠시 이야기를 나누었다. 나는 이렇게 말했다.

"당신은 컴퓨터에 대해 무엇인가를 하려고 최선을 다했어요. 하지만 원하는 만큼 빨리 문제가 해결되지 않는다면 당신은 그때 느끼는 좌절감과 분노를 명상의 대상으로 삼을 수 있어요. 그 기분들로부터 달아나려고 하지 말아요. 그것들을 밀어내려고 하지도 말아요. 그것들을 직접 바라보도록 해요. 만일 그렇게 한다면 당신은 그 기분들을 자각하는 순수 의식을 볼 수 있을 거예요. 그 순수 의식에 가닿을 수 있다면 지금 느끼고 있는 문제들을 당신이 가진 모든 좋은 특성들, 이를테면 수천 명의 사람들에게 기쁨을 주는 능력과 관련해서 바라보기 시작할 수 있을 거예요. 당신 안에는 좋은 것들이 아주 많이 존재하고 당신의 삶에도 장점이 매우 많아요. 그런데 왜 하나의 힘든 상황으로 하여금 당신이 이 세상에 주는 긍정적인 것들을 전부 가려 버리게 만드나요?"

나는 그녀와 더 많은 이야기를 나누었고, 마침내 그녀는 마음이 진정되었다. 그녀는 하나의 불쾌한 사건으로 자신의 밤 시간을 망칠 필요는 없으며 또한 그것이 다른 사람들을 기쁘게 해 주는 자신의 능력을 손상시키지 않았음을 깨달았다.

그녀는 말했다.

"당신과 이야기를 나눈 것만으로 한결 기분이 나아졌어요. 작은 한 가지 문제가 내 삶을 망치지 않는다는 사실을 일깨워 줘서 고마워요."

전화를 끊고 나서 나는 우리가 나눈 대화를 잠시 생각했다. 잠시 후 나는 내가 말하고자 했던 것이 있었지만 시간이 없었기 때문에 제대로 설명하지 못했음을 깨달았다. 지혜, 능력, 사랑, 자비는 우리가 태어나면서부터 지니고 있는 본래의 요소들이다. 반면에 좌절, 질투, 죄의식, 수치심, 불안, 탐욕, 경쟁심 등은 종종 우리의 문화, 가족, 친구의 영향을 통해 배운 요소들이며 개인적인 경험에 의해 더 강화된다.

세 번째 고귀한 진리의 '긍정적인 예후'는 우리 자신, 타인, 그리고 모든 경험들에 대해 우리가 가지고 있는 제한되고 조건 지워진 견해들은 무엇이든 다시 고쳐 배울 수 있다는 것이다.

까만 돌, 하얀 돌

나는 나 자신의 은신처이다. 다른 은신처가 있을 수 있는가?
붓다 〈법구경〉

다양한 기질과 배경을 가진 사람들에게 참본성의 무한한 가능성을 음미할 기회를 주기 위해 붓다는 여러 가지 수행법을 가르쳤다. 그중 하나는 우리의 특성과 성향을 '목록'으로 작성하는 일이다. 티베트에서는 색깔 있는 돌을 쌓아 올려 이 목록을 대신하는데 검정색 돌은 부정적 성격을, 흰색 돌은 긍정적 성향을 나타낸다.

아마도 처음에는 검정색 돌무더기가 흰색 돌무더기보다 더 클 것이다. 하지만 우리는 잠시 시간을 갖고 생각한다.

'오늘 나는 누군가에게 좋은 말을 했고, 그것이 그 사람을 웃게 만들었지.'

그러고는 돌무더기에 흰색 돌 하나를 올린다.

'내가 싫어하는 사람 혹은 함께 있기가 불편한 사람에게 좋은 말을 해 주고 잘 대해 주었지.'

사랑과 자비를 실천하는 일은 당연히 흰색 돌 두세 개의 가치가 있다.

'마음이 선택을 할 수 있게 해 주었어.'

이것 역시 흰색 돌 서너 개의 가치가 있다.

'나는 이 마음을 이용해서 마음이 가진 선택 능력을 깨달았어.'

돌무더기에다 적어도 흰색 돌 다섯 개를 올려놓을 수 있다.

'나는 선택할 수 있는 마음의 능력을 깨닫기 위해 내 마음을 이용하기를 원해.'

적어도 흰색 돌 열 개다.

'내 마음은 평화와 행복을 경험하기로 선택할 자유를 가지고 있으며, 나는 다른 사람에게도 똑같은 평화와 행복을 경험시켜 주기를 원해.'

이것은 한 무더기의 흰색 돌에 맞먹는다.

이 수행법에 굳이 돌을 이용할 필요는 없다. 티베트 시골지역에서는 돌이 쉽게 눈에 띄기 때문에 그 방법을 택하는 것뿐이다. 메모지, 동전, 조개껍질 또는 쉽게 구할 수 있는 것이면 무엇이든 좋다. 심지어 단지 두 장의 종이 위에다 자신의 성향과 특성의 목록을 적어 볼 수도 있다. 이 수행의 핵심은 자기 자신의 긍정적 특성을 아는 것이며, 때로는 수행한다는 생각조차 없이 해 볼 수 있다.

이런 방식의 개인적인 점검은 자신의 참본성과 연결되는 단순하면서도 효과적인 방법들이다. 이것은 특히 화, 질투, 외로움, 두려움 같은 강한 감정에 사로잡혀 있을 때 쓸모가 있다. 사실 우리가 강한 감정에 사로잡히는 순간이나 어려운 상황에 직면해 있는 동안 '돌 세기'를 시작한다면 그 감정과 상황 자체가 내면의 부를 깨닫는 중요한 계기가 될 수 있다.

물질계 속의 삶을 결정짓는 상황과 조건들은 상대적이고 늘 변화한다. 오늘 당신은 컨디션이 좋고 완벽하지만 내일은 감기로 쓰러질 수도 있다. 오늘은 사람들과 잘 지내지만 내일은 논쟁에 휩싸일 수도 있다. 이 순간 당신은 책을 읽는 한가한 시간과 여유를 즐기고 있지만 곧 개인적인 어려움이나 직업적인 문제에 봉착할 수도 있다.

수행하는 마음을 갖는다면 어떤 경험이든 자신의 존재가 본래 지닌 지혜, 능력, 사랑, 자비를 발견하는 기회가 될 수 있다. 하지만 그렇게 하려면 깊이 뿌리내린 믿음과 태도를 잘라 내는 일이 필요하다. 고통으로부터의 해방을 위해 붓다가 제시한 일종의 '처방전'이 그것이다.

5

'나'라는 이름의 환상

지각의 문이 정화되면 모든 것은
있는 그대로 무한의 모습을 드러내리라.

윌리엄 블레이크 〈천국과 지옥의 결혼〉

불교 스승들은 모든 생명체가 행복에 이르기를 원하고 고통을 피하기를 염원한다는 사실을 관찰한다. 물론 이 관찰은 불교의 가르침이나 특정한 철학, 심리학, 과학, 명상 체계에만 국한된 것이 아니다. 우리와 더불어 이 세상을 공유하는 모든 존재들의 행동 방식을 관찰해 보면 누구나 쉽게 얻을 수 있는 상식적인 추론이다.

지금쯤이면 고통에도 많은 종류와 정도가 있으며 그것들 모두 두카의 범주에 포함시킬 수 있음을 당신은 알았을 것이다. 하지만 행복이란 무엇일까? 행복을 어떻게 정의할 수 있을까? 어떻게 하면 행복에 이를 수 있을까? 우리를 행복하게 만드는 것 중 어떤 한 가지라도 모두가 동의하는 것이 있을까?

마지막 질문은 내가 강연을 할 때 종종 던지는 질문이며 그 대답들은 언제나 다양하다. 어떤 이들은 '돈'이라고 말한다. 또 어떤 이들은 '사랑'이라고 말한다. 또 다른 이들은 '평화' 혹은 '황금'이라고 말한다. 심지어 누군가가 "칠리요!" 하고 말하는 소리도 들린다. 칠리는 인도 음식에 필수적인 매운 고추이다.

내가 발견한 가장 흥미 있는 사실은, 모든 대답들에는 반대의 반응들이 있다는 것이다. 어떤 이들은 부를 원하지 않으며 단순하게 사는 것을 더 좋아한다. 어떤 이들은 혼자 사는 것을 더 좋아한다. 또 어떤 이들은 자신이 옳다고 믿는 것에 대해 논쟁하고 싸우기를 좋아한다. 그리고 어떤 이들은 매운 고추를 좋아하지 않는다.

대답들이 그치고 잠시 침묵이 찾아오면 실내에 모인 사람들은 모두가 동의할 수 있는 답은 없다는 사실을 스스로 깨닫는다. 차츰 사람들은 그때까지 나온 답들이 전부 자신의 외부 또는 너머에 존재하는 물건들이나, 아니면 지금 자신이 경험하는 것과는 다른 어떤 희망적인 조건들을 가리키고 있음을 알게 된다. 이쯤 되면 침묵이 더 깊어지고 명상적이 된다. 참석자들은 한 사람씩 깨닫기 시작한다. 다양하고 때로는 엉뚱한 답변들에 종종 웃음이 터지는 즐거운 분위기 속에서 오간 이 단순한 질문과 대답이 우리 안에 깊이 뿌리내린 습관적인 인식과 믿음을 드러내 준다는 것을. 고통이 지속되도록 만들고 무조건적이고 영속적인 행복을 발견하지 못하도록 가로막는 것이 바로 그러한 마음의 습관이라는 것을.

그 습관들 중 하나가 '나'와 '타인', '나의 것'과 '나의 것이 아닌 것', '유쾌함'과 '불쾌함' 같은 이분법적인 단어로 자신의 경험을 정의 내리는 경향이다. 세상과 이분법적으로 관계를 맺는 것은 그 자체로는 전혀 큰 비극이 아니다. 사실 앞에서도 말했듯이 우리는 구분을 만들어 내는 문화적인 배경, 가정환경, 그리고 개인적인 배경들에 생물학적으로 영향 받기 쉬우며, 또한 그것들에 따라 조건 지워지기 쉬운 존재이다. 단지 생존에 필요하기 때문만이 아니라 사회적인 관계에서나 일상의 일들을 처리하는 데 그것들이 중요한 역할을 하기 때문이다. 단순히 실질적인 관점에서 보면 이분법적인 용어들로 지도를 그리면서 일상의 삶을 항해해 나가는 능력은 매우 필수적이다.

그러나 여러 해에 걸쳐 이야기를 나누면서 나는 사람들이 공통되게 오해하고 있는 경우를 많이 만났다. 그들은 불교가 이분법적으로 사물을 지각하는 것을 일종의 결함으로 여긴다고 생각한다. 사실은 전혀 그렇지 않다. 붓다와 그의 뒤를 이은 위대한 스승들은 그 누구도 세상과 이분법적인 시각으로 관계 맺는 일이 본래 잘못된 것이며 해로운 것이라고 언급한 적이 없다. 오히려 스승들은 '주체'와 '객체', '나'와 '타인'의 관점에서 경험을 정의하는 것은 의식의 한 측면이며 어느 정도의 범위 안에서는 쓸모 있는 도구라고 말한다.

매우 간단한 비유를 한 가지 들자면, 우리는 손으로 많은 일들을 수행할 수 있다. 타이핑, 야채 썰기, 전화 다이얼 누르기, MP3 플레이어에서 노래 목록을 위아래로 내리며 검색하기, 셔츠나 블라우스 단추 채우기……. 두 손을 사용하는 유용한 방법들을 다 적으려면 아마도 긴 목록이 필요할 것이다. 하지만 두 손으로 할 수 있는 일들이 당신이 가진 능력 전체를 포함한다고 할 수 있는가? 그럴지도 모른다. 만일 손의 달인이 된다면 아마도 두 손으로 걸을 수 있을 것이다. 그러나 손을 이용해서 보고 듣고 냄새 맡을 수 있는가? 손이 음식을 소화시킬 수 있고 심장과 간의 기능을 유지하고 무엇인가를 결정할 수 있는가? 당신이 특별한 능력을 부여받은 존재가 아니라면 이 질문들에 대한 대답은 아마도 "아니오."일 것이다. 아울러 손이 하는 일이 당신의 능력 범위를 전부 나타낸다는 생각은 사라질 것이다.

손이 우리의 능력 범위를 전부 보여 주지 못한다는 사실은 쉽게 인정할 수 있는 반면에 '주체'와 '객체', '나'와 '타인', '나의 것'과 '나의 것이 아닌 것' 같은 대립적 용어들로 경험을 분류하는 것이 우리의 참본성이 지닌 능력의 단지 한 단면일 뿐이라는 사실을 깨닫기는 좀 더 어렵다. 삶에서 경험하는 일들과 관계를 맺는 완전히 다른 방법이 가능하다는 사실을 배우기 전까지는 우리의 이분법적 시각과 그것에서 생겨나는 다양한 심리적 감정적 습관들이 우리 본래의 잠재 능력을 온전하게 꽃피우는 일을 가로막는다.

망상과 환상 속에서 살아가기

자기기만은 끊임없는 문제다.
트룽파 린포체 〈트룽파의 마음공부〉

짙은 초록색 선글라스를 썼다고 상상해 보자. 당신이 보는 모든 것이 다 초록색 음영을 띨 것이다. 초록색 사람, 초록색 자동차, 초록색 건물, 초록색 쌀, 초록색 피자……. 심지어 손과 발도 초록색으로 보인다. 선글라스를 벗으면 경험 전체가 바뀔 것이다.

"오, 사람들이 초록색이 아니군! 내 손이 초록색이 아니야! 내 얼굴이 초록색이 아니었어! 피자가 초록색이 아니군!"

하지만 만일 선글라스를 절대 벗지 않으면 어떻게 될까? 선글라스 없이는 세상을 헤쳐 나갈 수 없다고 믿는다면, 그것을 쓰는 것에 매우 집착하게 되어 벗어야 한다는 생각조차 하지 않고 심지어 잠자리에서조차 쓴다면 어떻게 될까? 분명 당신은 초록색 음영 속에서 모든 것을 보며 인생을 보낼 것이다. 다른 많은 색으로 세상을 바라보는 기회는 놓치게 될 것이다. 그리고 초록색 음영에서 사물을 보는 데 익숙해져 버리면 잠시 멈추고 초록색이 당신이 볼 수 있는 유일한 색이 아닐 수도 있다는 생각을 하는 일이 매우 힘들어진다. 당신은 진심으로 세상의 모든 것이 초록색이라고 믿기 시작할 것이다.

마찬가지로 특정한 심리적 습관과 감정적 습관들은 세상을 보는 시각을 조건화시킨다. 이른바 '선글라스식 시각'에 구속되어 버리는 것이다. 자신이 사물을 보는 방식이 그것의 실제 모습이라고 믿는 것이다.

우리의 생물학적 경험, 문화적 경험, 개인적 경험들이 다 함께 힘을 합해 상대적인 분류가 직접적인 경험만큼 절대적 진리라고 착각하게 만든다. 이 근본적인 모순은 거의 예외 없이 늘 마음을 따라다니는 불편한 기분을 만들어 낸다. 이 불편함은 의식 뒤편에 도사리고 있는 일종의 '막연한' 두카 같은 것으로, 불완전과 고립감과 불안정의 느낌으로 계속해서 의식을 건드린다.

이 근본적인 불편함과 싸우려는 노력으로 우리는 상대적이고 조건 지워진 세상의 주민들인 우리 자신, 다른 사람들, 사물, 상황들에 한층 견고하고 안정된 겉모습을 부여하려고 든다. 하지만 이 전략은 우리의 시야를 한층 더 가린다. 상대적인 구분을 절대적인 진리로 착각하는 일에 덧붙여 우리는 이 잘못된 시각을 가지고 환영의 층들을 구축한다.

번뇌에서 깨달음을

> 고통은 좋은 특성들을 지니고 있다.
> 산티데바 〈입보리행론〉

'네 번째 고귀한 진리'인 '도에 이르는 진리'는 고통을 소멸시키려면 마음이 지닌 이분법적인 습관과 그것들을 붙들어 두고 있는 환영들을 깨부술 필요가 있다고 가르친다. 단, 그것들과 싸우거나 억압하는 것이 아니라 포옹과 탐구를 통해 그렇게 해야 한다. 두카는 어떤 모습으로 나타나든 궁극적으로는 그것이 생겨난 근원을 발견하도록 돕는 길 안내자이다. 그것과 직접 대면함으로써 우리는 그것에 이용당하기보다는 그것을 이용할 수가 있다.

처음에는 생각과 감정과 신체적인 느낌들이 다 함께 너무도 빨리 지나가기 때문에 그것들이 흐릿하게만 보일 뿐 하나씩 구분하는 것이 불가능할지도 모른다. 하지만 참을성을 갖고 조금만 노력하면 생각과 마음 자세와 믿음들 뒤쪽의 전체 풍경이 보이기 시작한다. 처음에는 그것들이 매우 확실하고 논리적이고 현실 속에 단단히 뿌리내린 것처럼 보일 것이다. 우리는 이렇게 생각한다. '이건 다 옳은 것들이야.'

그러나 계속 바라보다 보면 몇 군데의 틈새가 눈에 띄기 시작한다. 어쩌면 우리의 생각은 상상했던 것만큼 그렇게 견고하지 않을지도 모른다. 더 오래 바라볼수록 더 많은 틈이 보인다. 그래서 마침내는 나 자신과 주위 세상을 이해하는 데 기초가 되었던 믿음과 의견들이 무너지기 시작한다. 이렇게 되면 당연히 약간의 혼란이 찾아오고 방향감각을 상실할지도 모른다. 하지만 먼지가 가라앉기 시작하면 우리 자신의 참본성과 실체의 본질을 훨씬 깊이 직접적으로 이해하게 된다.

그러나 그 길로 떠나기 전에 먼저 지형에 익숙해질 필요가 있다. 우리가 향해 가고 있는 곳에 대해 심사숙고하고 여행 도중에 마주치기 쉬운 돌부리들에 대해 깨어 있기 위해서다. 특히 뚫고 지나가기 어려운 고정된 믿음들을 조심해야 한다. 젊은 시절 셰랍 링 수도원의 학생일 때 나는 특히 세 가지의 돌부리를 경계하라고 배웠다. 나의 존재가 고정불변하고 개별적이며 독립적인 실체라는 믿음이 그것이다.

고정불변한 나

기억하라, 영원한 것은 없음을.

잠곤 콩튤 〈확신의 횃불〉

자동차와 컴퓨터는 고장이 난다. 사람들은 떠나가고 직장을 바꾸고 자라고 나이 들고 아프고 결국은 죽는다. 경험을 뒤돌아보면 우리는 더 이상 갓난아이나 초등학생이 아니다. 뿐만 아니라 대학을 졸업하고 결혼하고 아이를 갖고 새로운 집으로 이사하고 새 직장으로 옮기는 등 또 다른 큰 변화들을 맞이하며 종종 그 변화들을 환영한다. 그러나 때로는 우리가 겪는 변화들이 그렇게 기쁘지만은 않다. 다른 사람들과 마찬가지로 몸이 아프고 늙고 결국에는 죽음을 맞이한다. 어쩌면 일자리를 잃을 수도 있고 혹은 배우자나 연인 관계에 있는 사람에게서 "난 너를 더 이상 사랑하지 않아."라는 통보를 받을 수도 있다.

하지만 심지어 특정한 변화들을 인식할 때조차도 우리는 은연중에 '고정불변'이라는 생각에 매달린다. '나', '타인', 그리고 그 밖의 존재들의 본질은 시간이 흘러도 고정불변한다는 믿음이다. 이 믿음에 따르면 어제의 나였던 '나'와 오늘의 나인 '나'는 같다. 어제 본 탁자와 책은 오늘 보는 탁자와 책과 다르지 않다. 어제 강연을 한 밍규르 린포체와 오늘 강연을 하고 있는 밍규르 린포체는 같은 사람이다. 때로 감정조차도 영원한 것처럼 보인다. '어제 나는 사장에게 화가 났다. 나는 오늘도 그에게 화가 난다. 내일도 그에

게 화가 날 것이다. 결코 그를 용서할 수 없을 것이다.'

붓다는 이 착각을 겉으로는 튼튼하고 건강해 보이지만 속에는 구멍이 난 썩은 나무를 오르는 데 비유했다. 높이 올라갈수록 우리는 죽은 나뭇가지에 더욱 매달리게 되고 나뭇가지는 금방이라도 부러질 것만 같다. 결국 우리는 땅에 떨어질 것이고 추락의 고통은 높이 올라갈수록 더 클 것이다.

예를 들어, 마음과 감정의 차원에서 '당신'과 '나' 그리고 다른 사람들은 항상 변하고 있다. 열 살 때의 '나'와 스무 살의 '나'와 서른 살의 '나'는 같다고 말할 수 없다. 열 살의 '나'는 불안감으로 가득하고 큰 소리에 놀라며 아버지뿐만 아니라 아버지 제자들의 눈에 낙오자로 찍힐까 봐 겁을 집어먹은 아이였다. 스무 살의 '나'는 티베트 불교 수행에 통달하기 위해 두 차례에 걸친 3년 안거 수행을 막 끝낸 상태였다. 수도원을 새로 하나 짓는 걸 도우면서 수도원에 소속된 학교에 다니고, 인도에 있는 큰 수도원의 일상적 업무를 총괄하면서, 나보다 훨씬 나이가 많은 승려들을 가르치고 있었다. 서른네 살의 '나'는 공항에서 많은 시간을 보낸다. 여러 나라들을 여행하고, 몇 가지 수준으로 나눠 불교의 가르침을 전하면서 한 번에 수백 명의 사람들과 얼굴을 마주하며, 명상 수행을 통해 더 깊은 지혜를 추구하려는 사람들과 개인적으로 혹은 소그룹으로 면담을 하고, 앞으로 일 년간의 순회강연 스케줄을 짜기 위해 국제전화를 하고, 나에게서 배우는 여러 나라의 사람들과 친분을 맺고자 몇 가지 언어들을 몇 마디씩 배운다. 그리고 불치병, 우울증, 이혼, 많은 종류의 심리적이고 육체적인 학대에 시달리는 사람들, 또한 병을 앓고 있거나 죽어 가는 친구 혹은 가족을 보살피느라 심신이 지친 사람들의 개인적인 문제들을 상담해 주기 위해 매우 다양한 배경을 가진 이들에게 조언을 한다.

마찬가지로 '다른 사람' 역시 마음의 변화와 감정의 변화들을 겪는다. 내가 만난 많은 이들은 다음과 같은 경험을 하고 놀란 적이 있었다고 실토한다. 어느 날 그들은 자신이 아는 누군가를 만난다. 모든 것이 좋아 보인다. 상대방은 행복해 보이고 삶에 대한 기대에 차 있으며 그날의 도전들을 맞이할 준비가 되어 있다. 그런데 하루나 일주일 뒤 만났더니 그 똑같은 사람이 화가 나고 우울해져 있다. 침대에서 나올 기운조차 없으며 삶에서 어떤 희망도 볼 수 없다. 이렇듯 때로 변화들은 너무나 극적이다. 알코올 중독이나 다른 중독으로 그렇게 되기도 한다. 우리는 자신도 모르게 이렇게 생각한다.

'이 사람이 내가 아는 그 사람 맞나?'

덧붙여 나는 수년간 과학자들과 대화를 나누면서 사람의 육체는 우리가 전혀 자각하거나 통제할 수 없는 미세 차원에서 끊임없는 변화를 겪고 있다는 사실을 알게 되었다. 예를 들면 매 순간 호르몬을 생성하고 몸의 온도를 조절한다. 당신이 이 문장을 다 읽기도 전에 이미 당신 몸 안의 몇몇 세포는 소멸되어 새로운 세포로 대체된다. 그 세포들을 구성하는 분자와 원자와 소립자들도 이동된다.

당신이 이 책을 읽고 있는 방 안의 가구뿐만 아니라 심지어 이 책을 구성하는 분자와 원자와 소립자들도 계속해서 대체되고 변화하고 움직이고 있다. 이 책의 종이들은 누렇게 바래고 구겨지기 시작할 것이다. 당신 방의 벽에 틈이 생길 수도 있다. 가까운 곳에 있는 탁자의 페인트가 일부 벗겨질지도 모른다.

이 모든 것들을 고려한다면 과연 어디서 고정불변한 것을 찾을 수 있을까?

하나의 '나', 많은 '나'

> 매 순간은 비슷하며, 그 비슷함 때문에 우리는 착각에 빠진다.
> 감포파 〈해탈보장론〉

고정불변함의 착각으로부터 개별성의 생각이 일어난다. 이는 시간이 흘러도 고정불변하게 지속되는 '중심의 주인공'은 나눌 수 없으며 유일무이한 개체라는 믿음이다. 심지어 "그 경험이 나를 변화시켰어."라거나 "나는 이제 세상이 달리 보여."와 같은 말을 할 때조차도 우리는 여전히 '나'라는 개념을 하나의 단일한 존재, 하나의 고정된 내적 '얼굴'인 것처럼 단언한다. 마치 그 얼굴을 통해 우리가 세상을 바라보고 있다는 듯이.

개별성은 그토록 매우 미묘한 착각이라서 그것을 지적해 주기 전까지는 알기가 힘들다. 최근 한 여성이 내게 비밀을 털어놓았다.

"나는 참을 수 없는 결혼 생활에 갇혀 있어요. 나는 결혼할 무렵에는 남편을 사랑했지만 지금은 그를 증오해요. 하지만 내게는 아이가 셋이나 있고, 나는 아이들에게 기나긴 이혼 투쟁의 고통을 겪게 하고 싶지 않아요. 아이들이 아버지와 좋은 관계를 유지하길 나는 원해요. 또한 아이들이 나고 자란 집에서 떠나는 것을 나는 원치 않아요. 그러나 나는 남편에게 경제적으로 의존하고 싶지도 않아요."

이 일련의 발언에서 가장 자주 반복된 단어는 무엇인가?

'나'이다.

그런데 '나'는 누구인가? '나'는 남편을 사랑했지만 지금은 증오하는 사람인가? '나'는 긴 이혼 투쟁을 피하길 원하는, 세 자녀를 둔 엄마인가? 아이들이 아버지와 긍정적인 관계를 유지하기를 원하는 여자인가? 거기에 얼마나 많은 '나'가 존재하는가? 한 명? 두 명? 세 명?

나올 법한 대답은 당연히 하나의 '나'가 존재한다는 것이다. 그 '나'는 다른 상황들에서 다른 방법으로 반응하고, 다른 사람들과의 관계에서 자신의 다른 면들을 내보이며, 상황과 조건의 변화들이나 새로운 생각과 경험에 반응해 일련의 새로운 태도와 감정을 만들어 내는 사람이다.

이 모든 차이에도 불구하고 '나'는 정말로 하나일 수 있는가?

마찬가지로 회사 동료나 식구들과 논쟁을 벌이는 것 같은 특수한 상황에서 특정한 방식으로 반응하는 '나'가, 책을 읽고 텔레비전을 보고 이메일을 확인하는 것 같은 또 다른 상황에서 또 다른 방식으로 반응하는 '나'와 동일한 사람인지 스스로에게 물어볼 필요가 있다.

우리는 대개 이렇게 대답한다.

"그들은 모두 나의 일부분들이다."
그런데 만일 '부분들'이 있다면 하나가 존재할 수 있는가?

독립된 나

'나'는 하나의 이름 안에 존재하는가?

감포파 〈해탈보장론〉

강연을 할 때 이따금 나는 사람들에게 일종의 게임을 해 보도록 권한다. 승복의 겉옷 속에 내 몸의 대부분을 숨기고 단지 엄지손가락만 추켜올리며 묻는다.

"이것이 욘게이 밍규르 린포체인가요?"

대부분의 사람들은 대답한다.

"아니오."

그러면 나는 다섯 손가락을 다 펼쳐 보이며 묻는다.

"이건 어떤가요? 이것이 욘게이 밍규르 린포체인가요?"

다시, 대부분의 사람들은 말한다.

"아니오."

내가 팔을 완전히 내보이며 똑같은 질문을 해도 사람들은 여전히 "아니오." 하고 답한다.

하지만 승복 겉옷을 벗어 의자에 내려놓고 사람들이 내 얼굴과 팔을 비롯해 나머지 몸을 전부 볼 수 있도록 한 다음 똑같은 질문을 하면 그 대답은 항상 분명하지만은 않다. 어떤 사람은 이렇게 말할 수도 있다.

"아, 이제는 밍규르 린포체인 당신의 전부를 볼 수 있군요."

하지만 이 '전부'는 여러 다른 부분들로 이루어져 있다. 엄지손가락, 손, 팔, 머리, 다리, 심장, 폐 그리고 그 밖의 것들로. 이 부분들 역시 더 작은 부분들로 구성되어 있다. 피부, 뼈, 혈관들……. 그것들은 세포들로 이루어져 있고 세포들은 원자들로 이루어져 있으며 원자들은 소립자들로 이루어져 있다. 특정한 다른 요소들, 예를 들어 내가 자란 문화, 내가 받은 훈련, 안거 수행에서의 나의 경험들, 지난 12년간 세계 도처에서 사람들과 나눈 대화들 역시 '밍규르 린포체'를 구성하는 '부분들'이라고 여길 수 있다.

강연장에 앉은 위치도 '밍규르 린포체'가 보이는 방식을 조건 짓는다. 왼쪽이나 오른쪽에 앉은 사람들은 나의 한쪽 부분만을 볼 수 있고, 정면에 앉은 사람들은 나의 몸 전체를 볼 수 있다. 멀리 뒷자리에 앉아 있는 사람들에게는 흐릿한 이미지처럼 보일 수도 있다. 마찬가지로 길을 걸어가는 사람들에게는 '밍규르 린포체'가 붉은색 승복을 입고 웃고 있는 삭발한 남자 중 한 사람으로 보일 것이다. 불교 강의에 처음 참석한 사람들에게는 '밍규르 린포체'가 흥미 있는 생각과 몇 가지 농담을 할 줄 아는, 붉은색 승복을 입고서 웃고 있는 삭발한 남자로 보일 것이다. 오랫동안 불교 수행을 한 사람들은 '밍규르 린포체'를 환생한 라마승, 영적인 안내자, 개인적인 조언자로 볼 것이다.

따라서 '밍규르 린포체'는 하나의 독립된 사람으로 보일 수도 있지만 이 겉모습은 다른 많은 '부분들'로 이루어져 있고 다양한 환경에 의해 조건 지워진다. 고정불변한 존재, 개별적인 존재라는 관념과 마찬가지로 독립된 존재라는 것은 하나의 상대적인 개념에 불과하다. 이것은 나 자신, 다른 사람, 장소, 사물, 심지어 생각과 감정들까지도 개별적이고 독립적이며 그 자체로서 온전한 개체로 정의 내리는 방식이다.

하지만 우리는 '독립된 존재'라는 것이 하나의 착각이라는 사실을 우리 자신의 경험을 통해 알 수 있다. 예를 들어, 당신의 엄지손가락이 당신인가? 아니면 당신의 팔이? 당신의 머리카락이? 지금 몸 어딘가에서 느껴지는 통증이 당신인가? 당신이 고통 받게 될 질병이 당신인가? 당신은 길을 걷고 있는 사람들 혹은 맞은편 테이블에 앉은 사람들이 보고 있는 그 사람인가?

이와 마찬가지로 우리 주위의 사람이나 장소나 사물들을 살펴보면 그들 중 어떤 것도 본질적으로 '독립된 존재'가 아니며 서로 관계 맺어진 수많은 원인과 조건들로 이루어져 있음을 깨달을 수 있다. 예를 들어, 의자는 적어도 서너 개의 다리와 앉을 수 있는 밑판과 기댈 수 있는 등받이가 있어야 한다. 다리, 밑판, 등받이를 없애면 그것은 의자가 아니라 몇 개의 나무 조각이나 금속 또는 각 부분들을 구성하고 있는 물질들에 불과하다. 그리고 우리 몸의 부위들처럼 이 물질들은 분자와 원자와 소립자, 그리고 궁극적으로는 현대물리학자의 시각에서 보면 소립자들을 구성하고 있는 에너지 다발로 이루어져 있다.

이 모든 더 작은 부분들이 하나의 의자를 구성하는 데 사용되기 위해서는 적절한 환경과 조건 아래서 함께 모여야만 한다. 거기에 덧붙여 누군가, 아마도 한 사람 이상이 의자의 제각기 다른 부분들을 만드는 데 종사해야만 한다. 누군가 나무를 잘라야 하고 플라스틱이나 금속을 만드는 원료를 모아야 하고 의자를 덮을 천과 그 천을 채울 솜 같은 것들을 모아야 한다. 또 누군가는 이 모든 재료들의 형태를 만들어야 한다. 여전히 누군가는 각 부분들을 조립해야 하며 아마도 페인트칠을 하거나 장식을 달거나 가격을 매기고 완성된 의자를 가게로 운반하고 진열하는 일을 해야 한다. 그런 다음 누군가 그것을 구입해야 하고 집이나 사무실로 옮겨야 한다.

따라서 의자처럼 간단한 사물조차도 본래부터 존재하는 '개별적인 실체'가 아니며 원인과 조건들의 조합을 통해, 불교 용어로는 '상호의존성'이라고 불리는 원리로 탄생한 것이다. 심지어 생각과 감정과 신체적인 느낌도 개별적인 실체가 아니며 다양한 원인과 조건들을 통해 일어난다. 분노와 좌절감은 아마도 밤에 잠을 못 잤거나 논쟁을 벌였거나 혹은 마감 날짜를 맞춰야 하는 압박감에서 비롯되었을 수도 있다. 나는 부모나 어른들에게서 신체적으로 또는 정신적으로 학대받은 사람들을 많이 만났다. 그들은 종종 이런 식으로 말한다.

"난 실패자예요."

"난 결코 좋은 직장을 구할 수 없고 좋은 관계를 유지할 수 없을 거예요."

"어느 날 밤은 식은땀을 흘린 채 잠에서 깼어요. 그리고 어느 날은 직장 상사가 다가오는데 심장이 어찌나 빨리 뛰는지 가슴을 뚫고 튀어나올 것 같았어요."

하지만 직업을 바꾸거나 병에서 회복될 가능성처럼 무상이 이점을 가지고 있듯이 상호의존 역시 유리하게 작용할 수 있다. 캐나다에 사는 한 여성은 친구의 조언에 따라 어린 시절 학대를 받고 자란 사람들을 위한 정기 모임에 참여하게 되었다. 몇 달에 걸쳐 자신의 경험담을 들려주고 다른 사람들의 경험담을 들으면서 그녀의 삶을 평생 따라다닌 수치심과 불안감이 무너지기 시작하더니 마침내는 말끔히 사라졌다.

그녀는 말했다.

"몇 년 동안 마치 똑같은 노래를 반복해서 듣고 있는 것 같았는데, 이제는 음반 전곡을 들을 수 있게 되었어요."

그녀는 이 기간 동안 불교를 공부한 적이 전혀 없지만 새로운 친구들의 도움으로 붓다의 핵심적인 가르침에 접근하는 통찰을 얻은 것이다.

비어 있음

존재함 혹은 존재하지 않음으로 설명될 수 있는 것은 아무것도 없다.
3대 카르마파 〈마하무드라—무한한 기쁨과 자유〉

대중 강연과 개인 면담 시간이면 누군가 반드시 거창한 질문을 던진다. 사람마다 단어나 표현이 각각 다르지만 그 본질은 같다.

"만일 모든 것이 상대적이고 무상하며 상호의존적이라면, 만일 어떤 것도 확실하게 독립된 존재라고 단언할 수 없다면, 그것은 내가 실재하지 않는다는 의미인가요? 그렇다면 당신은 실재하지 않나요? 내 느낌은 실재하는 것이 아닌가요? 이 방은 실재하는 것이 아닌가요?"

똑같이 맞고 똑같이 틀린 네 가지 답이 가능하다.

"그렇다."

"아니다."

"그렇다이면서 동시에 아니다."

"그렇다도 아니고 아니다도 아니다."

혼란스러운가? 그렇다면 아주 좋은 일이다. 혼란은 큰 발전이니까. 혼란은 특정한 관점에 대한 집착을 깨고 더 넓은 차원의 경험으로 나아가고 있다는 표시이다.

우리의 경험을 정리하는 '나', '나의 것', '나 자신', '타인', '주체', '객체', '즐거움', '고통스러움' 같은 상자들이 마음의 발명품이긴 하지만 우리는 여전히 '나', '타인', '고통', '쾌감' 등을 경험한다. 우리는 여전히 의자와 탁자와 자동차와 컴퓨터를 본다. 여전히 변화의 기쁨과 아픔을 느낀다. 여전히 화가 나고 슬프다. 여전히 사람과 장소와 물건에서 행복을 찾으며 고통을 야기하는 상황으로부터 자신을 보호하기 위해 최선을 다해 노력한다.

이 경험들을 부정하는 것은 어리석은 짓일 것이다. 동시에 그것들을 자세히 조사해 보면 어떤 것도 "그렇다, 저것은 명백히 고정불변한 존재다! 저것은 개별적인 존재다! 저것은 독립된 존재다!"

라고 말하기는 힘들다.

만일 우리의 경험을 계속해서 더 작은 조각들로 쪼개어 나가고 그것들의 관계를 조사하고 원인과 조건들 밑바탕에 있는 또 다른 원인과 조건들을 찾아 나간다면 마침내 우리는 '막다른 골목'에 부딪히게 된다.

하지만 그 막다른 골목은 끝이 아니며 분명 죽음도 아니다.

그것은 모든 현상이 생겨나는 근본 자리인 '공空'을 처음으로 흘낏 들여다본 것이다.

붓다의 첫 번째 가르침(초전법륜)에 이은 두 번째 가르침(제2전법륜)의 핵심 주제인 공은 불교철학에서 가장 헷갈리는 용어 중 하나일 것이다. 심지어 오래된 불교도들조차 공 사상을 이해하는 데 애를 먹는다. 아마도 그 이유 때문에 붓다는 초전법륜 이후 그것을 언급하기까지 16년을 기다렸는지도 모른다.

사실 그 의미에 대한 처음의 선입견을 통과하면 공 사상은 매우 단순하다.

공은 산스크리트어의 '수냐타', 티베트어의 '통파니'를 얼추 번역한 것이다. 산스크리트어 '수냐'는 '0(제로)'을 의미한다. 티베트어 '통파'는 '비어 있는', 즉 아무것도 없다는 뜻이다. 한편 산스크리트어 어미 '타'와 티베트어 어미 '니'는 그 자체로는 아무 의미가 없지만 형용사나 명사 뒤에 붙으면 '가능성' 또는 '열어 둠'의 의미를 수반한다. 따라서 불교도들이 공에 대해 말할 때는 '제로'의 의미가 아니라 '제로의 상태'이다. 물건 자체라기보다는 어떤 것이 생겨나고 변하고 사라지고 다시 생겨나도록 허용하는 배경이며 무한히 열린 공간인 것이다.

이것은 매우 반가운 소식이다.

만일 모든 것이 고정불변하고 개별적이고 독립적이라면 어떤 것도 변하지 않을 것이다. 우리는 현재 모습 이대로 영원히 고정될 것이다. 더 이상 성장할 수도 없고 배울 수도 없을 것이다. 어느 누구도 어떤 것도 우리에게 영향을 미칠 수 없을 것이다. 원인과 결과 사이에는 어떤 관계도 없을 것이다. 형광등 스위치를 켜 보지만 아무 변화도 없을 것이다. 티백을 뜨거운 물에 수백 번 담가 보아도 물은 차에 전혀 영향을 미치지 않고 차도 물에 아무 영향을 주지 않을 것이다.

하지만 실제로는 그렇지 않다. 그렇지 않은가? 스위치를 누르면 전구에 불이 들어온다. 티백을 뜨거운 물에 몇 초만 담가 두면 감미로운 차가 우러난다. 밤에 잠을 못 잤거나 누구와 벌인 논쟁은 맨발로 돌 위를 걷는 게 건강에 좋다는 의사의 충고만큼이나 우리의 생각과 감정에 강력한 영향을 미친다. 그러면 앞의 질문으로 돌아가 보자. "우리는 실재하는가? 우리의 생각과 느낌은 실재하는가? 우리가 지금 들어와 있는 이 방은 실제로 존재하는가?" 우리가 이 현상계를 경험한다는 관점에서는 "네."라고 대답할 수 있고, 이 현상 내부를 들여다보면 본래부터 존재한다고 확신할 수 있는 것이 아무것도 없다는 관점에서는 "아니오."라고 대답할 수 있다. 생각, 느낌, 의자, 매운 고추, 식료품가게에 줄 선 사람들, 심지어 식료품가게 그 자체는 다른 대상 혹은 다른 누군가와 비교해야만 존재가 성립될 수 있다. 그것들은 다른 많은 원인과 조건들의 조합을 통해 우리의 경험 속에 나타나는 현상들이며 이 원인과 조건들은 다른 원인과 조건들과 '충돌'함으로써 끊임없이 변화해 가고 있고 그 원인과 조건들 역시 또 다른 원인과 조건들과 충돌하고 있으며 그렇게 계속해서 이어진다.

따라서 한편으로는 우리가 경험하는 것 모두는 본래 존재한다고 말할 수 없다. 이것이 공을 바라보는 하나의 방식이다. 또 한편으로는 우리의 경험은 모두 원인과 조건들의 일시적 조합을 통해 생겨나기 때문에 공이 아닌 것은 아무것도 없다고 말할 수 있다.

다시 말해, 모든 경험의 본질 혹은 절대적인 실체는 공이다. 하지만 '절대적'이라고 해서 바위처럼 단단한 것, 영원불변을 의미하는 것은 아니다. 공은 정의 내릴 수 있는 특징들이 '비어 있는' 상태이다. 제로도 아니고 무無도 아니다. 공은 어떤 것이든 생겨나고 사라질 수 있는 유동적이고 무한히 열린 하나의 '잠재 가능성'이라고 할 수 있다. 어떤 종류의 경험이든 생겨나고 사라질 수 있는. 크리스털로 된 프리즘이 모든 색으로부터 자유롭기 때문에 모든 종류의 색을 비추는 것이 가능한 것처럼.

그렇다면 '경험하는 자'는 무엇을 의미하는가?

존재하는 것과 보는 것

절대적으로 아무것도 되지 않는 것이 곧 모든 것이 되는 길이다.
제임스 W. 더글러스 〈저항과 묵상—해방의 길〉

만일 현상을 지각할 능력이 없다면 현상의 모든 경이로움과 두려움도 경험할 수 없을 것이다. 모든 생각과 느낌, 그리고 나날의 삶에서 우리가 만나는 사건들은 그것들을 경험할 수 있는 우리의 근본 능력에서 생겨난다. 참본성이 가진 속성인 지혜, 능력, 사랑, 자비를 묘사할 때 붓다와 그의 뒤를 이은 스승들은 '끝없는', '한계가 없는', '무한한' 같은 단어들을 사용했다. 개념을 초월해 있지만 가능성으로 가득 차 있는 것이다. 다시 말해, 참본성의 토대 자체가 공이다.

그렇다고 좀비(살아 있는 시체)처럼 무기력한 텅 빔이 아니다. 우리로 하여금 현상을 인식하고 분별하게 해 주는 근본적인 자각을 무엇이라 부르든 공과 불가분의 관계인 투명함 역시 참본성의 근본 특성 중 하나이다. 생각과 감정과 느낌이 일어날 때 우리는 그것들을 자각한다. 그 순수 자각 상태에서는 '경험'과 '경험하는 자'가 하나이며 같다. '타인'과 '타인을 자각하는 것', '자동차'와 '자동차를 자각하는 것'과 마찬가지로 '나'와 '나를 자각하는 것'이 동시에 일어난다.

어떤 심리학자들은 이것을 캘리포니아의 요세미티 공원이나 네팔의 히말라야나 티베트의 포탈라 궁 같은 거대한 장소를 처음 방문하는 순간 자연 발생적으로 일어나는, 기대나 판단에서 해방된 꾸밈없는 자각, '순수 관점'이라고 부른다. 웅장하게 펼쳐진 풍경 앞에서 당신은 '나'와 '내가 보고 있는 것'을 구분할 수 없다. 거기에는 단지 '보는 일'만이 존재할 뿐이다.

그런데 이 순수 관점에 도달하기 위해서는 상대적인 분별에서 어떻게든 해방되어야 하고 그것의 원인이 되는 희망과 두려움 같은 요소들을 제거하거나 억제해야 한다고 흔히들 오해를 한다. 이는 붓다의 가르침을 잘못 해석한 것이다. 상대적인 세계가 절대 세계의 표현인 것처럼 상대적인 분별작용은 참본성의 표현이다. 우리의 생각과 감정과 신체적인 느낌들은 무한한 잠재 가능성의 끝없는 바다 위에서 일어났다 가라앉는 파도들과 같은 것이다. 문제는 우리가 오직 파도만을 보고 파도를 바다라고 오해하는 데 익숙해져 있다는 점이다. 하지만 파도를 볼 때마다 우리는 바다를 좀 더 자각하게 된다. 그렇게 될 때 우리의 초점이 이동하기 시작한다. 파도가 일어나고 사라져도 바다 자체의 본질은 아무 영향을 받지 않는다는 사실을 깨닫고 파도보다는 바다와 하나가 되기 시작하는 것이다.

그러나 그것은 우리가 파도를 바라보기 시작할 때 비로소 가능한 일이다.

6

말과 기수 길들이기

우리는 멋진 자동차를 가지고 있지만
운전하는 법을 모르는 사람의 상황과 비슷하다.

보카르 린포체 《명상―초심자용 안내서》

옛 티베트 속담에 이런 말이 있다.
"새는 날기 위해서 두 날개가 필요하다."
한쪽 날개는 고통과 참본성과 공의 원리를 이해하는 것이다. 앞에서 말했듯이 이것은 상대적인 지혜이다. 분석적인 경험을 통해서 사물이 존재하는 방식을 이해하는 것이다. 하지만 상대적인 지혜 자체는 단지 변화의 길의 초입일 뿐이다. 그것을 자기 삶의 일부로 만들려면 실제로 적용할 수 있어야 한다.

그런 적용을 불교에서는 '방편'이라 부르는데, 그것이 새의 다른 쪽 날개이다. 그것을 통해 상대적인 지혜는 실질적인 자유의 체험으로 탈바꿈할 수 있다. 주체와 객체, 나와 타인, 긍정과 부정의 분별을 넘어선 현상의 참 본질을 깨닫는 것이다.

지혜와 방편을 결합하는 일의 중요성은 붓다를 평생 시봉한 사촌동생 아난다의 이야기를 통해 더욱 분명하게 드러난다. 아난다는 붓다가 여행하는 곳 어디에서든 음식을 챙겨 주고 잠자리를 신경 쓰고 더위와 바람과 추위와 비로부터 보호해 주기 위해 옆에서 늘 최선을 다했다. 아난다는 또한 기억력이 매우 뛰어나서 붓다의 가르침을 단어 하나하나까지 암송할 수 있었다. 아난다는 붓다에게 요청했다. "저는 당신이 전하는 모든 가르침을 듣게 되기를 희망합니다." 물론 붓다는 동의했다.

단 한 가지 작은 문제가 있었다. 아난다는 붓다의 가르침을 암송할 수는 있었지만 그것을 실천하는 데는 시간을 쓰지 않았다.

그러나 또 다른 제자 마하가섭은 붓다의 가르침을 경청할 뿐만 아니라 배운 것을 그대로 실천에 옮겨 스승 붓다가 얻은 것과 똑같은 자유와 투명함의 경지에 이르렀다. 붓다는 죽음을 앞두고 마하가섭에게 법통을 전수했다. 말하자면 사람들에게 진리의 가르침뿐 아니라 자유의 실제적인 경험을 전할 수 있는 사람으로 지목한 것이다.

마하가섭은 궁금했다.

"아난다는 어떻게 해야 하나요?"

붓다는 마하가섭에게 자신이 죽은 후 모든 제자들을 돌봐 주도록 부탁했다. 붓다는 마하가섭의 말에 이렇게 응답했다.

"그대 이후에는 아난다가 법통을 전수받을 것이다."

물론 마하가섭은 붓다의 말을 받아들였지만 골똘히 생각했다.

'아난다는 전혀 수행을 하지 않는데 어떻게 하면 그를 도울 수 있을까?'

이 문제를 궁리하던 중 그에게 매우 기발한 계획 하나가 떠올랐다. 붓다가 세상을 떠난 후 마하가섭은 아난다를, 요즘 쓰는 용어로 이야기하자면 '해고'시켰다. 마하가섭은 아난다에게 말했다.

"이 지역에서 떠나 주게나. 붓다께서 살아 계실 때 자네는 진정한 존경심으로 그를 대하지 않았고 많은 실수를 저질렀어."

당연히 아난다는 몹시 당황했다.

'붓다가 살아 계실 때는 내가 가장 중요한 사람이었는데 이제 마하가섭이 나를 내모는구나!'

그는 인도의 먼 지역으로 갔다. 그곳에도 붓다의 이야기를 들은 적 있는 사람들이 많았으며, 그들은 좀 더 가르침을 듣기를 원했다. 그래서 아난다는 그들을 가르쳤고, 그의 제자가 된 사람들은 매우 진지한 수행자들이어서 그 가르침을 그대로 실천에 옮겼다.

아난다 밑에서 많은 이들이 붓다가 도달한 마음의 자유에 이르렀다. 즉 경험이 경험자의 본질을 변화시키지 않는다는 사실을 직접적이고 분명하게 자각한 것이다. 하지만 아난다는 여전히 수행하는 데 노력을 기울이지 않았다.

계속되는 이야기에 따르면 아난다의 제자 중 한 사람이 명상에 들어가 아난다의 마음을 보았는데, 아난다가 아직 깨달음을 얻지 못했음을 알았다. 그 제자가 아난다에게 말했다.

"스승님, 명상을 하십시오! 스승님은 아직도 진정으로 자유롭지 못합니다."

이제 아난다는 정말로 혼란스러웠다.

'나의 제자들조차도 나를 능가하는구나.'

결국 그는 나무 아래 앉아 그동안 배운 것을 수행에 옮기기 시작했고 마침내 자유와 그에 따른 기쁨을 성취했다. 그리고 깨달음에 이르렀을 때 그는 왜 마하가섭이 자신을 '해고'했는지를 알았다. 얼마 후 그는 마하가섭을 만나러 돌아왔고, 마하가섭은 아난다의 깨달음을 축하하는 큰 행사를 열어 그를 붓다의 법통을 잇는 2대 계보자로 공식 인정했다.

실천의 세 단계

마음은 혼란과 의심으로 좀먹어 들어간다.
소갈 린포체 〈삶과 죽음을 바라보는 티베트의 지혜〉

불교 경전에 따르면 대자유에 이르기 위해서는 세 가지 단계가 필요하다. 귀 기울여 듣기, 참구參究, 그리고 명상이다. 처음 두 단계는 오늘날 학교에서 가르치는 방식과 크게 다르지 않다. '귀 기울여 듣기'는 스승에게서 직접 듣든 책을 통해서 접하든 새로운 사실과 생각을 귓속의 귀로 받아들인다는 의미이다. 여행을 통해 내가 만난 많은 교사들에 따르면 이 단계는 학교에서 학생들에게 구구단, 기초 문법, 교통신호 등의 기본 원리를 가르치는 것과 같은 배움의 초기 단계에 해당한다.

실천의 두 번째 단계인 '참구'는 애매하게 들릴 수도 있지만 책이나 말로 행해진 가르침을 통해 배운 내용들을 깊이 생각하고 자신이 듣거나 읽은 내용이 삶에서 일어나는 현상들을 이해하고 반응하는 데 적합한 수단인지 아닌지 의문을 던져 보는 일이다. 9에다 9를 곱하면 실제로 81이 되는가를 알아보는 데는 아마도 많은 참구가 필요하지 않을 것이다. 붉은색 바탕에 '우선멈춤'이라 쓰인 교통 표지판이 정지를 하고서 보행자나 다른 차가 있나 살펴보라는 의미임을 이해하는 일도 마찬가지다. 하지만 자신의 삶이 불편함과 고통에 얼마나 깊이 물들어 있거나 조건 지워져 있는가를 생각해 보는 일처럼 더 큰 주제일 경우에는 시간을 가지고 좀 더 오래, 더 중요하게는 좀 더 많은 노력을 기울이는 것이 필요하다.

　그런 더 큰 주제에 대한 참구는 단순히 이렇게 자문하는 것으로 시작할 수 있다. "지금 나는 내 피부에 만족하는가? 나는 이 의자에, 머리 위 이 전등에, 주위에서 들리는 이 소리들에 편안한가?" 이것에는 많은 분석이 요구되지 않으며 오래 검토할 필요가 없다. 이것은 지금 여기, 지금 이 순간으로 돌아와 살아 있음을 느끼는 하나의 과정이다.

　그다음으로는 가끔이든 자주든 자신이 자각한 적이 있는 생각과 감정들에 대해 스스로 물음을 던질 수 있다. 과거에 자신이 내린 결정에 대해 몸을 떨며 후회한 적이 있는가? 최근에 개인적인 일이나 회사 업무 때문에 혹은 당신 삶 속의 누군가를 향해 화를 터뜨리거나 분개한 적이 있는가?

　이런 물음을 던지는 것은 도덕적이나 윤리적으로 살펴보라는 의미가 아니다. 이런 물음은 당신이 지적, 감정적, 신체적 차원에서 불편함을 겪고 있는지 아닌지, 자신의 경험이 '네 가지 고귀한 진리'의 근본 통찰과 일치하는지 아닌지를 참구하는 출발지점일 뿐이다. '나는 불편한가?' '나는 불만족스러운가?' '나는 삶에서 무엇인가를 더 원하는가?' 어떤 단어들로 질문을 만드는가는 특별히 중요하지 않다. 당신이 지금 살펴보려는 것은 나의 스승님들이 말한 것처럼 개인적인 경험의 즉각적인 혹은 신선한 본질이다.

실천의 세 번째 단계인 '명상'은 몸과 마음과 감정 안에서 일어나는 일들을 판단 없이 다만 관찰하는 데서 시작된다. 적어도 불교 전통에서는 판단이 개입하지 않는 순수 관찰이 명상의 기초이다. 물론 많은 문화들은 자신들만의 특정한 명상 수행법을 발전시켜 왔으며 각각 그것이 생겨난 문화 환경과 특히 잘 어울린다. 나는 불교 전통 안에서 발달한 명상법에 기초해서 배워 왔기 때문에 다른 전통과 다른 문화에서 전개된 수행에 대해서는 자세히 설명할 수 없다.

붓다에 의해 소개되고 불교가 전파된 나라의 위대한 스승들에 의해 수 세기에 걸쳐 발전되고 다듬어진 수행법들이 매우 다양하긴 하지만 이것들의 기초는 판단 없이 경험을 관찰하는 일이다. 심지어 '아, 20년 전에 나는 이러이러한 일을 했지. 그것을 후회한다는 게 얼마나 어리석은가. 그때 난 어렸지 않은가!'라는 생각을 바라보는 것조차 명상이다. 명상은 우리 안에서 일어나고 사라지는 생각과 감정과 신체적인 느낌들을 단순히 관찰하는 연습이다.

그리고 그것은 실제로 하나의 연습이다.

몇 해 전, 한 서양인이 셰랍 링 수도원을 찾아왔다. 당시 그곳에서는 티베트 불교의 매우 영향력 있는 스승이자 수도원장인 타이 시투 린포체가 명상과 공에 대해 가르치고 있었다. 아마도 그 서양인은 명상 강의 시간에 잠을 잤거나 아니면 마음이 딴 데 가 있었던 모양이다. 그런데 타이 시투 린포체가 공에 대한 가르침을 시작하자 그는 불현듯 집중하기 시작했다. 그는 이런 결론에 이르렀다.

"나는 '나'를 제거할 필요가 있어. '나'를 제거하면 공을 깨닫게 될 거야. 나는 자유로워지겠지. 그렇게 되면 나에게는 더 이상 어떤 문제도 고통도 일어나지 않을 거야. 그러니 나는 앞으로 '나'라는 말을 절대로 사용하지 않겠어."

그가 타이 시투 린포체에게 자신의 해결책을 말하자 린포체는 그것엔 어떤 이점도 없다고 말했다. 문제는 '나'가 아니다. 공을 깨닫기 위해서는 '나'의 근원인 무지와 욕망을 봐야만 한다.

하지만 그 사람은 듣지 않았다. 그는 자신이 생각해 낸 지름길이 붓다가 가르친 낡은 방식보다 더 빠르고 효과적일 것이라고 확신했다.

그래서 그는 그 이후 '나'라는 단어를 일절 쓰지 않았다. 그는 "나는 자러 갈 거야." 대신 "자러 갈 거야."라고 말했다. 누군가 다람살라에 가는데 자신은 가지 않을 생각이면 이렇게 말했다. "롭상은 다람살라에 갈 거야. 안 갈 거야." 처음엔 그럭저럭 괜찮았지만 그런 식으로 일 년을 보내자 그는 완전히 미쳐 버렸다. 그는 공을 체험하지도 못했고 고통의 근본 원인들을 격파하지도 못했다. 단지 자신이 존재하지 않는 척만 했을 뿐이다.

세랍 링 수도원을 떠난 그에게 그 후 어떤 일이 일어났는지 모르지만 그의 지름길은 그다지 효과가 없었음이 분명하다. 사실 그것은 불교의 가르침에 대한 공통된 오해이다. 자유를 찾기 위해서는 '에고'라고 일컫는 것을 제거해야 한다는 것이다.

  하지만 내가 최근에 배운 바대로 에고는 본래 지그문트 프로이트가 마음의 의식적인 측면을 가리키기 위해 사용한 단어를 다른 사람들이 잘못 해석한 것이다. 그가 말한 에고는 결정을 내리고 계획하고 정보를 분석하는 일을 포함한 일련의 기능으로, 이것들이 모여서 욕망과 혐오라는 본능적인 성향들, 어린 시절 깊은 인상을 준 기억과 생각과 습관들, 그리고 우리의 환경에서 일어나는 사건들과 조건들 사이에서 균형을 취하는 일을 맡는다. 원래의 논문에서 프로이트는 이 기능들의 집합체를 '나'라고 언급했다. 섬세하게 균형을 잡는 행위에서 생겨나는 일관된 자아의식이 바로 '나'인 것이다. '에고'라는 단어는 후에 그의 통찰이 20세기 중반의 과학계에 더 잘 받아들여지도록 번역을 달리하면서 사용된 것이다.

  지난 수년간 '에고'라는 말뿐 아니라 그것과 관련된 모든 용어들에 다소 부정적인 면들이 쌓여 왔다. 사람들은 큰 소리로 말한다. "저 사람은 너무 에고가 강해." "미안, 내가 너무 에고이스트처럼 굴었어." 이 다소 부정적인 의미의 '에고'가 그 관련 용어들과 함께 붓다의 가르침을 담은 많은 책들과 번역서들 속에 쏟아져 들어왔다.

  그러나 불교철학의 관점에서는 자아 또는 에고를 경험하고 이용하는 일에는 본래 잘못되거나 부정적인 것이 전혀 없다. '에고'는 단순히 상대계의 영역을 항해하도록 우리를 돕기 위해 개발된 일련의 기능일 뿐이다. 손과 발을 가지고 있다고 우리 자신을 비난할 수는 없다. 에고를 자신에게 일어나는 일들과 관계를 맺는 유일한 수단으로 여겨 그것에 집착할 때 문제가 발생한다. 그렇게 되면 손과 발의 관점에서만 경험과 관계를 맺는 것에 맞먹을 만큼 곤경에 처하게 된다. 손이 나 자신일 수 없고 발이 나 자신일 수 없다는 사실에 아마도 모두가 동의할 것이다. 하지만 그것들이 우리의 전체 모습이 아니며 우리가 경험할 수 있는 전부가 아니라는 이유로 손발을 잘라 내지는 않는다.

마찬가지로 '에고', '나' 그리고 '자아의식'이 좀 더 미묘한 차원에서 지속되긴 하지만 그것을 제거하거나 잘라 낼 필요는 없다. 그렇게 하기보다는 자신이 경험하는 일들과 관계를 맺을 때 이용하는 하나의 도구 혹은 도구들의 집합체로 여길 수가 있다.

물론 아침에 일어나자마자 이렇게 말할 수는 없다. "자, 오늘부터 나는 내 전 생애 동안 사물을 이해해 온 방식을 버리고 모든 것들을 단지 상호의존적인 가능성들의 일시적인 조합으로서만 바라볼 거야." 지혜는 자신의 삶의 일부가 될 수 있도록 적용할 수 있어야 한다.

우리들 대부분은 다소 불편함을 느끼면서도 우리의 경험이 어느 정도는 우리의 마음에 의해 조건 지워진다는 사실을 인정한다. 하지만 우리는 그것에 갇혀 버리는 경향이 있다. 자신의 마음을 바꾸려고 애를 쓰든, 아니면 생각과 감정과 강박적인 습관들에 단순히 지배당하든, 어느 쪽이든 갇히긴 마찬가지다.

세 번째 대안은 붓다가 제안한 방법으로, 다양한 생각과 감정 등을 마음 그 자체의 무한한 잠재 능력의 다양한 표현으로 바라보는 일이다. 다시 말해, 마음을 바라보기 위해 마음을 사용하는 일이다. 이것이 불교 전통에서 말하는 명상의 기본 정의이다. 앞서 말했듯이 명상은 티베트어로는 '곰', 즉 '친해지는 것'이다. 명상을 통해 우리는 마음과 친해지기 시작한다.

하지만 처음에는 마음을 바라보기 어렵다. 왜냐하면 마음은 내가 나 자신과 관계 맺는 방식, 그리고 내 주위 세상과 관계 맺는 방식에 너무도 밀접하게 연결되어 있기 때문이다. 나의 스승님 한 분이 비유로 들었듯이 마음을 바라보는 일은 거울 없이 자기 얼굴을 보려고 애쓰는 것과 같다. 얼굴이 있다는 걸 알고 어떻게 생겼다는 걸 알지만 약간 애매모호하다. 생각과 감정과 그 밖의 조건들에 따라 얼굴에 영향이 가해지고 인상과 표정이 끊임없이 변화하기 때문에 그 생김새가 불명확하다.

마찬가지로 우리는 우리가 마음을 가지고 있다는 걸 알지만 그것의 생김새는 끊임없이 겹쳐지는 생각과 느낌과 기분들에 의해 애매모호해진다. 자신의 생각과 느낌들에 대한 자신의 생각과 느낌, 또 그 생각과 느낌에 대한 생각과 느낌들까지 겹쳐진다. 이 모든 것들이 고속도로에서 연쇄 추돌을 일으키는 차들처럼 서로 겹쳐져 쌓이는 것이다.

'공에 대한 이 가르침에 귀를 기울여야 해. 난 열심히 듣고 있지 않아. 난 결코 배우지 못할 거야. 다른 사람들은 잘 듣고 이해하고 있는 것 같군. 난 왜 할 수 없지? 음, 아마도 허리가 아파서 그럴 거야. 그리고 지난밤에 잠도 충분히 자지 못했어. 하지만 그것은 중요하지 않아, 안 그래? 어쨌든 내 마음은 공의 상태야. 허리의 이 통증도 공한 상태야. 하지만 난 이해할 수 없어. 나한테는 공의 상태처럼 보이지 않아.' 그리고 이런 중에 전혀 상관없는 생각이 떠오른다. '내가 휴대폰을 어디다 뒀지?' 혹은 어떤 기억이 떠오른다. '10년 전에 내가 누구누구에게 했던 그 바보 같은 말을 정말로 내가 했다는 것이 아직도 믿기지 않아.' 또는 어떤 충동까지 일어난다. '지금 초콜릿이 무척 당기는데.'

마음은 언제나 활동적이다. 구분하고 평가하고 그 평가에 따라 재구분한다. 그리고 새로운 구분 또는 더 세밀한 구분에 따라 재평가한다. 우리는 자주 이 모든 생각의 활동에 사로잡힌다. 그것은 마치 창문을 통해 도로에 바삐 지나다니는 자동차들을 보는 것처럼 일상적이고 자연스러워 보인다. 집 밖 거리가 특별히 분주하지 않더라도 우리는 날씨를 확인하기 위해 창밖을 내다본다. 눈이 오나? 비가 오나? 하늘에 구름이 끼었나, 아니면 맑은가? 다른 쪽 창문으로 이동할 수도 있다. 앞뜰, 뒤뜰, 한쪽 편 도로, 반대편 이웃집들을 내다보면서.

창을 통해 내다보면서 눈에 보이는 것을 정의 내리는 습관에 사로잡혀 우리는 밖을 내다보도록 해 주는 것이 창문이라는 사실을 인식하지 못한다. 마음을 바라보기 위해 마음의 방향을 돌리는 일은 오로지 바깥의 전망에만 집중하는 게 아니라 창문도 바라봐 주는 일과 같다. 그렇게 함으로써 우리는 창문과 창문을 통해 보는 것이 동시에 일어난다는 사실을 매우 서서히 알아차리기 시작한다. 예를 들어 한 방향에서 창문을 내다보면 특정한 방식으로 자동차, 구름, 비 등이 보일 것이다. 다른 쪽 방향에서 내다보면 조금 다르게 보일 것이다. 구름이 더 가까워 보이거나 어두워 보일 수도 있고, 자동차나 사람들은 더 커 보이거나 작아 보일 수도 있다.

그러나 한 걸음 뒤로 물러서서 창문 전체를 바라본다면 이 제한된 방향에서 얻어지는 시야들이 사실은 훨씬 더 넓은 풍경의 서로 다른 면들이라는 사실을 깨닫는다. 거기에 생각과 감정과 느낌들이 지나다니는 무한한 영역이 있으며, 그것들은 우리의 창문을 통해서 보이지만 창문 그 자체에는 아무 영향을 주지 않는다.

2,500년 전 붓다는 잠시 뒤로 물러서서 마음을 관찰하는 데 도움이 되는 많은 명상법들을 소개했다. 다음 장에서 우리는 스스로를 불교도라고 여기든 아니든 언제 어느 곳에서든 누구나 해 볼 수 있는 가장 기초적인 세 가지 명상법을 살펴볼 것이다. 하지만 그 전에 먼저 몇 가지 기본 안내문을 읽는 것이 도움이 될 것이다.

말 길들이기

> 마음이 고요해지려면 몸을 훈련시키지 않으면 안 된다.
> 9대 갈와 카르마파 〈마하무드라—진리의 대양〉

어렸을 때 나는 아버지와 아버지 제자들을 몰래 엿보길 좋아했는데 명상 시간이면 특히 더 그랬다. 아버지가 명상을 가르치는,

나무 기둥이 있는 작은 방은 얼마나 사람이 많든 상관없이 깊은 평화와 안정감으로 충만했다. 그 방은 자주 수행자들로 가득 찼다. 대부분의 사람들이 늘 특정한 자세로 앉아 있음을 나는 알아차렸다. 양다리를 가부좌로 교차시키고 두 손은 허벅지나 무릎 위에 내려놓고서 등은 곧게 펴고 눈은 반쯤 감고 입은 가볍게 벌린다. 산 속 동굴로 들어가 명상 흉내를 낼 적마다 나는 늘 그 자세를 모방하려고 노력했다. 어떤 방식으로 앉는 것이 왜 특별히 필요한지 이해하지도 못한 채.

하지만 정식으로 배움을 시작하면서 나는 티베트 불교의 스승과 제자 사이에서 몇 세대에 걸쳐 전해져 내려온 한 가지 비유를 듣게 되었다. 그것은 명상 수행을 말과 기수의 관계에 비유한 것이다. 여기서 '기수'는 마음이고 '말'은 몸이다. 침착한 기수가 날뛰는 말을 차분하게 만들 수도 있지만 침착한 말이 날뛰는 기수를 차분하게 만들 수도 있다.

명상을 처음 시작할 때 마음은 마치 날뛰는 기수와 같다. 때로는 안절부절못하며 생각과 감정과 신체적인 느낌들 사이를 뛰어다니고, 그래서 더러는 이 모든 뛰어다님에 질려서 둔감해지고 산만해지고 지쳐 버린다. 그렇기 때문에 특히 처음 시작할 때는 차분한 말 위에 앉는 것, 긴장을 풀고 동시에 기민하게 깨어 있는 상태인 몸자세를 취하는 것이 중요하다. 너무 긴장을 풀면 말은 그냥 멈춰서서 풀을 뜯어 먹는 데만 정신이 팔릴 것이다. 또 너무 신경을 곤두세우면 말은 주변 상황이나 기수의 기질에 따라 동요할지도 모른다. 몸의 균형을 취할 필요가 있다. 너무 긴장을 풀거나 느슨해져서도 안 되며 신경이 곤두선 채 굳어 있어도 안 된다. 말에 올라타기 전에 먼저 말을 길들일 필요가 있는 것이다.

길들이는 데는 정식으로 하는 방법과 약식으로 하는 방법이 있다. 정식 방법은 몸의 일곱 가지 자세, 혹은 '일곱 가지 요점'이라 불리는 것과 관계된 것이다. 이것은 지난 수 세기 동안 '비로자나불의 일곱 가지 중심 자세(칠지좌법七支坐法)'로 알려져 왔다. 산스크리트어인 비로자나는 '빛을 발하는 존재' 또는 '태양'으로 번역될 수 있는데 생각이나 관념이 아니라 직접적인 경험을 통해 '빛을 발하는' 우리의 능력이다.

이 좌법의 첫 번째 요점은 지금 당신이 앉아 있는 환경과 당신을 연결해 주는 견고한 기초 혹은 닻을 만들어 몸의 나머지 부분에 하나의 기준을 세우는 일이다. 가능하면 양다리를 서로 교차시켜 각각의 발을 반대편 다리 위에 편하게 올려놓는다(결가부좌). 이 자세가 불가능한 경우에는 한쪽 다리만 반대쪽 허벅지 위에 올려놓고 나머지 다리는 반대쪽 허벅지 아래에 놓는다(반가부좌). 두 자세 모두 쉽지 않다면 그냥 다리만 교차해도 된다(책상다리). 만일 바닥이나 방석 위에 다리를 교차해서 앉아 있는 것이 어렵다면 발바닥을 바닥이나 방석 위에 평평하게 두고 의자나 침대 모서리에 앉아도 된다. 다리나 발이 다른 사람들과 똑같은 자세를 취하지 못하더라도 걱정할 필요는 없다. 이 자세의 목적은 지금 이 순간 너무 뻣뻣하지도 느슨하지도 않게 있는 그대로 편안하면서도 안정된 육체적 기반을 만들기 위함이다.

두 번째 요점은 손바닥을 펴서 서로 포개어 배꼽 아래 사타구니

위에 자연스럽게 놓아두는 일이다. 두 손바닥을 위로 향하게 하여 한 손의 손등을 다른 손의 손바닥 위에 포갠다. 어느 손이 위로 가든 상관없으며 명상 중에 언제든 위치를 바꿔도 된다. 수행하는 장소가 따뜻하고 습기 있는 곳이라면 시간이 지나면서 포개진 손바닥에 열이 나고 땀이 찰 수 있다. 만일 추운 장소라면 위쪽에 있는 손이 얼얼해지고 감각이 마비될 것이다. 양 손바닥을 무릎 위에 그냥 올려놓아도 좋다. 물론 어떤 사람은 팔이 짧고 다리가 길거나 아니면 팔이 길고 다리가 짧을 수 있다. 이 두 경우에는 무릎 위에 바로 올려놓기가 어려울 것이다. 손을 무릎 위에 놓아야 하는 사람이 있는 반면 무릎 아래에 두어야 하는 사람도 있다. 두 손을 어떻게 어디에 놓든 간에 중요한 점은 편안하게 두는 것이다.

세 번째 요점은 어깨를 약간 들어 뒤로 펴면서 팔과 몸통 사이에 약간의 공간을 만드는 것이다. 많은 불교 경전들은 이 자세를 '독수리 날개를 닮도록' 어깨를 들어 올리는 것으로 묘사한다. 이 표현은 종종 어깻죽지를 귀 있는 곳까지 들어 올리는 것으로 오해하게 만든다. 사실 이 자세를 유지하기가 상당히 긴장되고 어려울 수 있다. 특히 팔이 굵고 근육이 발달해 몸통에 딱 붙는 사람의 경우는 더 그렇다. '공간이 어디 있다는 거지? 난 어떤 공간도 만들 수 없어! 아 이런, 공간을 더 만들어야 하는데!'

세 번째 요점의 핵심은 숨 쉴 기회를 만들어 주는 것이다. 문자 그대로는 숨을 들이쉬고 내쉬는 능력이고, 비유적으로는 일어나는 모든 일들을 받아들이고 놓아 주는 능력을 가리킨다. 우리는 자주 어깨를 축 늘어뜨리거나 웅크린 채로 앉고 서고 움직이는데, 그것이 폐를 허약하게 만들어 완전한 깊은 호흡을 할 수 없게 하며, 나아가 우리의 자각 능력까지도 허약하게 만들어 경험 전체를 흡수하거나 놓아 줄 수 없게 한다. 어깨를 약간 올려 똑바로 펴는 동작은 더 깊은 호흡 또는 더 많은 경험의 가능성을 열어 놓는 일이다. '안녕, 호흡! 안녕, 세상! 오늘 어떠니? 아, 지금은 사라졌구나. 하지만 네가 다시 올 거라고 확신해.'

네 번째 요점은 척추를 가능한 한 곧게 세우는 것이다. 이것은 몸의 기민한 상태를 나타내는 최상의 표현이다. '난 여기 있다! 난 깨어 있다! 난 살아 있다!' 하지만 여기서 다시 균형을 찾는 것이 중요하다. 몸이 너무 뻣뻣해져서 뒤로 기울어지는 것도 아니고 긴장이 너무 풀어져 앞으로 구부러지는 것도 아닌 자세이다. 경전들에서 말하듯이 '화살처럼 똑바르게' 되는 것이 중요하다.

다섯 번째 요점은 목과 관계가 있는데, 내가 관찰한 바로는 문화에 따라 독특한 습관이 만들어졌다. 동양 수행자들은 긴장을 하고 인상을 쓰면서 모든 것을 붙잡으려는 듯 턱을 가슴 쪽으로 힘을 주며 구부리는 경향이 있다. 그들은 마치 한 가지 생각이라도 마음을 혼란스럽게 하는 것이면 전부 물리치겠다는 '명상의 전사들'처럼 보인다. 반면에 서양 수행자들은 머리를 약간 뒤로 기울여 머리 뒤 통수를 어깨 쪽으로 받친 상태에서 고개를 젖힌 채 '나는 아주 평화롭고 편안하다! 나의 의식은 더없이 분명하고 기쁨에 넘치며 환희로 가득 차 있다!'라고 세상을 향해 선언하듯이 미소를 짓는다. 나를 포함해 티베트인들은 고개를 좌우로 흔들기 때문에 몸 전체가 좌우로 그리고 앞뒤로 흔들리는 경향이 있어서 편안한 일직선 상태를 찾아볼 수 없다. '이 자세인지 저 자세인지 난 잘 모르겠어.' 하고 말하는 듯하다.

실제 방법은 턱을 평소 익숙한 자세보다 살짝 더 목 안쪽으로 잡아당겨 목을 늘리는 것이며, 동시에 움직임의 자유를 허락하는 것이다. 이것은 머리를 목에 편히 쉬게 하는 것과 같은 느낌이다.

지금 이 순간 당신이 목을 어떻게 하고 있는지 살펴보라. 아마도 턱이 약간 위로 들려져 있을 것이다. 내가 이해한 대로라면 이것은 고개가 몸의 다른 부위보다 더 무거웠던 어린 시절에 만들어진 몸의 습관이다. 머리를 약간 뒤로 기울여 아직 덜 발달한 몸의 부위들로 머리 무게를 분산시킴으로써 신체적인 불균형을 보완하려는 전략이다. 그렇게 되면 어깨가 처지거나 구부정해진다.

우리는 어렸을 때의 이 습관을 어른이 되어서까지 유지한다. 그것은 익숙하고 나름대로 편안하다. 다만 머리를 받치는 이 익숙하고 편안한 방식이 목의 척추를 압박해 고개를 여러 방향으로 돌리는 능력을 제한한다는 사실을 깨닫지 못할 뿐이다. 척추 윗부분을 구성하는 일곱 개의 작은 목뼈는 목 아래쪽의 모든 신체 부위에서 오는 신호들을 뇌로 연결하는 신경다발을 감싸고 보호하는 역할을 한다.

불교 경전에는 머리의 이 자세를 '쇠갈고리 모양처럼' 턱을 목 쪽으로 잡아당기는 것이라고 되어 있다. 턱을 목 쪽으로 꽉 당겨 고개조차 돌릴 수 없이 마치 로봇처럼 되라는 의미가 아니라 움직임의 자유를 허락하라는 의미이다.

여섯 번째 요점은 입에 관계된 것이다. 입술과 이, 혀, 턱 전체를 말한다. 자세히 보면 우리는 입술, 이, 혀, 턱을 습관적으로 악무는 경향이 있다. "내 허락 없이는 어떤 것도 밖으로든 안으로든 통과할 수 없어!" 하고 말하는 것 같다. 그렇다고 "이제 난 평화로울 거야. 이제 난 열려 있을 거야." 하고 강제로 입을 열라는 것이 아니다. 어느 쪽이든 긴장되긴 마찬가지다. 그보다는 잠이 들기 시작할 때처럼 입을 자연스럽게 두면 된다. 약간 벌릴 수도 있고 완전히 다물 수도 있지만 어느 쪽이든 억지로 하지 말라는 것이다.

마지막 일곱 번째 요점은 두 눈에 관한 것이다. 명상이 처음인 사람들은 눈을 감아야 더 쉽게 마음이 고요해지고 안정된다는 사실을 발견한다. 두 눈을 감는 것은 처음에는 좋다. 하지만 내가 초기에 배운 것 중 하나는 두 눈을 감으면 너무 긴장이 풀려 정신이 몽롱하고 나른한 상태로 빠지기 쉽다는 것이다. 실제로 잠들어 버리는 사람도 있다. 따라서 며칠 동안 해 본 뒤에는 분명하고 기민한 상태에 있도록 눈을 뜨고 명상하는 것이 더 좋다. 그렇다고 깜박이지도 않고 계속 똑바로 응시하라는 의미가 아니다. 그렇게 하면 척추를 너무 꼿꼿이 세우려고 할 때 뒤로 기울듯이 너무 엄격해져서 반대편 극단으로 치우치는 결과가 될 것이다. 그냥 평소처럼 정상적으로 뜨고 있으라는 것이다.

더불어 한 생각에서 다른 생각으로 이동할 때 눈동자를 연신 움직이는 것은 좋지 않다. '아, 밍규르 린포체를 바라보는데 앞사람이 시야를 가리는군. 지금 문으로 걸어 들어오는 사람이 누구지? 명상하는 시간에 어디서 누가 서로 귓속말을 하는 거야? 빗방울이 창문을 때리는 건가? 고양이와 개가 오는군. 어디로 가는 거지? 배

가 고프거나 목이 마른 게 아닐까?'

하지만 하나의 초점만이 절대적으로 옳은 것인 양 집착할 필요는 없다. 때로는 콧등을 응시하듯 눈의 초점이 약간 아래쪽을 향할 수도 있다. 때로는 똑바로 앞쪽을 향할 수도 있다. 또는 약간 위쪽을 바라볼 수도 있다. 중요한 것은 하나의 초점을 선택해서 일어나는 많은 변화들에 산만해지지 않으면서 일정한 시야를 유지하는 일이다.

또한 약식으로 하는 간단한 '두 가지 중심 자세(이지좌법二支坐法)'가 있다. 운전 중이거나 일하는 중이거나 시장을 볼 때처럼 적절한 시점이 아닐 때, '일곱 가지 중심 자세'를 수행하기가 신체적으로 불가능할 때 가끔 채택하는 자세이다. 요점은 간단하다. 등을 곧게 세우고 근육의 힘을 빼는 것이다. '일곱 가지 중심 자세'처럼 이 '두 가지 중심 자세'도 편안한 상태와 바싹 긴장한 상태 사이의, 느슨하지도 굳어 있지도 않은 중간 어디쯤에서 균형을 유지하는 것이다.

'말 길들이기'를 위한 이 두 가지 접근법은 폐와 소화기관을 압박하고 신체 능력을 제한하는, 앞으로 허리를 구부리는 습관을 고치는 데 큰 도움이 된다. 또한 기수인 마음이 특정한 생각에 매달리거나 산만해져서 떠돌아다닐 때 의식이 지금 이 순간으로 되돌아오도록 돕는 신체적인 기준점이 된다. 내 개인적인 경험으로 보면 명상 도중에 가끔씩 몸을 추스르는 것도 지금 이 순간으로 돌아오는 좋은 방법이다. 근육이나 몸의 다른 부위의 긴장을 알아차리는 것은 두려움, 욕망, 그리고 '내가 아닌' 모든 것들과 구분되는

'나'에 대한 집착에서 오는 심리적 감정적 습관들에서 벗어나는 데 매우 효과가 있다.

또한 몸의 평정을 찾는 일은 산스크리트어로 프라나, 나디, 빈두라 불리는 것들 사이에서 균형을 유지하도록 도와준다. 티베트어로는 룽, 챠, 틱레이다. 프라나(룽)는 사물을 움직이게 하는 역동적인 에너지를 가리킨다. 나디(챠)는 이 에너지가 이동하는 통로들이다. 그리고 빈두(틱레)는 에너지 통로를 통해 뿜어져 돌아다니는 '방울' 혹은 '점'처럼 생긴 생명의 정수이다. 몸의 차원에서 보면 빈두는 간단히 말해 혈액세포와 비교할 수 있다. 나디는 혈액을 근육과 여러 기관으로 이동시키는 동맥, 정맥, 모세혈관들에 비교할 수 있다. 한편 프라나는 정맥, 동맥, 그리고 근육과 기관 구석구석에 퍼져 있는 모세혈관들을 통해 심장에 혈액을 펌프질 하고 다시 회수하는 일을 추진하는 힘이다. 프라나, 나디, 빈두는 모두 함께 일한다. 만일 프라나가 일관성이 없으면 나디를 통한 빈두의 운동에도 문제가 생긴다. 만일 나디가 막히거나 응고되면 프라나는 억압되고 빈두의 운동도 제한받는다. 예를 들어 아드레날린의 유입 같은 것에 의해 빈두에 이상이 생기면 쉽게 통로를 지날 수 없게 된다.

더 미묘한 차원에서 프라나, 나디, 빈두는 마음의 다양한 측면들이다. 빈두는 '나', '너', '내가 좋아하는 것', '내가 싫어하는 것'과 같은 개념들의 집합, 나디는 그 개념들 간의 연결 고리, 프라나는 그 개념들을 움직이고 흐르게 하는 에너지이다. 프라나, 나디, 빈두의 육체적 차원과 마음의 차원 사이에는 하나의 연결이 있다.

우리가 그것들의 육체적 측면에서 균형을 이루기 위해 몸자세를 갖추면 그것들 각각에 해당하는 마음의 측면들도 균형을 갖게 된다. 다시 말해, '말'을 길들이는 것은 '기수'를 길들이기 위한 신체적 토대가 되는 것이다.

기수 길들이기

밀려들었다 빠져나가는 바다의 움직임처럼 휴식하라.

잠곤 콩툴 〈창조와 완성〉

편안하게 휴식하면서도 동시에 기민한 몸자세를 갖추는 데 적용된 원리가 마음의 균형을 찾는 데에도 똑같이 적용된다. 너무 느슨하지도 않고 너무 굳어 있지도 않은 상태가 그것이다. 마음이 편안함과 기민함 중간에 자연스럽게 놓일 때 마음 본래의 능력이 저절로 발휘된다.

내가 가르칠 때 사용하는 단순한 비유는 바로 앞에 물 한 컵이 놓여 있을 경우에 갈증에 반응하는 세 가지 접근법이다. 첫 번째는 그 유리컵을 집으려고 손을 뻗으며 이렇게 말하는 것이다. "이 컵을 집어야 해. 그것을 입으로 가져가야 하고 물을 삼켜야 해. 그렇지 않으면 난 목말라서 죽을 거야. 하지만 내 손, 내 팔, 내 의지가 모두 열심히 일하는 데도 유리컵이 30센티미터나 떨어져 있어서 손에 잡히지 않으니 물을 마실 수가 없어. 그리고 설령 컵을 집는다고 해도 손이 너무 심하게 떨려 물을 입에 대기도 전에 엎질러 버릴 가능성이 커." 이것은 너무 굳어 있는 하나의 예이다. 너무 긴장한 채로 무엇인가에 도달하려고 하면 그 필사적인 노력이 오히려 목표 달성을 가로막는다.

다음으로는 손을 거의 내밀지 않는 반대편 극단을 보여 준다. 당신은 귀찮다는 듯 말한다. "물을 마시고는 싶은데 손을 뻗어 유리컵을 집을 마음이 없어. 컵이 너무 멀리 떨어져 있고 너무 많은 수고가 필요해. 좀 있다 마셔야지. 오늘 밤쯤 아니면 나중에." 이것은 너무 느슨해진 경우이다. 무엇인가에 도달할 마음이 없다. 그냥 너무 힘들어 보이기 때문이다.

마지막으로 중도의 자세가 있다. "물 한 컵이 있군. 그냥 손에 힘을 빼고 움직여서 컵을 집어서 마시자."

신체적인 자세의 경우처럼 마음의 중심 자세는 균형을 발견하는 일이다. 마음이 너무 굳어 있거나 너무 집중하면 마침내는 자신이 좋은 명상 수행자인지 아닌지 불안해하게 된다. '마음을 바라봐야 해. 창문 전체를 볼 수 있어야 해. 만일 성공하지 못하면 나는 실패자야.' 한편 마음이 너무 느슨해져 있으면 당신은 주의가 산만해지거나 나른함에 빠질 것이다. '명상을 하긴 해야 하는데 시간이 너무 많이 걸려. 아, 그래. 여기 생각이 있고 감정이 있고 기분이 있어. 그런데 내가 왜 상관해야 하지? 그것들은 다시 몰려올 텐데.'

이 두 극단 사이에 이상적인 접근법이 자리하고 있다. '음, 여기 생각이 있군. 여기 감정이 있군. 여기 기분이 있군. 어, 이제는 사라졌어. 어, 지금은 다시 생겼네. 어, 지금 다시 사라졌어. 지금은

다시 돌아왔군.'

이 나타남과 사라짐을 아이들이 구름을 바라볼 때 하듯이 하나의 놀이처럼 다룰 수가 있다. "뭐가 보이니?" 한 아이가 소리친다. "난 용이 보여." 다른 아이들도 자신의 느낌을 하나씩 말한다. "난 말이 보여." "난 새가 보여." "난 아무것도 안 보여. 그냥 구름만 보여."

특히 처음에는 그 '놀이'를 짧게 끝내는 것이 중요하다. 불교 경전에 따르면 음식 한 입을 삼키는 시간만큼만, 차 한 모금을 마시는 시간만큼만, 혹은 방에서 두세 걸음 걷는 시간만큼만 하는 것이 좋다. 물론 접시에 음식이 하나 가득 있고 찻잔에 여러 모금의 차가 들어 있고 방에 여러 걸음을 거닐 수 있는 공간이 있듯이 이 짧은 놀이를 하루에 여러 번 반복할 수 있다.

이 방식대로 해 나가면 명상은 '당신에게 좋은' 것이기 때문에 해야 할 일이라기보다는 일상생활의 일부가 된다. 시간이 가면 더 오랜 시간 명상하는 것이 쉬워질 것이고 의무가 아닌 즐거운 마음으로 다음 장에서 설명하는 세 가지의 기본 명상을 기대하게 될 것이다.

7

마음을 바라보기 위해 마음을 이용하기

반대쪽 산을 보려면 이쪽 산에서 봐야 한다.

두숨 켄파 '〈마하무드라―진리의 대양〉에서의 인용'

마음은 그 자체로 내버려 두면 언제나 이 나뭇가지에서 저 나뭇가지로 이동하는 한 마리 새와 같다. 새는 나무에서 땅 아래로 휙 하고 날아왔다가 다시 다른 나무로 날아가면서 안절부절못한다. 이 비유에서 나뭇가지, 땅, 다른 나무는 생각과 감정뿐 아니라 오감을 통해 전달받는 끊임없는 요구들을 가리킨다. 그것들 모두가 매우 흥미 있고 매력적으로 보인다. 우리 내부와 외부에서는 항상 무엇인가가 진행되고 있기 때문에 안절부절못하는 불쌍한 새가 한곳에 자리 잡기란 매우 힘든 일이다. 그러니 내가 만난 많은 사람들이 거의 언제나 스트레스를 받고 있다고 불평하는 것은 그리 놀라운 일이 아니다! 우리의 감각기관은 너무 많은 짐을 짊어지고 있으며 생각과 감정들은 어서 자신들을 알아 달라고 요구한다. 이 분주한 날아다님 때문에 편안히 집중하기가 매우 어렵다.

　어렸을 때 내가 소개받은 첫 번째 기본 명상은 대부분의 스승들이 처음 수행을 시작한 제자들에게 가르치는 것이다. 이것은 그 작은 새를 한곳에 가만히 앉아 있도록 하기 위한 것이다. 산스크리트어로 이 수행은 사마타라고 알려져 있고 티베트어로는 시네라고 한다. '사마'와 '시'는 여러 가지로 이해될 수 있는데 '평화', '휴식'의 의미이다. 또는 심리적, 감정적, 감각적 흥분을 '가라앉히다'라는 의미가 포함되어 있다. 아마도 현대어에서 비슷한 단어를 찾는다면 '냉정 되찾기'가 될 것이다. 산스크리트어 '타'는 티베트어 '네'와 마찬가지로 '머물다', '묵다'의 의미이다. 다시 말해, 사마타나 시네는 작은 새를 잠시 한 나뭇가지에 가만히 앉아 있게 하는 '멈춤 상태止' 혹은 '냉정해진 상태'를 의미한다. 마음을 한곳에 집중해 고요하게 하는 것이다.

　우리들 대부분은 무엇인가를 보고 들을 때나 생각과 감정을 느낄 때 어떤 식으로든 판단을 한다. 이 판단은 주로 세 가지 기본적인 범주 혹은 나뭇가지에 속한다. '내가 좋아하는' 나뭇가지, '내가 좋아하지 않는' 나뭇가지, '아직 잘 모르는' 나뭇가지.

　또 이 나뭇가지들은 각각 더 작은 나뭇가지들로 펼쳐진다. '좋은' 나뭇가지와 '나쁜' 나뭇가지, '즐거운' 나뭇가지와 '불쾌한' 나뭇가지, '나는 이것을 좋아해. 왜냐하면……'의 나뭇가지와 '나는 이것을 좋아하지 않아. 왜냐하면……'의 나뭇가지, '좋을 수도 나쁠 수도 있고, 즐거울 수도 불쾌할 수도 있는' 나뭇가지, '좋지도 나쁘지도 않고, 즐겁지도 불쾌하지도 않은' 나뭇가지……. 매번 어떤 나뭇가지에라도 해당되기 때문에 작은 새는 그것들에 유혹되어 하나하나를 살피며 이 가지에서 저 가지로 날아다닌다.

사마타 혹은 시네 명상은 우리의 판단과 의견들을 내려놓고, 어떤 나뭇가지에 앉아 있든 간에 그곳에서 보이는 것을 다만 바라보고 거기에 주의를 기울이는 것을 말한다. 아마도 화면에 나뭇가지들과 나뭇잎들이 보일 것이다. 하지만 더 잘 보려고 이 나뭇가지에서 저 나뭇가지로 날아다니는 대신 각각의 나뭇가지나 잎들을 다만 바라보며 그것들의 모양과 색깔에 주의를 기울이는 것이다. 하나의 나뭇가지 위에서 휴식하라. 이런 방식으로 경험을 주시하는 것은 단순히 바라보는 일과 그것에 우리의 판단과 의견을 섞는 일을 구별하게 해 준다.

이 명상은 우리가 나날의 삶에서 마주치는 힘겨운 감정들과 다양한 문제들에 접근하는 방식에 있어서 깊은 의미를 지닌다. 대부분의 경우 우리의 경험은 우리가 앉아 있는 나뭇가지와 시야를 가리는 나뭇가지들에 의해 좌우된다. 하지만 경험을 직접 바라본다면 나뭇가지와 잎사귀를 있는 그대로 보게 될 것이고, 우리의 의견과 판단들까지 있는 그대로 보게 될 것이다. 그것들 모두가 뒤섞여 버리는 것이 아니라 각각은 다만 경험의 여러 측면들일 뿐이다. 자각하기 위해 멈춘 그 순간에 우리는 새로운 가능성의 문 안으로 들어가게 된다. 습관적인 생각과 감정, 그리고 신체적인 느낌에 대한 습관적인 반응을 뛰어넘을 뿐 아니라 각각의 것들에 대해 일어나는 그대로 신선하게 반응할 수 있게 된다.

이 단순한 자각이 바로 우리의 참본성이 지닌 투명함의 표현이다. 우리가 보고 있는 것을 보고 인식하는 능력이다. 단, 어떤 개념도 덧붙이지 않고 우리의 시야를 가리지도 않으면서. 그때 우리는 '내가 좋아하는', '내가 좋아하지 않는' 등의 생각들이 실제의 나뭇가지, 잎, 꽃들과 별개의 것임을 알아차릴 수 있다. 참본성의 투명함은 무한하기 때문에 이 서로 다른 것들을 한데 섞지 않으면서 동시에 유지할 수 있다. 실제로 참본성의 투명함은 언제나 기능하고 있으며, 심지어 의식적으로 그것에 주목하지 않을 때도 기능한다. 예를 들어 배고프고 피곤하다는 것을 자각할 때도, 교통 체증을 알아차릴 때도, 고춧가루와 치즈를 구별할 때도. 참본성의 투명함이 없다면 우리는 어떤 것도 생각하고 느끼고 지각할 수 없다. 사마타 혹은 시네 명상은 우리가 가진 본래의 투명함을 더 많이 사용하도록 돕는다.

　사마타 혹은 시네 명상에 접근하는 많은 길이 있다. 지난 몇 년간 내가 만난 많은 사람들은 단계적인 지도를 요청했다. 그들은 묻는다.

　"처음에 무엇을 해야 하죠? 다음 단계로는 무엇을 해야 하나요?"

　이제부터 각각의 기본 명상의 단계적인 접근법을 알아보자.

대상 없는 주시

　가장 기본적인 주시는 '대상 없는 주시'라고 할 수 있다. 어떤 특정한 장면이나 경험에 초점을 맞추는 것이 아니라 단지 넓은 범위의 풍경을 바라보면서 경이로워하는 것이다. 최근 브라질의 리우데자네이루를 여행하는 동안 나는 숙소 근처 밀림이 우거진 산으로 운동 삼아 종종 등산을 가곤 했다. 그곳에는 다양한 형태의 열매를 매단 식물과 나무들이 가득했다. 산을 절반쯤 올라갔을 때 나는 열기와 습기, 높은 고도, 더없이 다양한 식물과 나무와 열매들에 압도되어 지쳐 있었다. 하지만 곳곳에 나무로 만든 의자와 벤치가 놓여 있었다. 나는 그 의자들에 앉아 지친 몸을 달래며 그저 풍경을 자각하면서 휴식을 취했다.

  이 열린 휴식과 순수 자각을 경험하기 위해 리우데자네이루의 언덕을 오를 필요까지는 없다. 잔뜩 쌓인 설거지를 마친 뒤에도 그것을 경험할 수 있다. 설거지를 끝냈을 때 당신은 크게 심호흡을 하며 의자에 앉는다. 몸은 지쳐 있지만 마음은 심호흡을 하는 지금 이 순간에 몰입해, 평화롭고 완전히 열려 있고 온전히 휴식한다. 아이들이 다른 방에서 시끄럽게 장난치거나 혹은 당신이 텔레비전을 보고 있을 수도 있다. 계속해서 변하는 화면들과 중간에 끼어드는 광고들을 지켜보면서. 하지만 어느 것도 당신의 심호흡과 휴식을 방해하지 못한다. 생각과 감정과 신체적인 느낌들이 일어났다가 사라질 수 있지만 당신은 심호흡을 하면서 휴식하고 단순히 현재의 순간에 열려 있으면서 그 모든 것들을 가볍고 부드럽게 주시한다. 설거지를 하거나 남미의 밀림을 기어오르는 일은 이미 과거이며 과거는 끝이 났다. 설거지를 또 하거나 밀림을 다시 오르는 일은 미래의 일이며 아직 오지 않았다. 바로 여기, 지금 이 순간에는 다만 현재의 심호흡이 있을 뿐이다.

 이것이 대상 없는 주시 상태에서 마음을 휴식하는 방법이다. 마치 분량이 많고 힘든 일을 방금 끝낸 것처럼 다만 모든 것을 내려놓고 긴장을 푸는 것이다. 일어나는 생각과 감정과 신체적인 느낌이 무엇이든 그것을 저지할 필요도 없고 또한 뒤쫓을 필요도 없다. 심호흡을 하는 지금 이 순간에 다만 편히 휴식하는 것이다. 생각, 감정, 신체적인 느낌이 일어나면 그냥 그것들을 자각하기만 하면 된다.

 그렇다고 마음을 환상과 기억과 망상들 사이로 정처 없이 떠돌아다니게 두는 것이 대상 없는 주시의 의미가 아니다. 어떤 것에 특정하게 고정되어 있지는 않지만 그럼에도 자각은 여전히 존재하며, 당신은 지금 이 순간에 일어나고 있는 것들을 자각하고 그것들에 깨어 있다. 얼마 전 미국 콜로라도의 덴버 국제공항에 잠시 머물렀던 적이 있다. 덴버 공항은 여러 개의 큰 터미널을 가진 대형 복합건물이다. 머리 위의 트랙을 타고 수많은 셔틀 객차들이 각 터미널의 여러 장소로 사람들을 실어 나르고 있었다. 난 의자에 앉아서 객차들이 앞뒤로 오가는 것을 지켜보았다. 그것들이 내 자각 속을 통과하는 것을 단순히 지켜보는 일에 만족하면서. 다음과 같은 의문을 가지고 자리에서 일어나 각각의 객차들 뒤를 일일이 쫓아다닐 필요는 없었다. '저것이 어디로 가는 거지? 어디서 오는 거지? 출발지점에서 종착지점까지 얼마나 걸리지?' 나는 단지 객차들이 지나다니는 것을 지켜보았을 뿐이다.

 이 대상 없는 주시 차원에서 명상할 때 우리는 실제로 생각과 감정과 몸의 감각들의 출몰에 전혀 영향 받지 않는 자연스런 투명함 속에서 마음을 편히 쉬게 된다. 이 자연스런 투명함은 공간이 언제나 존재하는 것과 마찬가지로 우리 안에 늘 존재한다. 어떤 의미에서 대상 없는 주시는 우리 앞에 있는 나뭇가지와 잎들을 자각하면서 동시에 그것들을 볼 수 있게 하는 공간을 인식하는 것과 같다. 나뭇가지와 잎들이 공간 속에서 움직이고 흔들리듯이 생각과 감정과 기분들이 순수 자각 안에서 움직이고 흔들린다. 공간 속을 지나다니는 물체들로써 공간을 정의 내리지 않듯이 생각과 감정과 신체적인 느낌들을 가지고 순수 자각을 정의하거나 한정 지을 수는 없다. 순수 자각은 단순히 '있음' 그것이다.

　대상 없는 주시는 '공간(순수 자각)'을 배경으로, 또는 '공간' 안에서 출현하는 생각과 감정과 신체적인 느낌 등을 단순히 관찰하면서 이 '있음'의 상태에 자리 잡는 것이다. 어떤 사람들은 이 명상이 설거지를 마치고 의자에 앉는 것만큼 쉽다는 것을 발견한다. 반면에 어떤 이들은 좀 어렵게 받아들인다. 내가 그랬다. 아버지를 비롯한 나의 스승님들이 대상 없는 주시를 설명해 줄 때마다 나는 어리둥절하고 약간 화가 나기까지 했다. 나는 좀처럼 이해할 수 없었다. 마치 영화를 보는 것처럼, 혹은 많은 불교 경전들이 비유하듯이 '연못에 비친 달'처럼 단지 바라보기만 하는 것이 어떻게 가능하다는 것인지. 마음이 몹시 불안할 때는 나의 생각과 감정과 신체적인 느낌들이 결코 '연못에 비친 달'처럼 여겨지지 않았다. 무서울 만큼 요지부동의 실제로만 느껴졌다. 그러나 다행히도 순수 자각 상태로 우리를 안내하는 또 다른 단계들이 있다.

형태 명상

　육체를 가진 존재인 까닭에 우리가 하는 경험 대부분은 시각, 청각, 후각, 미각, 촉각의 오감 중 하나둘은 반드시 통과한다. 하지만 이 다섯 가지 감각 기능, 혹은 불교 경전의 표현처럼 '감각식感覺識'은 단지 감각적인 지각만을 기록할 수 있기에 불교과학에서는 여섯 번째 감각인 마음의 의식을 하나 더 덧붙였다. 이 여섯 번째 감각 혹은 여섯 번째 식識을 미래를 보는 능력이나 카드 뒷장을 알아맞히는 것 같은 초감각적 지각ESP과 혼동해서는 안 된다. 그것은 신경과학자들이 설명하듯이 감각기관을 통해 받은 정보를 정리해서 개념화하고 이미지화하는 능력, 다시 말해 보는 것과 듣는 것, 즐겁고 고통스러운 감각들을 자각하는 기능에 더 가깝다.
　마음의 의식은 앞에서 말한 것처럼 나뭇가지들 사이를 옮겨 다니며 여기저기 기웃거리는 안절부절못하는 새와 같다. 그 새는 나뭇가지들로부터 받는 정보를 파악하려 애쓰고 어떻게든 반응하려고 한다. 옆을 지나는 사람들은 나뭇가지마다 각각 다른 새들이 날아다닌다고 생각할지도 모른다. 하지만 실제로는 오직 한 마리뿐이다. 잠시도 가만 있지 못하는 훈련받지 않은 마음의 의식이다. 하지만 마음 안의 새로 하여금 한두 가지의 감각에 주의를 집중시킴으로써 잠시 가만히 있도록 가르치는 일은 가능하다.
　어떻게 그렇게 하는가?
　평범한 경험 상태에서 마음은 감각기관으로부터 받는 정보들에 고정되는 경향이 있다. 하지만 우리가 오감들로부터 받는 정보들은 대개 정신 산만의 원천이다. 우리는 육체를 가진 존재인 만큼 만일 감각으로부터 완전히 분리되려고 하거나 감각을 통해 전달되는 정보를 막아 버린다면 필연적으로 부질없는 일이 될 수밖에 없다. 더 실질적인 접근은 이 정보들과 친구가 되어 마음을 고요하게 하는 수단으로 이용하는 일이다.

내가 배운 바로는 이러한 사귐은 대상의 시각적인 측면에 집중할 때 가장 쉽게 이루어진다. 예를 들어 장미의 경우 그것의 형태와 색을 주시하는 일이다. '좋은 장미', '나쁜 장미', '내가 모르는 장미'처럼 장미에 대해 우리가 생각하고 느끼는 바는 중요하지 않다. 장미를 단지 있는 그대로 바라본다면 바라보는 경험 자체로부터 우리의 의견을 분리시킬 수 있다. 우리의 의견은 그 자체로는 좋거나 나쁘거나 혼란스런 것이 아니다. 하지만 우리가 그것들을 대상과 섞어 버릴 때 우리의 마음은 산만해진다. 우리는 궁금해하기 시작한다. '이것은 좋은 장미인가, 나쁜 장미인가? 내가 마지막으로 장미를 본 것이 언제였지?' 잠시도 가만히 있지 못하는 새는 그 장미를 이해하려고 애쓰면서 나뭇가지에서 나뭇가지로 날아다닌다. 하지만 장미 자체는 이해해야 할 대상이 아니라 다만 바라보아야 하는 대상이다.

마음을 휴식하는 수단으로 시각을 이용하는 것을 기술적으로 '형태 명상'이라고 부른다. 약간 거창하게 들리는데, 그렇지 않은가? 매우 엄격하고 까다로울 것 같지만 실제로는 형태 명상은 아주 간단하다. 사실 우리는 텔레비전을 보거나 싱크대에 가득 쌓인 설거지할 그릇들을 보면서, 혹은 식료품가게에서 앞줄에 선 사람을 보면서 날마다 무의식적으로 이 명상을 하고 있다. 단지 형태 명상은 이 무의식의 과정을 활동적인 자각의 차원으로 이끌어 올리는 일일 뿐이다. 특정 대상을 가만히 주시하는 것만으로도 안절부절못하던 새는 한 나뭇가지에 정착한다.

장미, 텔레비전 화면, 식료품가게 계산대의 앞줄에 선 사람 등 당신이 바라보기로 선택한 대상이 무엇이든 그 대상은 아마도 두 가지 특징, 즉 형태와 색을 가지고 있을 것이다. 둘 중 당신이 더 좋아하는 쪽에 집중하면 된다. 어느 쪽에 집중하든 관계가 없다. 어떤 이는 형태에, 또 어떤 이는 색에 더 이끌릴 것이다. 문제는 그 대상의 형태나 색을 주시할 때 그 형태와 색을 겨우 인식할 정도까지만 자각을 개입시키라는 것이다. 너무 골똘하게 집중해서 대상을 세밀한 부분까지 다 파악할 필요는 없다. 만일 그렇게 하면 긴장을 하게 되는데, 사실 형태 명상의 핵심은 편히 휴식하기 위한 것이다. 자신이 바라보고 있는 대상을 자각할 수 있을 정도로만 주시하면서 느슨한 집중을 유지한다. 그 시각적인 대상은 단지 마음이 한곳에 자리 잡도록 하는 기준점 역할을 할 뿐이다. 작은 새가 잠시만이라도 나뭇가지에서 나뭇가지로 날아다니기를 멈추고 그냥 한곳에 앉아 쉬도록 하는 단서인 것이다.

어떻게 하면 이 방편을 실제 수행으로 옮기는가?

먼저 자신의 환경에 맞게 어떤 자세이든 가장 편리하고 편안한 자세를 취한다. 그다음에는 잠시 대상 없는 주시 상태에서 마음을 휴식한다. 일어나는 모든 생각과 감정과 신체적인 느낌들을 다만 지켜본다. 그런 다음 바라볼 대상을 선택한다. 누군가의 머리 색,

혹은 머리 모양, 아니면 장미, 복숭아, 노트북 컴퓨터 등 어느 것이든 좋다. 대상을 선택해 그것의 형태와 색에 주목하면서 그것에 주의를 기울인다. 일부러 뚫어져라 볼 필요도 없고 눈이 깜박여지면 그냥 깜박인다. 사실 깜박이지 않으면 쉽게 건조해져서 눈이 아리고 당신이 바라보고 있는 대상도 아리게 느껴질 것이다. 이런 식으로 몇 분간 누군가를 혹은 무엇인가를 바라본 다음 다시 대상 없는 주시 상태로 돌아가 마음을 휴식한다. 그리고 다시금 대상으로 돌아가 잠시 집중을 하고, 그다음 또다시 마음을 편히 쉬게 한다.

마음을 쉬게 하는 방편으로 시각적 대상을 이용하는 명상을 할 때마다 아버지에게서 배운 초기의 가르침이 떠오른다. 대상에 바탕을 둔 주시와 대상 없는 주시를 번갈아 할 경우 얻어지는 큰 이점이 있다. 하나의 대상에 마음을 집중할 때 당신은 그것을 자신과 분리된 별개의 것으로 본다. 하지만 순수 주시 상태에서 단순히 마음을 내려놓고 휴식을 취할 때는 우리가 무엇을 보든 또 어떻게 보든 그것은 생각과 기억, 그리고 감각기관들에 의해 조건 지워진 한계들이 만들어 내는 하나의 이미지임을 깨닫기 시작한다. 다시 말해서, 보이는 것과 그것을 보는 마음 사이에는 아무 차이가 없는 것이다.

소리 명상

소리 명상은 시각 대신 청각 기능이 작용한다는 점을 제외하고는 형태 명상과 거의 비슷하다. 두 가지 중심 자세(이지좌법)나 일곱 가지 중심 자세(칠지좌법)로 편한 몸자세를 취해 '말 길들이기'를 시작한다. 그런 다음 대상 없는 주시 상태에서 휴식하면서 '기수 길들이기'를 한다. 어떤 특정한 것에 매달림 없이 지금 이 순간 일어나는 일들을 자각하는 것이다. 그다음에는 서서히 자신의 심장 소리나 숨소리 등 가까이서 들리는 소리에 주의를 기울인다. 다른 대안으로는 창문을 두드리는 빗방울 소리, 이웃집에서 들리는 텔레비전 소리나 음악 소리, 지나가는 비행기 굉음, 심지어 밖에서 쉼 없이 움직이는 새들의 지저귐에 초점을 맞출 수도 있다.

무슨 소리인지 확인할 필요도 없고 특정한 소리에만 채널을 맞출 필요도 없다. 사실 들리는 소리 전부를 자각하는 것이 더 쉽다. 핵심은 소리가 귀를 자극하는 그대로, 소리에 대한 단순하고 순수한 자각을 유지하는 일이다. 시각적인 대상과 마찬가지로 소리는 마음을 휴식하도록 하는 하나의 초점 역할을 할 뿐이다.

형태 명상을 할 때처럼 아마도 당신은 단지 몇 초 동안만 주위에서 들리는 소리에 집중할 수 있을 뿐 금방 마음이 배회하기 시작한다. 그것은 전혀 이상한 일이 아니며 사실상 아주 좋은 것이다! 그 배회는 마치 좌선용 방석에서 미끄러지는 것처럼 당신이 너무 느슨해졌다는, 긴장이 너무 풀렸다는 신호이다. 말이 기수를 태우고 도망쳤거나, 아니면 기수가 말을 두고 달아난 것이다. 마음이 배회하고 있음을 발견하면 단지 주의를 소리로 되돌려 다시금 소리에 집중하면 된다. 소리에 주의를 기울이는 일과 열린 명상 상태에서 마음을 단지 편안히 휴식하는 일을 반복한다.

소리 명상의 이점 중 하나는 귀에 들리는 다양한 소리들에 의미를 부여하는 습관으로부터 서서히 벗어날 수 있다는 점이다. 이 수행을 통해 우리는 소리의 내용에 굳이 감정적으로 반응하지 않고 듣는 법을 익힐 수 있다. 단순히 소리를 소리로서 순수하게 듣는 일에 익숙해지면 화를 내거나 방어적 자세 없이 남의 비난을 듣고, 우쭐대거나 흥분함 없이 칭찬을 들을 수 있다.

세랍 링 수도원의 큰 행사에 참여한 한 젊은 사람이 어느 날 나를 찾아와서 소리로 인해 겪고 있는 문제를 털어놓았다.

"나는 소리에 매우 민감합니다. 그래서 명상을 하려면 평화와 고요가 필요합니다. 그런데 창문을 닫고 귀마개를 사용해 보았지만 여전히 소리가 새어 들어와 집중에 방해가 됩니다. 특히 밤에는 개들이 전부 짖어 대어 더욱 어렵습니다."

수도원 주변에는 주인 없는 개들이 많은데 밤이면 사정없이 짖어 대고 서로 싸우면서 침입견들로부터 자신들을 방어한다.

그는 말을 이었다.

"도저히 잠을 잘 수가 없어요. 아까 말씀드린 것처럼 나는 소리에 극히 민감하기 때문입니다. 오늘의 단체 수행에 정말 참여하고 싶지만 잠을 한숨도 못 잤습니다. 어떻게 해야만 하죠?"

나는 그에게 마음을 집중시키고 차분하게 만드는 수단으로 소리를 이용하는 소리 명상을 가르쳐 주었다. 하지만 다음 날 그가 내 방으로 다시 찾아와서 말했다.

"당신의 가르침은 조금은 도움이 되었지만 많이는 아닙니다. 개들이 나를 밤새 뜬눈으로 지새우게 했습니다. 설명한 것처럼 나는 정말 소리에 민감하거든요."

나는 그에게 말했다.

"글쎄요, 내가 할 수 있는 게 많지 않군요. 거리의 개들을 모조리 없앨 수도 없고, 당신의 소리에 대한 예민함을 고쳐 줄 수도 없으니 말입니다."

그 순간, 푸자 의식을 알리는 종이 울렸다. 이것은 다른 종교들에서 행하는 의식과 비슷한 일종의 집단 예배 의식이다. 티베트 예불 의식은 북, 나팔, 심벌즈와 함께 종종 집단 염불이 동반된다. 어렸을 때 나를 불안과 공황 상태에 몰아넣곤 하던 공포의 불협화음이다. 하지만 내가 법당을 둘러보는데 지금까지 소리에 그토록 예민하다던 그 친구가 뒤쪽에 가부좌를 하고 앉아 몸을 앞쪽으로 숙이고 있었다. 푸자 의식 중 가장 시끄럽고 요란한 때에 그는 어느새 잠에 곯아떨어져 있었다.

의식이 끝난 후 우리는 사원 밖으로 나오는 문에서 마주쳤다. 나는 그에게 그토록 시끄럽고 혼란스런 상황에서 잠을 자는 게 어떻게 가능하느냐고 물었다.

그는 잠시 생각을 한 뒤 대답했다.

"내가 소리에 저항하지 않았기 때문인 것 같습니다. 그 소리들은 단지 푸자의 일부이니까요."

나는 다르게 말했다.

"아마도 며칠 밤잠을 못 자서 피곤하니까 그랬겠죠."

그는 대답했다.

"아닙니다. 소리에 대한 나의 예민함은 나 자신이 스스로에게 계속해서 들려줘 온 이야기일 뿐이라는 사실을 깨닫게 되었어요.

그것은 아마 어렸을 때부터 내 머리에 박힌 생각일 거예요."

내가 물었다.

"그럼 오늘 밤 어떻게 할 건가요?"

그는 미소를 지었다.

"이젠 개 짖는 소리가 들리면 개들의 푸자 의식인 양 듣게 될 것 같아요."

다음 날 그가 내 방으로 찾아와 자신이 갓난아기처럼 잠을 잘 잤다고 자랑스럽게 이야기했다. 그는 말했다.

"나 자신이 소리에 매우 예민하다는 생각에 대한 집착이 사라진 것 같습니다."

나는 이 이야기를 좋아한다. 중요한 원리를 예시해 주기 때문이다. 우리는 감각작용에 저항하면 할수록 그것들에 방해받는다. 이 젊은 남자는 수행을 얼마 동안 하고 나서 우리가 듣는 소리들은 우리의 청각 능력을 축하하는 우주의 푸자 음악 같은 것임을 발견한 것이다.

감각 명상

만일 당신이 지금 이 책을 읽고 있다면 당신은 살아 있을 가능성이, 말하자면 육체를 가지고 있을 가능성이 크다. 어떤 차원에서는 우리는 육체를 일종의 한계로 여기는 경향이 있다. 신체적 욕구와 요구에 얽매임 없이, 무지와 욕망과 혐오감에 휘둘림 없이 자유롭게 그냥 떠다닐 수 있다면 멋지지 않을까? 하지만 육체 속에 사는 것은 외면상 불행해 보이는 축복이며 자각의 가능성들을 발견할 수 있는 풍부한 토대이다.

그 가능성들에 다가가는 한 가지 길은 신체적인 감각에 주의를 집중하는 것으로, 가장 단순한 것은 자신의 호흡을 관찰하는 일이다. 당신은 그저 숨을 들이쉬고 내쉬는 단순한 동작에 가볍게 주의를 집중하기만 하면 된다. 콧구멍을 통과하는 공기의 이동과 폐를 가득 채웠다가 빠져나가는 공기의 감촉에 집중하는 일이다.

호흡에 집중하는 것은 특히 스트레스를 받고 있거나 마음이 산만할 때 도움이 된다. 호흡에 집중하는 단순한 행위가 마음을 고요하고 깨어 있는 상태로 만들어 당신이 지금 직면하고 있는 문제들에서 한 걸음 뒤로 물러나 좀 더 차분하고 객관적으로 반응할 수 있게 한다. 만일 당신이 어떤 상황이나 사건, 너무도 생생한 기억, 혹은 강렬한 감정에 압도당한다면 호흡이라는 단순한 신체감각에 주의를 집중하라. 당신이 명상 중이라는 걸 어느 누구도 알아차리지 못할 것이다. 아마도 사람들은 당신이 숨을 쉬고 있다는 사실에 전혀 신경조차 쓰지 않을 것이다.

마음을 가라앉히기 위한 집중의 대상으로 호흡 시의 신체감각을 이용하는 더 본격적인 방법이 있다. 이것은 내가 초기에 수행할 때, 특히 공포와 불안이 나를 압도하려고 위협할 때 매우 효과가 있었다. 일곱 가지 중심 자세로든 아니면 두 가지 중심 자세로든 단순히 들숨과 날숨의 횟수를 세는 것이다. 첫 번째 들숨과 날숨이 '하나', 그다음 들숨과 날숨이 '둘'……. 이렇게 '스물하나'가 될 때까지 계속한다. 그러고 나서 이 과정을 '하나'에서부터 다시 시작한다.

　호흡을 집중의 대상으로 이용하는 이 방법을 다른 신체 경험들로도 넓혀 갈 수 있다. 지난 여러 해 동안 내가 만난 많은 사람들은 사고나 만성질환으로 끊임없이 신체적 통증을 겪으며 살고 있었다. 그 통증은 당연히 그 이외의 것에 집중하는 일을 불가능하게 만든다. 하지만 통증 자체를 하나의 주시 대상으로 삼을 수 있으며, 이는 통증을 마음의 표현으로 볼 수 있게 하는 더 넓은 자각으로 이끌어 준다.

　나는 아버지의 죽음을 지켜보면서 이 잠재 능력을 눈으로 확인할 수 있었다. 통증은 아버지가 도움 없이는 스스로 대소변을 볼 수 없을 정도까지 몸을 망가뜨려 놓았다. 그러나 아버지는 통증이 느껴지는 매 순간을 하나의 계시로서, 자각의 대상으로서 다가갔으며 그 결과 더 편안하고 안정된 마음을 유지할 수 있었다. 심지어 마지막 순간까지도 아버지는 팔다리가 기능을 잃고 폐출혈이 일어나고 심장박동이 멈추는 모든 과정을 어린아이 같은 신기함으로 바라보면서 마치 "이 경험들은 좋은 것도 나쁜 것도 아니다. 이것들은 단지 지금 이 순간에 일어나고 있는 일일 뿐이다."라고 말하는 듯했다. 죽음이라는 극단적 상황에서도 아버지는 몸에서 일어나는 일이 무엇이든 그것을 마음을 휴식하는 기회로 삼았다.

　아버지는 운 좋게도 마음을 휴식하는 대상으로 신체감각을 이용하는 많은 수행을 해 왔다. 아버지의 임종 모습을 지켜보면서 나는 아버지가 나에게 주었던 초기의 가르침이 떠올랐다. 마음을 휴식하는 토대로 몸의 감각을 이용하는 것이었다. 다시 말해, 신체감각에 의존하되 그것을 적이나 위협으로 여기는 것이 아니라 오히려 깨어 있음을 자각하는 기회로 삼는 것이다.

다른 주시 명상과 마찬가지로 이 역시 안정된 자세로 앉아 대상 없는 주시 상태에서 잠시 휴식하는 것으로 시작하는 것이 가장 좋다. 그런 다음 몸의 특정 부위, 예를 들어 목, 무릎, 손, 이마 등의 신체감각으로 부드럽게 주의를 돌린다. 어느 부위의 감각이든 이미 분명한 것인데도 우리는 일반적으로 그것을 피하고 저항하며 우리의 경험을 제한하는 조건으로 여기는 경향이 있다. 그렇게 하는 대신 천천히 그 신체 부위에 주의를 기울인다.

아마 약간의 찌릿찌릿함이나 온기 또는 어떤 압력을 느낄 것이다. 느껴지는 것이 무엇이든 1, 2분 동안 그것을 다만 자각하라. 단지 그것을 알아차리되 좋고 나쁨과 유쾌함과 불쾌함으로 평가하지 말고 그 신체감각에 부드럽게 주의를 기울인다. 그것은 있는 그대로의 감각일 뿐이다. 이런 방식으로 신체감각을 살펴봄으로써 우리는 서서히 깨닫기 시작한다. 신체감각에 대한 우리의 의견과 판단들은 감각 그 자체의 순수한 자각에 덧보태진 요소들, 즉 우리의 해석이라는 것을. 잠시 후 신체감각에서 잠시 주의를 거두고 마음을 있는 그대로 휴식한다. 그런 다음 다시 신체감각으로 주의를 가져간다.

신체 한 부위의 감각에 잠시 주의를 집중하고 난 다음에는 또 다른 부위로 옮겨 간다. 이런 식으로 확대시켜 나가 몸 전체 구석구석에 부드럽게 주의를 기울인다. 나는 종종 이 과정을 '스캔 명상'이라고 부르곤 하는데, 마치 몸 전체를 스캔하는 MRI와 fMRI 기계 위에 누워 있는 기분이 들기 때문이다. 하지만 이 경우에 스캐너는 외부에 있는 기계가 아니라 당신 자신의 마음, 당신 자신의 자각이다.

처음 신체감각 차원에서 주시 명상을 시작할 때 나는 다음의 사실을 발견했다. 내가 어떤 감각을 피하려고 애쓰면 애쓸수록 그것이 나에게 영향을 미치는 힘이 더욱 커진다는 사실이다. 그 순간에 일어나고 있는 일에 나 자신이 적극적으로 참여하고 있었던 것이다. 나는 나 자신의 자각과 맞서 싸우고 있었다. 내 주의력은 고통스런 감각에 저항하는 것과 그것에 압도당하는 것 사이에서 분열되어 있었다. 스승님들의 안내로 나는 이 상반된 충동을 동시에 관찰하기 시작했다. 나는 서서히 내 마음이 도피와 받아들임의 전투에 깊이 관여하고 있음을 볼 수 있게 되었다. 물론 그것은 결코 쉽지 않은 과정이었다. 그리고 마침내는 이 전투를 관찰하는 과정이 싸움에서 어느 쪽 편을 드는 것보다 훨씬 더 흥미로워졌다. 그것을 단지 관찰하는 일이 그 자체로 차츰 매력을 갖게 되었다.

차갑고, 뜨겁고, 배고프고, 배부르고, 머리가 무겁고, 어지럽거나 혹은 두통, 치통, 코 막힘, 목의 따가움, 무릎과 허리 통증 같은 것은 곧바로 자각된다. 고통과 불편함이 매우 생생하게 느껴지기 때문에, 그것들은 실제로 고통을 자각하는 마음에 집중하는 매우 좋은 방편들이다. 고통이 없으면 고통을 경험하는 마음을 자각할 수도 없다.

그렇다고 고통을 주시하면 고통이 사라질 것이라는 의미가 아니다. 만일 그렇게 생각하면, 고통이 사라질 것이라는 희망이나 어쩌면 고통이 사라지지 않을지도 모른다는 두려움을 더 강력하게 만드는 결과가 된다. 가장 좋은 방법은 고통을 경험하고 있는 마음을 관찰하는 것인데 그것은 말처럼 쉬운 일이 아니다. 사실 고통스런 감각을 주시하는 수행은 매우 까다롭다. 때로는 우리가 느끼는 통증이 몸의 여러 부위로 옮겨 다닐 수도 있다. 때로는 한꺼번에 전부 사라지기도 하는데 이 경우에는 명상의 토대가 사라지는 것이다. 또 때로는 통증의 감각이 너무 강렬해 정신을 차릴 수 없다. 특히 뒤의 두 경우에는 통증에 집중하는 일을 중단해야 한다. 시각적 대상이나 소리의 대상으로 옮겨 가야 한다. 또는 주시를 멈추고 아예 완전히 다른 일을 하는 것이 좋다. 가능하다면 산책을 하거나 책을 읽거나 텔레비전을 보는 것이다.

물론 고질적이고 극심한 통증을 경험하고 있다면 의사와 상담하는 것이 중요하다. 그 증상이 의학적 치료가 필요한 심각한 신체적인 문제일 수도 있다. 통증을 주시하는 것이 신체적 원인을 사라지게 하는 것은 아니다. 만일 의사가 심각한 의학적 문제를 발견했다면 반드시 그의 조언을 따라야 한다. 고통스런 신체감각을 주시하는 것이 심각한 의학적인 문제가 주는 통증과 불편함을 다루는 데 도움이 되긴 하지만 치료를 대신할 수는 없다.

의사에게 처방받거나 권유받은 약물을 복용하는 동안에도 통증을 경험할 수 있는데, 이 경우에는 통증이라는 신체감각을 명상의 방편으로 이용할 수 있다. 만일 당신이 경험하는 통증이 의학적으로 심각한 증상이라면 결과에 집중하는 것을 피해야 한다. 마음 밑바닥의 동기가 그 통증을 제거하는 것이라면 희망과 두려움에 관련된 심리적 감정적 습관을 오히려 강화시키게 되기 때문이다. 이 습관에서 벗어나는 가장 좋은 방법은, 결과는 스스로 해결되게 하고 단지 통증만을 객관적으로 관찰하려고 노력하는 것이다.

생각 주시

감각적인 지각 활동을 이용하는 일은 새를 한곳에 앉아 있지 못하도록 하는, 즉 이 나뭇가지에서 저 나뭇가지로 옮겨 다니도록 충동하는 수많은 생각과 판단과 개념들을 다루기 위한 일종의 준비 작업이다. 생각은 꽃이나 소리 혹은 신체감각보다 파악하기가 좀 더 힘들다. 처음에는 생각들이 절벽으로 달려오는 파도처럼 돌진하고 요동친다. 당신은 실제로 생각을 볼 수 없다. 그러나 소리나 시각적 대상에 주의를 집중했던 것과 똑같은 방식으로 생각을 주시함으로써 생각의 오고 감을 자각할 수 있다. 또한 그렇게 함으로써 이 모든 생각들이 나타났다가 사라지는 마음의 본바탕을 자각할 수 있게 된다. 아버지가 종종 말씀하신 것처럼 "생각은 마음의 자연스런 활동이며, 어떤 것이든 창조해 내는 마음의 무한한 능력의 표현"인 것이다.

생각을 주시하는 일은 생각을 중단시키는 것이 목적이 아니라 단순히 생각을 관찰하기 위한 것이다. 시간을 내어 장미를 관찰하고 소리에 귀를 기울이는 것과 마찬가지로 시간을 갖고 생각을 관찰하는 일은 생각 그 자체를 분석하기 위한 것이 아니다. 그보다는 관찰하는 행위 그 자체가 중요하다. 그렇게 되면 관찰하는 마음은 자연히 고요해지고 흔들리지 않게 된다. 생각에 이용당하기보다는 생각을 이용할 수 있다. 만일 1분에 백 가지 생각이 마음을 통과한다면 명상을 위한 백 가지 방편을 갖게 되는 것이다. 안절부절못하는 새가 이 나뭇가지에서 저 나뭇가지로 옮겨 다닌다면 그것은 굉장한 것이다. 당신은 이리저리 날아다니는 새를 다만 관찰할 수 있다. 각각의 뛰어다님과 날아오름이 명상의 대상이 되는 것이다.

생각을 자각하는 일에 집착하거나 너무 의도적으로 집중해서 생각을 멀리 쫓아낼 필요는 없다. 생각은 마치 옛 불교 속담대로 '뜨거운 바위에 떨어지는 눈'처럼 오고 간다. 마음속을 통과하는 것이 무엇이든 그것이 오고 가는 것을 다만 지켜보라. 가볍게, 그리고 어떤 집착도 없이 우리가 지금까지 형태와 소리와 신체감각들에 부드럽게 주의를 기울이는 연습을 한 것처럼 하면 된다.

우리들 대부분은 생각을 매우 견고한 실체로 여긴다. 그래서 그것들에 집착하거나 그것들을 두려워한다. 어느 쪽이든 우리가 그것들에게 우리를 지배하는 힘을 부여하는 것이다. 우리가 그것들을 견고한 실체라고 더 강하게 믿을수록 우리는 그것들에게 더 많은 힘을 주게 된다. 하지만 생각을 관찰하기 시작하면 그 힘도 사라지기 시작한다.

종종 자신의 생각을 관찰하면 그것들이 매우 빠르게 나타났다가 사라지며 그 사이에 작은 틈이 있다는 사실을 알아차릴 것이다. 처음에는 한 생각과 다음 생각 사이의 틈이 그다지 길지 않을 것이다. 하지만 명상을 계속하면 그 간격이 점점 길어지고 마음은 대상 없는 주시 상태에서 한결 평화롭고 열린 상태로 휴식하게 된다. 생각을 관찰하는 이 단순 명상은 때로 텔레비전이나 영화를 보는 것과 같다. 화면이나 스크린에서 많은 일들이 진행되지만 영화나 텔레비전 화면에 당신은 실제로 존재하지 않는다. 당신 자신과 당신이 보고 있는 것 사이에는 작은 공간이 존재한다. 생각을 관찰하는 동안 당신과 생각 사이의 일종의 작은 공간을 실제로 경험하게 된다. 당신이 이 공간을 실제로 만든 것이 아니다. 그것은 언제나 그곳에 있었다. 단지 지금은 그것을 알아차리도록 스스로에게 허용하고 있을 뿐이다.

어떤 경험이든 모두 좋은 것이며 명상을 계속하는 동안 의심할 여지없이 당신의 경험은 더 다양해질 것이다. 때로는 아주 가까이서 생각들을 관찰하면서 생각이 오고 가는 것을 바라보며 그것들 사이의 공간을 알아차리게 될 것이다. 또 가끔은 약간의 거리를 두고 단지 관찰하기만 할 것이다. 명상은 대부분의 사람이 생각하는 것보다 훨씬 쉽다. 무엇을 경험하든 일어나고 있는 것들에 대한 자각을 놓치지만 않는다면 그것 자체가 수행이다. 그것이 이해를 경험으로 탈바꿈시키는 일이다.

생각을 관찰하는 행위가 명상이 아닌 다른 것으로 바뀌는 유일한 지점은 당신이 생각을 지배하거나 바꾸려고 시도할 때이다. 하지만 생각을 지배하려는 자신의 시도를 자각한다면 그것 역시 명상이다. 당신이 함께 일하고 있는 것은 당신의 마음이며, 따라서 누구도 당신을 판단할 수 없고 누구도 당신의 경험을 통해 당신을 점수 매길 수 없다. 명상은 개인적인 것이다. 어떤 두 사람의 경험도 같을 수 없다.

명상을 계속하면 자신의 경험이 매일매일 그리고 매 순간 달라진다는 사실을 틀림없이 발견할 것이다. 때로는 생각들이 매우 분명하고 관찰하기 쉬울 수도 있고, 또 때로는 절벽 위로 밀려오는 파도처럼 온갖 생각들이 돌진해 오기도 한다. 마음이 둔감하고 몽롱할 때도 있다. 그것도 괜찮다. 그 둔감함 또는 몽롱함을 단지 관찰하면 된다. 주어진 순간의 모든 경험을 순수하게 주시하는 것이 명상이고 수행이다. 심지어 '나는 명상을 할 수 없어.' '내 마음은 너무 안절부절못해.' '너무 피곤한데 명상을 해야만 할까?' 하는 생각조차도 그것들을 관찰하는 한 명상의 방편이 될 수 있다.

특히 명상이 처음이라면 불쾌한 경험이나 생생한 감정과 관련된 생각을 단지 관찰하기만 하는 일은 매우 어려울 수가 있다. 자신이 언제나 외로울 것이라거나, 결코 매력적이지 않을 것이라거나, 부모나 배우자나 직장 상사가 어떤 식으로든 항상 자신을 억압하는 '적'이라는 오래된 믿음과 관련된 생각일 때 더욱 그렇다. 기분이 불쾌할 때는 논쟁이나 기분 나쁜 기억들, 특정한 생각들을 연쇄적으로 불러일으키는 일련의 사건 등을 명상의 대상으로 삼지 않는 것이 좋다. 생각을 일으키는 원인과 조건보다는 생각 그 자체를 그냥 바라보는 것이 필요하다.

경전에 실린 오래된 이야기에서 붓다는 생각을 일으키는 원인과 조건들을 찾는 일의 무의미함을 전쟁에서 화살을 맞은 한 병사에 비유한다. 의사가 화살을 빼내려고 하지만 병사는 이렇게 말한다.

"잠깐만요. 화살을 빼내기 전에 나한테 화살을 쏜 사람의 이름과, 그가 어느 마을 출신이고 그의 부모와 조부모의 이름이 무엇인지 알아야만 해요. 또한 화살이 무슨 나무로 만들어졌는지, 화살촉을 만든 재료는 무엇이며 화살에 붙은 깃털은 어떤 새에게서 왔는지 알아야 해요."

의사가 이 모든 질문들을 조사해서 답을 갖고 돌아오기 전에 병사는 숨을 거둘 것이다. 이것이 스스로 창조한 고통의 한 예이며, 이 지적인 덧씌우개는 고통스런 상황들을 단순하고 직접적으로 다루는 걸 가로막는다.

이 이야기의 교훈은 원인이나 내력을 조사하는 일을 중단하고 그 경험을 직접 바라보라는 것이다. 지금 당장 고통의 독화살을 뽑아내고 그다음에 질문하라는 것이다. 일단 화살을 빼내고 나면 질문은 무의미해진다.

생각을 다루는 가장 좋은 방법은 한 걸음 뒤로 물러서서 1분간 대상 없는 주시 상태에서 마음을 편안히 휴식한 뒤 각각의 생각과 그 주위를 맴도는 관념들을 주시하는 것이다. 형태와 색과 모양을 관찰하듯이 잠시 동안 생각을 관찰한다. 그런 다음 다시 순수한 주시 상태에서 휴식한다. 생각을 주시하는 일과 더 넓은 범위의 대상 없는 주시를 번갈아 가며 하는 것이다. 이렇게 함으로써 생각을 관찰하는 일에 너무 집착하지 않으면서 매번 더 열린 자각과 신선함을 가지고 새롭게 생각을 관찰할 수 있다.

마지막에는, 생각을 관찰한 경험이 어떠했는지 스스로에게 물어본다. 생각들이 절벽 위로 넘쳐흐르는 파도처럼 돌진했는가? 생각을 매우 분명하게 볼 수 있었는가? 흐릿하고 불분명했는가? 보려고 시도하자마자 생각들이 그냥 사라져 버렸는가? 생각과 생각 사이의 어떤 틈을 경험했는가?

무엇을 경험하든 투명하게 관찰하는 것이 명상이다. 생각들이 절벽 위로 돌진해 올 수도 있다. 때로 그것들은 흐릿하고 불분명할 것이다. 수줍어해서 결국 모습을 드러내지 않을 수도 있다. 하지만 이런 다양한 현상들을 지켜보는 일이 그 순간 당신과 그것들과의 관계를 변화시킬 것이다.

감정 주시

감정들은 종종 생생하고 집요하게 일어난다. 하지만 바로 그 속성들이 명상의 방편으로 매우 유용하게 이용될 수 있다. 감정의 강렬함과 끈질김은 그 자체로 마음을 바라보기 위한 초점의 대상이 될 수 있다. 동시에 그 강렬함과 끈질김이 감정을 다루는 일을 다소 어렵게 만들 수도 있다. 때로 감정이나 감정적인 성향은 의식의 깊은 차원에서 지속되므로 우리는 그것들이 우리의 마음을 조건 지운다는 사실을 쉽게 알아차리기 어렵다. 바로 이런 이유 때문에 먼저 주시의 처음 몇 단계를 익히는 일이 중요하다. 그렇게 하면 마음을 통과하는 것이 무엇이든 지나친 집착과 혐오감 없이 그것들을 관찰할 수 있을 만큼 안정된 자각 상태를 유지할 수 있다.

수행 초기에 나의 아버지와 스승님들은 감정에는 세 가지 기본적인 종류가 있다는 사실을 내게 일깨워 주었다. 긍정적인 감정, 부정적인 감정, 중립적인 감정이 그것이다. 이것은 우리가 우리 자신과 자신의 경험을 바라볼 때 이용하는 세 가지 주된 상자인 '내가 좋아하는' 상자, '내가 좋아하지 않는' 상자, '내가 잘 모르는' 상자와 일치한다.

자비와 우정과 충실함처럼 긍정적인, 혹은 우리가 '건설적'이라고 부르는 감정들은 마음을 강하게 만들고 자신감을 키워 주며 도움이 필요한 사람들을 돕는 능력을 키워 준다. 두려움, 화, 슬픔, 질투, 시기처럼 부정적인 감정들은 마음을 약하게 하고 자신감을 손상시키고 두려움을 증가시키는 경향이 있으며, 이것들은 종종 '파괴적인' 감정이라고 불린다. 반면에 다소 중립적인 상태는 기본적으로 우리가 연필이나 종이나 클립을 대할 때 갖는 태도들로 이루어져 있다.

감정을 명상의 방편으로 삼아 관찰하는 방법은 감정의 종류에 따라 다르다. 긍정적인 감정을 느끼면 감정과 그 감정의 대상 모두를 주시의 대상으로 삼을 수 있다. 예를 들어 아이에게 사랑을 느끼면 그 아이와 아이에게 느껴지는 사랑에 주의를 집중한다. 어려움에 처한 사람에게 자비를 느끼면 도움이 필요한 사람과 당신이 느끼는 자비의 감정에 집중할 수 있다.

한편, 부정적인 감정의 대상에 계속해서 주의를 집중하는 것은 그 부정적인 감정의 원인이 된 사람이나 상황이나 사물에 대한 좋지 않은 생각을 강화시키기 쉽다. 자비와 자신감 같은 긍정적인 감정을 키우려고 아무리 노력한다 해도 당신은 거의 자동적으로 부정적인 감정을 가지고 그 대상과 연결될 것이다. '그 사람(혹은 상황이나 물건)이 나한테 상처를 주고 있어. 막아야 해. 바꿔야만 해. 아니, 달아나야만 해.'

나는 이런 성향을 사람들이 연애의 감정을 느끼는 상대방에 대해 이야기할 때 많이 목격했다. 그들은 서로에게 매우 강한 매력을 느끼지만 상대방을 쫓아가면 갈수록 상대방은 더욱더 외면한다. 그러면 매력을 느끼던 사람은 상대방에게 뭔가 좋지 않은 점이 있고 매력이 없으며 잔인하고 믿음이 안 가고 천성적으로 중요한 부분이 결여되어 있다고 느끼기 시작한다. 사실 매력적인 사람과 그 매력에 끌리는 사람에게는 잘못된 것도 나쁜 것도 없다. 매력에 빠지든 그렇지 않든, 갈구하든 갈구하지 않든 간에, 둘 다 자신의 참 본성이 지닌 무한한 능력을 표현하고 있는 것이다. 하지만 우리는 이 표현을 개인적으로 받아들여, 우리 자신을 정의 내리고 우리의 관계를 정의 내리는 하나의 수단으로 삼는 경향이 있다.

생각을 주시하는 일과 마찬가지로 감정에 더 효과적으로 다가가는 방법은 감정의 대상보다는 단지 감정 그 자체를 주시하는 일이다. 지적으로 분석하지 말고 다만 감정을 바라보는 것이다. 그것을 붙잡거나 혹은 저항하려고 노력하지 않고 단순히 관찰하는 것이다. 그렇게 할 때 처음에는 견고하고 변함없고 실체처럼 보였던 감정이 이제는 다르게 보이기 시작할 것이다.

하지만 사람이든 장소든 사건이든 복잡한 감정과 관련이 있는 대상은 너무도 생생하고 늘 떠올라서 무시하는 것이 불가능하다. 만일 그런 경우라면 그것을 절대 제지하려고 해서는 안 된다. 앞에서 설명한 주시 명상에 따라 감정의 대상이 가진 형태와 색과 모습 등을 주시의 대상으로 삼는 것이다. 그렇게 함으로써 감정의 대상은 감정만큼이나 훌륭한 명상의 방편이 될 수 있다.

주시의 방편으로 감정을 관찰하는 명상은 처음부터 오래 하려고 해서는 안 된다. 단지 몇 분간 대상 없는 주시와 감정의 주시를 번갈아 가면서 하면 된다.

편안하고도 기민한 몸자세를 취하면서 '말 길들이기'부터 시작한다. 그 다음 몇 분간 대상 없는 주시 상태에서 편안히 휴식한다. 그런 다음에는 무엇이든 느껴지는 감정을 주시한다. 물론 당신은 아마도 동시에 한 가지 이상의 감정을 느낄 것이다. 그렇다면 그 순간 가장 뚜렷한 감정 한 가지에 주의를 집중하면 된다. 질투와 절망과 화와 욕망 같은 특정한 감정이 특별히 강하게 들 때 그것을 분석하려 애쓰지 말고 왜 또는 어떻게 일어났는가도 파악하려 들 필요가 없다. 단지 가볍게 그것을 바라보면 된다. 주요 핵심은 그 감정들을 단지 자각하는 일이다.

대상 없는 주시 상태에서 잠시 마음을 휴식한다.

1분 정도 자신의 감정을 관찰한다.

그런 다음 다시 대상 없는 주시 상태에서 마음을 휴식한다.

마지막에 이르러서는, 감정을 관찰한 경험이 어떠했는가를 자기 자신에게 물어본다. 감정들이 사라지지 않고 계속 남아 있었는가? 아니면 변화가 있었는가? 매우 뚜렷했는가? 그것들을 주시하려고 하자 그냥 숨어 버렸는가? 한 감정과 다른 감정 사이에 있는 틈을 경험했는가? 감정들은 두드러지게 건설적이었는가 아니면 파괴적이었는가?

이런 방식으로 우리의 감정을 바라봄으로써 우리는 어떤 형태의 감정이든 그 감정들을 자각하는 마음을 알아차리는 기본 수단으로 이용할 수 있다. 때로 우리는 그 감정들을 표출한다. 긍정적이거나 건설적인 감정의 경우에는 자기 자신뿐만 아니라 주위 사람들에게 좋은 영향을 미칠 수 있다. 하지만 우리들 대부분은 건설적인 감정과 파괴적인 감정이 뒤섞인 상태에 사로잡히곤 하며, 이것들은 종종 마치 그랜드캐니언의 바위층처럼 겹겹이 쌓인다. 이 각각의 감정층을 직접 바라봄으로써 얻는 이점은, 각각의 감정은 그것을 바라볼 수 있는 우리 능력의 표현이라는 것이다.

8

텅 빈 나, 텅 빈 타인

집중된 지적 활동 다음에는 직관적인 마음이 들어서서 갑자기
분명한 통찰을 내며, 이것은 많은 기쁨과 환희를 가져다준다.

프리초프 카프라

 불교 수행자들은 사람의 뼈와 썩은 시체가 널린 납골당 바닥에서 명상을 하는 것이 일상적인 수행이었다. 그들이 지새우는 밤은 누군가에게는 가장 겁나고 불안한 시간이다. 심지어 보름달 아래서도 시야가 불분명하고 바람에 흔들리는 뼈의 덜거덕거림과 구슬픈 개 짖는 소리가 쉽게 구분되지 않는다. 이 수행의 목적은 육체, 욕망, 희망, 두려움에 대한 집착에 맞서서 무상과 공을 깊이 체험하는 일이다.

나는 뼈 무더기가 쌓인 납골당 바닥에 푸르바(계속해서 깨어 있는 마음을 상징하는 의식용 칼)를 박아 놓고 명상을 했다는 승려의 이야기를 들은 적이 있다. 그는 조용히 앉아 뼈다귀들을 바라보며 무상

과 모든 경험의 근원인 공에 대해 명상했다. 그러다가 그는 가까이에서 들려오는 짐승의 울부짖음을 듣고 겁에 질렸다. 그는 도망치기 시작했지만 어찌된 영문인지 승복 끝자락이 푸르바에 걸려 어둠 속에서 꼼짝 못하게 되고 말았다. 뛸 수가 없었고 움직일 수조차 없었다. 극심한 공포가 밀려왔다. 그는 생각했다.

'결국 이렇게 되었군. 난 이제 곧 죽게 될 거야.'

불현듯 그는 깨달았다.

'나는 이것을 배우기 위해 여기에 온 것이 아닌가.'

거기에는 '나'라는 존재도 '승려'라는 존재도 없었다. 단지 생각과 감정과 몸의 감각기관에 의해 움직이는, 언젠가는 썩을 살점이 붙은 뼈 무더기가 있을 뿐이었다. 그는 푸르바를 잡아당겨 빼들고서 심오한 공의 체험과 함께 자신의 사원으로 되돌아갔다.

이것은 공과 무상을 이해하기 위해서는 공동묘지로 가서 바지 끝자락 혹은 신발에 칼을 꽂은 채 옴짝달싹 못하는 공포를 경험해야 한다는 의미가 아니다. 우리는 직장에서, 인간관계 속에서, 또는 학교에 가는 아이들을 배웅하면서 날마다 불확실성과 집착과 혐오뿐만 아니라 충분한 공포를 경험한다. 문제는 '누가 공포를 경험하는가?' '누가 불확실한가?' '욕망, 질투, 혼란, 외로움, 절망은 어디에 머무는가?' '엄마, 아이, 직원, 사장 등등의 이 다양한 정체성들은 어디로부터 오는가?' '그것들은 우리 마음을 지나가면 어디로 가는가?' '우리가 그것들을 경험하고 나면 그것들은 어디에 존재하는가?' 하는 것이다.

관념에서 경험으로

단지 마음을 깨닫는 것만으로도
모든 이해를 아우를 수 있다.
잠곤 콩툴 〈본질적인 요점들에 대한 개요〉

지적인 이해란 지도와 같은 것이다. 지도는 우리가 가야 할 곳과 그곳에 도달하는 방법을 알려 준다. 그렇지만 지도는 여행이 아니다. 앞에서도 설명했듯이 사물을 점점 더 작은 부분으로 쪼개어 나감으로써 무상과 상호의존성을 인정하는 것이 공에 대한 지적인 이해이며, 우리는 그것을 '분석적 명상'이라고 부른다. 분석적 차원에서는 발이 나 자신일 수 없고 손이 나 자신일 수 없으며 뇌가 나 자신일 수 없다는 사실이 분명하다. 하지만 그러한 분석적 명상 차원은 순례 여행의 첫 단계일 뿐이다.

어떤 이들은 공에 관해 듣자마자 그동안 소중히 여기던 '나'와 '남', '내가 좋아하는 상자' '내가 좋아하지 않는 상자' '내가 잘 모르는 상자', 그리고 그것들 속의 더 작은 모든 상자들에 대한 관념이 한순간에 사라지는 것을 체험했다고 말한다. 나는 그 소수의 사람들에 포함될 만큼 운이 좋지는 못했다. 나에게는 노력이 필요했고 지금도 그 노력은 여전히 진행 중이다. 상자 안에는 발견해야 할 상자들이 아직도 남아 있다. 시간이 지날수록 더 지속적으로 투명한 의식과 공을 체험할 수 있게 되었지만 세월이 흐르면서 나는 이 점진적인 영적 성장의 과정이 장애물이 아니라 오히려 점점 더 깊은 차원의 자각을 발견하는 기회임을 깨닫게 되었다. 본래부터 무한한 것에 어떻게 한계를 덧씌울 수 있겠는가?

다행히도 나는 관념들을 깨부수고 비록 순간적이라 할지라도 순수 자각과 결합된 공의 직접적인 체험에 이르는 방법을 배웠다. 이 방법을 산스크리트어로는 위파사나, 티베트어로는 학통이라고 한다. 이 단어들의 실제 의미는 '뛰어난 바라봄觀' 또는 '저 너머를 바라보는 것'에 더 가깝지만 전통적으로는 '통찰'로 번역된다.

저 너머에 무엇이 보이는가? 모든 관념들이 보인다. '나'와 '나의 것', '그들'과 '그들의 것', 그리고 때로는 무섭기까지 한, '실체'에 대한 매우 견고한 관념들이.

위파사나나 학통은 단지 지적인 수행이 아니다. 그것은 즉각적인 반응이며 문을 찾기 위해 느낌으로 길을 더듬어 완전히 깜깜한 방을 통과하는 것과 같다. 앞이 보이지 않는 곳에서 발을 내디딜 때마다 당신은 묻는다. "나는 어디 있지?" "화는 어디 있지?" "내가 화를 내는 그 사람은 누구이며 혹은 무엇이지?"

위파사나는 공에 대한 지적인 이해와 주시 명상을 결합시킨 것으로 '나'와 '나의 것', '너'와 '너의 것', '그들'과 '그들의 것', '화', '질투' 같은 관념적인 집착을 부수는 직접적인 방법이다. 이를 통해 우리는 심리적 감정적 습관들에 제한받지 않는 순수 자각의 자유와 마주하게 된다.

우리는 순수 자각 그 자체보다는 자각을 통과하는 생각들과 감정들을 자기 자신이라고 믿게끔 습관이 되어 있다. 하지만 우리의 참본성인 이 순수 자각은 심지어 자기 자신을 한계가 있고 갇혀 있고 못생기고 불안해하고 외로워하고 두려워하는 존재라고 오해하는 능력까지를 포함해 어떤 종류의 경험이든 할 수 있을 만큼 탄력성을 지니고 있다. 순수 자각을 지나가는 생각과 감정과 신체적인 느낌 등이 자신이 아니라, 시간을 초월한 그 순수 자각이 곧 자신임을 깨달을 때 우리는 우리의 자유로운 참본성과 만나는 첫걸음을 내디딘 것이다.

내게서 명상을 배운 한 사람은 그것을 이렇게 표현했다.

"이혼 과정을 겪을 때 나는 내가 경험하고 있는 고통을 관찰하기 위해 최선을 다했어요. 마음에서 일어나는 생각들과 내 몸에서 느껴지는 기분들을 주시하면서 그것들을 작은 조각들로 분해했어요. 나는 조만간 전남편이 될 남자가 겪고 있는 고통과, 같은 상황에 있는 사람들이 느끼고 있을 고통에 대해 생각하면서 내가 혼자가 아니라는 사실을 깨달았어요. 그들이 아무런 이익 없이 겪게 될 슬픔, 근심, 그 밖의 모든 것들을 생각하면서 나는 그들의 기분이 더 나아지기를 바라게 되었어요.

이런 식으로 고통을 다루자 점차 머리가 아니라 직관으로 '아, 바로 이런 것이구나.' 하고 느끼면서 나의 고통이 나 자신이 아님을 경험하게 되었어요. 내가 누구든 어떤 존재이든 나는 내 생각과 감정 그리고 그것들에 종종 뒤따르는 신체적인 기분들의 관찰자였어요. 물론 나는 때때로 슬픔과 외로움을 경험하고 가슴과 뱃속에 묵직한 것이 얹혀 있음을 느끼고 혹시 엄청난 실수를 저지르지나 않았는지 의심하며 시간을 거꾸로 되돌리고 싶기도 했어요. 하지만 내 몸과 마음을 통과하는 것들을 주시하면서 나는 이 경험들보다 더 큰 누군가가 혹은 무엇인가가 존재한다는 것을 깨달았어요. 그 무엇인가는 바로 '보는 자'였어요. 생각과 감정과 신체적인 느낌에 의해 방해받지 않으며 좋고 나쁘고를 판단하지 않고 단지 그것들 모두를 관찰하는 의식의 현존이 곧 나였어요.

그래서 나는 '보는 자'를 찾기 시작했지만 발견할 수가 없었어요! 거기에 아무것도 없는 것 같진 않고 여전히 자각의 느낌이 존재하고 있었지만 나는 그것의 이름을 생각해 낼 수가 없었어요. 심지어 '자각'이라는 말조차도 적합해 보이지 않았어요. 그것은 너무 작은 단어 같았어요. 단지 몇 초간 어쩌면 그 이상 '보는 자'와 보는 행위, 그리고 보이는 대상이 모두 하나였어요. 내가 설명을 잘 못하고 있다는 걸 알지만 그냥 큰 뭔가가 있었어요. 설명하기 힘들군요."

사실 그녀는 매우 설명을 잘했을 뿐만 아니라 그것이 그녀가 표현할 수 있는 최선이었다. 공의 체험은 어떤 언어에도 들어맞을 수 없기 때문이다. 전통적인 불교에서는 이것을 벙어리에게 사탕을 주는 일에 비유한다. 벙어리는 사탕의 달콤함을 경험할 수 있지만 그것을 말로 설명할 수는 없다. 현대 용어로는 이 경험을 앞서 말한 것처럼 '순수 관점'이라고 한다. 갑자기 광활한 풍경이 펼쳐질 때 그곳에는 단순히 바라봄의 자각만이 존재할 따름이다. 그 한순간 어떤 관념이나 생각이나 느낌의 개입도 없고, '보는 자'와 '보이는 것'과 '보는 행위' 사이에는 아무 구별이 없다.

아침에 잠에서 깨었을 때 우리는 우연히 이 순수 관점을 경험하곤 한다. 약간 멍한 상태에서의 몇 초간, 보고 있는 사람이 누구인지, 보이는 대상이 누구인지, 그리고 본다는 행위에 대한 어떤 관념에도 매여 있지 않다. 이 몇 초 사이에는 단순히 순수 자각이 있을 뿐이고 '이곳'이라든가 '지금'이라든가 '이곳' 또는 '저곳'을 초월한 무념무상의 열려 있음만이 존재할 뿐이다.

그 다음 상대적 관점이 습관처럼 돌진해 들어오고 우리는 생각하기 시작한다. '아 그래, 나는 나지. 침대 옆에 있는 이 사람은 내 남편이지(혹은 아내, 연인이지). 저것은 침실 벽이고 천장이고 창문이고 커튼이지. 이것은 침대 옆 침실용 탁자 위에 놓인 램프지. 저곳엔 화장대가 있지……' 동시에 자신에 대한, 방에 대한, 그날에 대한, 지나간 날에 대한, 자신이 만나게 될 사람들에 대한, 만나고 싶은 사람들에 대한, 연락이 끊긴 사람들에 대한 여러 가지 생각과 감정이 일어난다. 아주 무의식적으로 우리는 구분하고 분별하는 과정에 개입한다. 더러는 천천히, 더러는 빠르게, 내면세계와 외부세계를 항해하는 수단으로 평가 기준을 정하고 강화시키면서 그것들을 이해하기 시작한다.

이러한 구분과 분별을 상대적이 아닌 절대적인 것이라 여겨 매달리는 것을 가장 잘 설명한 단어는 아마도 산스크리트어의 '삼사라'일 것이다. 티베트어에서는 그것을 '콜로'라고 부른다. 이 두 단어 모두 같은 방향으로 끊임없이 도는 바퀴로 이해하면 된다. 움직이며 바뀌고 있다고 느끼지만 실제로는 과거의 심리적 감정적인 패턴들이 다른 형태로 재생되는 것일 뿐이다.

마음과 감정의 이런 순환으로부터 해방되는 것을 산스크리트어로 '니르바나'라고 부른다. 이것은 직접적인 경험을 통해 본래의 자유로운 본성을 깨닫는 것이며 관념과 집착과 혐오로부터 벗어나 완벽한 평화를 되찾는 것이다. 하지만 니르바나에 이르기 위해 "삼사라는 적이다! 삼사라는 주인이다!"를 외치면서 삼사라를 거부하고 피하고 제거하고 빠져나와야 한다고 주장하는 일은 붓다의 가르침을 오해한 것에 불과하다.

삼사라는 적도 주인도 아니며 어떤 장소도 아니다. 삼사라를 장소로 여기는 것은 용어를 잘못 해석한 것이다. 삼사라는 하나의 '관점'으로 이해하는 것이 더 정확할 것이다. 우리는 무상과 상호의존이 특징인 이 세계를 여행하면서 우리 자신과 타인과 주위 세상을 정의 내리기 위한 하나의 노력으로 그 관점에 집착해 왔다.

매우 불편하긴 해도 삼사라는 어쨌든 익숙하다. 위파사나 혹은 통찰 명상은 처음에는 어렵고 심지어 불편하게 느껴질 수도 있다. 익숙한 것에 대한 우리의 집착을 흔들어 놓기 때문이다. 아주 간단한 예를 들어, 당신의 경험을 오랫동안 말아 놓은 종이라고 상상해 보자. 그 종이를 펼쳐 놓으려 해도 다시 말려들어 간다. 종이 전체를 보려면 양 끝을 고정시켜야만 한다. 그런 다음에야 비로소 몇 개의 낱말 대신 종이에 적힌 글 전체를 다 볼 수 있다. 익숙하게 읽을 수 있는 몇 개의 낱말보다 훨씬 더 많은 글자들을 볼 수 있게 되는 것이다.

이제는 계속해서 펼쳐져 있는 종이를 상상해 보자. 끝도 없이 펼쳐진 종이를! 단어들은 종이가 아니다. 뿐만 아니라 그 단어들을 읽는 행위도 종이가 아니다. 단어, 종이, 종이에 적힌 단어를 읽는 행위는 모두 동시에 일어난다.

물론 이것은 단지 하나의 비유일 뿐이지만 삼사라의 출현과 심지어 그것에 대한 우리의 집착까지도 모든 경험의 토대가 니르바나이기 때문에 가능하다는 사실을 설명하는 데 조금은 도움이 될지 모른다. 무엇이든 경험할 수 있는 능력과, 나타나는 것은 무엇이든 지각할 수 있는 능력이 결합된 것이다. 상대 세계가 절대 세계의 표현인 것과 마찬가지로 삼사라는 니르바나의 표현이다. 다만 우리에게 필요한 것은, 공과 투명함의 결합이 있기 때문에 상대 세계의 특정한 판단 기준들에 집착하는 일까지도 가능하다는 사실을 깨닫는 수행이다.

주시 명상을 할 때처럼 공과 투명한 의식을 직접 경험하고 깊은 통찰에 이르기 위해서는 거쳐야 할 몇 가지 단계가 있다. 그 직접적인 체험이 단순하거나 쉽다고 말할 수는 없다. 사실 그것은 매우 서서히 한 입 한 입, 한 모금 한 모금씩 경험해 나가야만 하는 일이다. 전 생애에 걸쳐 축적된 심리적 감정적 습관들을 쉽고 빠르게 부술 방법은 없다. 그렇지만 여행은 그 자체로 보상을 안겨 준다.

텅 빈 '나'

나는 누구인가?

이 의문이 일상의 삶의 거의 매 순간 미묘한 차원에서 자주 우리를 따라다닌다. 하지만 아무리 많은 시도를 해도 실제로 '나'를 발견할 수 없다. 그렇지 않은가? 우리의 의견들은 수없이 변화하며 다른 사람과의 관계는 '나'의 여러 가지 모습을 반영한다. 몸은 끝없는 변화를 겪는다. 따라서 우리는 상황에 의해 규정되지 않는 본래의 '나'를 찾기 시작한다. 우리는 마치 보호해야 할 '나'라도 있는 것처럼 고통을 피하고 평안과 안정을 추구한다. 마음속에 고통과 불안이 일어나면 그것으로부터 탈출하려고 노력한다. 즐거운 일이 일어나면 그것을 붙잡아 두려고 한다. 이것은 고통과 즐거움, 평안과 불안 등의 감정이 '나'의 고유한 것이 아니라 외부에서 발생하는 것임을 말해 준다.

매우 이상하게도 자신의 반응들을 아무리 깊이 관찰해 보아도 이 '나'라는 존재가 실제로 무엇인가에 대한 분명한 그림을 가질 수가 없다. 그것은 어디에 있는가? 확실한 형태와 색 혹은 다른 어떤 물리적인 차원이 있는가? 영원한 '나', 혹은 경험에 조건 지워지지 않는 '나'에 대해서 당신은 무엇을 말할 수 있는가?

'나'가 실제로 존재하는지 그렇지 않은지 심사숙고한다고 해서 '나'의 경험을 초월할 수 있는 것은 아니다. 그러한 심사숙고는 철학적 관점에서는 흥미 있을지 모르지만 매 순간의 경험을 다루는 데는 큰 도움이 되지 않는다. 통찰 수행은 주변 환경으로부터 독립적으로 존재하는, 경험의 중심점인 '나'에게 집중해서 매달리는 우리 자신을 살펴보는 일까지 포함한다.

이 참구를 시작하기 위해서는 편안하고 기민한 몸자세를 취하는 것이 필수적이다. 우선 앞에서 설명한 것처럼 대상 없는 주시를 통해 마음을 편안히 휴식한다. 그런 다음 '나'를 찾는다. 이 '나'는 생각과 감정과 기분 등이 오가는 것을 지켜보는 관찰자이다.

먼저 이 과정에는 약간의 분석이 포함될 수도 있다.

내 손이 '나'인가?

내 발이 '나'인가?

'나'는 다리를 포갤 때 느껴지는 불편함인가? 아니면 떠오르는 생각이 '나'인가, 혹은 느끼는 감정이 '나'인가?

그것들 전부가 '나'인가?

그런 다음 우리는 이 분석의 과정을 '나'를 찾는 쪽으로 전환할 수 있다.

'나'는 어디에 있는가?

'나'는 누구인가?

이 조사를 오래 끌어선 안 된다. 관념적이고 철학적인 결론에 도달하려는 유혹이 너무 강하다. 이 수행의 핵심은 '나'가 고정불변하고 개별적이며 독립적인 존재라는 생각으로부터 자유로워지는 일이다. 앞서 말한 대로 공이란 분석이나 철학적 논리를 통해 도달할 수 있는 절대적인 실체가 아니다. 그것은 한번 맛보면 새로운 차원과 가능성을 열어 우리의 삶을 변화시킬 수 있는 직접적인 체험이다. 그것이 통찰 명상의 핵심이다.

텅 빈 '타인'

사마타라고 불리는 주시 명상을 공에 대한 이해와 연결시키는 것은 상대 세계를 부정한다는 의미가 아니다. 상대 세계는 우리가 이 세상 안에서 살아가는 틀이며 그 틀을 부정하는 것은 '나'라는 단어를 절대로 말하지 않기로 결심한 사람의 경우처럼 정신병의 길로 빠지는 짓이다. 하지만 경험의 세 번째 차원이 있는데 나는 그것을 '가짜 상대 세계'라고 부른다. 그 안에서는 생각, 느낌, 견해들이 나 자신, 다른 사람, 신체감각, 상황에 대한 우리의 지각에 큰 영향을 미친다. 가짜 상대 세계는 스스로 창조한 고통의 주요 원천이며, 거기서 나와 타인에 대한 관념, 느낌, 견해 등을 마치 본질적인 특성인 양 여기는 집착이 생겨난다.

앞의 명상 수행자가 '보는 자'라고 이름 붙였던 '나'의 텅 빔을 잠시라도 경험한 뒤에야 우리는 자각의 대상인, 우리가 바라보고 있는 사람 혹은 사물의 텅 빔을 살펴볼 수 있다. 이 일은 다음과 같은 의도를 가지고 우리의 경험을 살펴볼 때 가장 잘 이루어질 수 있다. 즉 자각의 매 순간을 '보는 자'와 그 '보는 자가 지각하는 대상'으로 나누는 것은 본질적으로 우리의 생각과 관념이 만들어 낸 것이라는 사실이다.

붓다는 이 지각의 구분을 종종 꿈에 비유하곤 했다. 꿈속에서 사람은 자신이 지각하는 것과 다른 사람이 지각하는 것을 지각한다. 물론 붓다가 드는 예의 대부분은 그가 살았던 시대의 일반적인 조건들과 관계가 있다. 사자와 호랑이에게 공격당하는 것이 그 예 중 하나다. 나는 이것이 오늘날 우리들의 관심사는 아니라고 생각한다. 물론 나는 많은 사람들로부터 괴물에게 쫓기는 꿈 혹은 큰 집이나 장소에서 길을 잃는 꿈 이야기를 자주 듣긴 했지만.

현 시대에 맞는 예는 누군가 당신에게 매우 멋진 값비싼 시계를 주는 꿈일 것이다. 롤렉스가 아마 그런 시계일 것이다. 롤렉스가 매우 비싸고 멋진 시계라고 나는 들었다. 꿈에서 당신은 돈을 한

푼도 지불하지 않고 롤렉스를 받은 것에 매우 기뻐할 것이다. 그리고 꿈속에서 당신은 시계를 차고 누군가와 이야기하는 중에 자랑하고 싶어 손목을 만지작거린다든가 시계가 보이게 하려고 어딘가를 가리킨다.

하지만 그때 강도가 당신에게 다가와 당신의 손목을 자르고는 롤렉스를 빼앗아 간다. 꿈속에서 당신이 경험하는 고통은 진짜처럼 느껴지고 시계를 잃어버린 슬픔은 매우 강력하다. 그 시계를 대신할 꿈속 '보험'도 없으며 당신은 피를 흘리고 있다. 그 모든 일이 매우 강력하고 너무 진짜 같아서 당신은 식은땀을 흘리고 눈물을 쏟으며 꿈에서 깰 것이다.

그러나 롤렉스는 단지 꿈일 뿐이다. 그렇지 않은가? 그리고 당신이 경험한 기쁨, 고통, 슬픔은 꿈의 일부이다. 꿈의 문맥에서는 그것들이 진짜처럼 느껴진다. 하지만 꿈에서 깨고 보면 롤렉스도 없고 도둑도 없고 손목은 잘려 나가지 않았다. 롤렉스, 도둑, 상처 등등은 당신의 마음에 내재된 공과 투명함의 표현들로서 일어났을 뿐이다.

마찬가지로 우리가 상대 세계의 관점에서 경험하는 것들은 모두 꿈속에서 겪는 경험들과 비교될 수 있다. 너무 생생하고 너무 진짜 같지만 궁극적으로는 공과 투명함의 결합에서 생겨나는 산물이다.

말하자면 우리는 이 상대 세계의 꿈속에서 '깨어날 수 있으며', 어떤 경험이든 그것이 공과 투명함의 결합임을 알아차릴 수 있다. 통찰 명상은 지각작용이 얼마나 깊숙이 우리의 경험을 조건 지우는가를 깨닫는 기회이다. 다시 말해 우리가 지각하는 사람과 사물은 대부분이 마음의 창조물이다.

'나'에 대한 통찰 명상을 행할 때처럼 편안하고 기민한 몸자세를 취하면서 시작한다. 잠시 대상 없는 주시 상태에서 편안히 휴식한다. 그 다음, 하나의 대상을 가볍게 주시한다. 눈에 보이는 형태, 소리, 혹은 신체감각 중 하나에.

하지만 그 시각적 형태와 소리와 신체감각은 실제로 어디서 일어나는가? 두뇌 속 어딘가에서? 몸 너머의 저기 바깥 어딘가에서?

그것들이 어디에서 일어나는가를 분석하기보다는 마음의 거울에 비친 상을 보듯이 그것들을 바라보라. 혹은 그런 식으로 듣고 느껴 보라. 자각의 대상, 그 대상을 자각하는 행위, 그리고 그 대상을 자각하는 사람, 이 모두는 평소 당신이 거울을 볼 때처럼 동시에 나타난다. 거울이 없으면 보이는 것이 아무것도 없다. 그리고 보는 이가 존재하지 않으면 보이는 사람도 없을 것이다. 보는 이와 보이는 이가 함께 결합해 보는 행위를 가능하게 만든다.

통찰 명상은 경험을 하고 있는 마음을 볼 수 있도록 마음의 시선을 안으로 돌림으로써 경험과 관계 맺는 새로운 길을 제공해 준다. 이 과정은 당신이 직접 시도해 보기 전까지는 이해하기 어려울지도 모른다. 물론 몇 가지 수행이 필요하고 경험과 동시에 일어나는 마음을 알아차리는 일이 필요하다. 이혼을 경험하고 있는 사람이 묘사했듯이 '큰 존재'의 기분이 처음에는 1초 내지는 2초 동안밖에 지속되지 않을 것이다. 그때 유혹은 혼잣말을 할 것이다.

"난 깨달았어! 공을 정말로 이해했어! 이제 완전한 자유 속에서 나의 삶을 살아갈 수 있어!"

타인이나 다양한 환경과 관계를 맺을 때뿐 아니라 생각과 감정을 다룰 때 그 유혹은 특히 강하다. 깊은 통찰에 이른 그 매우 짧은 순간이 관념으로 굳어질 수 있으며, 그것은 오히려 우리 자신과 다른 사람에게 해롭고 파괴적인 결과를 가져다주는 생각과 행동으로 우리를 데려갈 수 있다. 동굴에서 공을 명상하며 수년을 보낸 한 남자에 대한 오래된 이야기가 있다. 동굴 안에는 쥐들이 많았다. 어느 날 몸집이 제법 큰 쥐가 그가 밥상으로 쓰는 돌 위로 올라왔다. 그는 생각했다. '아하, 쥐는 공이지.' 그러고는 신발을 집어 들어 쥐를 후려쳐 죽였다. '쥐는 공이고, 내 신발도 공이며, 쥐를 죽인 것도 공이다.' 하지만 그가 실제로 한 일은 공의 개념을 아무것도 존재하지 않는다는 관념으로 굳어지게 한 것뿐이며, 따라서 그는 어떤 결론에도 이르지 못한 채 자신이 하고 싶은 대로 하고, 느끼고 싶은 대로 느꼈을 뿐이다.

우리가 지금 '나', '타인', 생각, 감정들을 찾고 있든 그렇지 않든 간에 마음을 바라보기 위해 마음의 시선을 안으로 돌린다면 우리는 매우 서서히 마음 그 자체를 보기 시작할 수 있다. 그리고 이를 통해 공과 투명함의 결합인 마음에 무엇이든 비출 수 있는 가능성이 열린다. 이때 우리의 시야는 한 가지만을 보도록 갇혀 있는 것이 아니라 많은 가능성들을 볼 수 있다.

9

행복 참고서

인간은 우리가 우주라고 부르는 전체의 일부이다.

알베르트 아인슈타인 '〈수학 클럽이여 안녕〉에서 인용된 편지'

우리 주위 사람들, 우리가 마주치는 상황들, 그리고 우리 자신의 감각기관으로부터 오는 메시지들은 다음의 사실을 암시해 준다. 우리가 누구이며 어떻게 존재하는가는 늘 변할 수밖에 없을 뿐 아니라 대상이 바뀜에 따라 여러 방식으로 정의될 수 있다는 사실이다. '나는 어떤 때는 남편 또는 아내이며, 또 어떤 때는 아버지 또는 어머니이다. 또한 고용주와 동료들의 요청에 맞게 업무를 수행하는 직원이다.'

그럼에도 불구하고 자기 자신과 타인, 사물, 상황들에 관계된 우리의 습관적인 관념 깊은 곳에는 외로운 분리감이 존재한다. 자신이 독립된 존재라는 이 느낌이 다른 사람들과의 연결됨을 흐리게 한다. 다르다는 혹은 분리되어 있다는 이 미묘한 느낌이 개인적인

많은 문제들과 대인관계 문제의 중심에 자리 잡고 있다. 우리가 어떤 어려움이나 위기에 직면하든 그것을 다른 사람들과 자신이 비슷하다는 것을 깨닫기 위한 출발점으로 삼는 것이 바로 공감 명상이다. 나아가 이 명상은 서서히 마음을 열게 해 용기와 자신감을 갖고 개인적인 문제를 다른 사람을 돕고자 하는 강한 동기로 바꿀 수 있게 해 준다.

여러 경전에 전해져 내려오는, 어린 아들의 죽음으로 고통 받는 한 여인에 대한 옛이야기가 있다. 여인은 아들이 죽었다는 사실을 부정하고 아이를 되살릴 수 있는 약을 구하기 위해 마을의 이 집 저 집으로 뛰어다녔다. 물론 누구도 그녀를 도와줄 수 없었다. 아이는 죽었고 사람들은 그녀가 상황을 받아들일 수 있도록 그 사실을 설명했지만 소용없었다. 그녀의 마음이 슬픔 때문에 제정신이 아니라는 것을 안 누군가가 그녀에게 가까운 절에 머물고 있는 아마도 최고의 능력을 지닌 의사인 붓다를 만나 보라고 일러 주었다.

여인은 죽은 아이를 가슴에 부둥켜안고 붓다가 머물고 있는 곳으로 달려갔다. 붓다는 많은 사람들 앞에서 가르침을 전하는 중이었지만 그녀는 사람들을 헤치고 붓다 앞으로 나아가 아이를 구할 약을 달라고 간청했다. 비통해하는 그녀를 보고 붓다는 이렇게 답했다.

"마을로 돌아가 아무도 죽은 적이 없는 집에서 겨자씨를 조금 얻어 가지고 오라."

그녀는 마을로 돌아가 이웃들에게 겨자씨를 달라고 애원하기 시작했다. 이웃들은 그녀에게 기꺼이 겨자씨를 주었고 그때마다 그녀는 이렇게 물어봐야만 했다.

"이 집에 죽은 사람이 있나요?"

그들은 그녀를 이상한 눈으로 쳐다보았다. 몇몇 이웃들은 그냥 고개만 끄덕였고, 어떤 사람들은 "그렇소."라고 대답했다. 또 아마도 누군가는 가족의 죽음이 언제 어떤 상황에서 일어났는지 말해주었을 것이다.

여인이 온 동네를 다 돌았을 즈음 그녀는 그 어떤 설명보다 깊이와 닿는 경험을 통해 끔찍한 상실로 인해 고통 받는 사람이 이 세상에 자기 혼자만이 아니라는 사실을 깨닫게 되었다. 변화, 상실, 슬픔은 누구에게나 공통된 일임을 이해하게 된 것이다. 그녀는 아들의 죽음으로 여전히 비탄에 잠겨 있었지만 자신이 혼자가 아님을 깨달았다. 상처 받았던 마음이 열렸다. 아들의 장례식이 끝난 뒤 그녀는 남은 생애를 붓다와 그의 제자들과 함께하며 다른 사람들도 그녀와 똑같은 인식에 이르도록 도왔다.

행복 참고서

자비심이 움틀 때 우리는 생명이란 모두 같으며,
하나하나의 존재가 행복해지기를 원한다는 것을 알게 된다.
칼루 린포체 〈햇빛과 달빛처럼 모든 존재를 공평하게 비추는 진리〉

우리는 자신이 고통을 겪고 있는 유일한 사람이라고 생각하기가 쉽다. 다른 사람들은 앞서 언급한 '행복 참고서'를 갖고 태어나는데 타고난 팔자 탓에 자신은 그런 것을 결코 받아 본 적이 없다고 여기는 것이다. 이 믿음에 대해서는 나도 다른 사람들처럼 양심의 가책을 느낀다. 특히 어릴 적에 늘 경험한 불안은 나를 외롭고 나약하며 어리석은 존재로 느끼게 했다. 그러나 '자비 명상'을 시작하면서 고립감이 줄어들기 시작했고 서서히 자신감이 생기면서 나 자신이 매우 쓸모 있는 존재라고까지 느끼기 시작했다. 그리고 두려움을 느끼며 쉽게 상처 받는 사람이 나 혼자가 아니라는 사실을 알기 시작했다. 나만 유일하게 '행복 참고서' 없이 태어난 사람이 아니었다. 시간이 지나면서 다른 존재들의 행복을 고려하는 것이 마음의 평화를 발견하는 데 필수적이라는 사실을 알게 되었다.

자신의 경험을 주시해 마음을 다소 안정시키기 시작하면 주의를 좀 더 확장할 수 있다. 불교에서 말하는 '자비 명상'을 통해 나와 다른 사람이 독립적으로 존재한다는 착각에서 벗어날 수 있다. 현대 용어로는 다른 사람이 처한 상황을 자신의 상황으로 여기고 이해하는 능력인 '공감 명상'이라고 부르는 것이 더 이해하기 쉬울 것이다.

많은 사람들이 내게 묻는다. 왜 공감 명상을 자비 명상이라고 부르는가? 이 둘은 별개의 것이 아닌가?

불교적인 이해에 따르면 공감에는 두 가지 측면이 있다. 그중 하나인 자애는 모든 사람들이 이 삶에서 행복을 얻게 되기를 바라는 마음이며 그 목표를 위해 기울이는 노력이다. 한편 자비는 자신의 참본성에 대한 무지에서 생겨나는 근원적인 고통과 고뇌로부터 모든 사람을 구원하고자 하는 염원이며 이 근원적 고통으로부터의 해방을 위해 우리가 기울이는 노력이다.

비록 말로 표현하거나 의식적으로 추구하고 있지는 않을지라도 행복해지고 싶어 하는 열망과 고통으로부터 벗어나려는 바람, 이 두 가지는 모든 생명체에게 공통된 것이다. 인간 의식에 대한 복잡한 용어들 속에만 그것이 존재하는 것은 아니다. 고통과 그 고통의 원인 및 조건들에 관해서는 이미 앞에서 자세히 살펴보았다. 행복은 훨씬 더 일반적인 용어이다. 행복은 먹을 것이 충분하고 살 곳이 있으며 위협이 될 만한 요소 없이 삶을 영위할 수 있는 '풍요로움'으로 단순하게 설명할 수 있다. 내가 알기로는 개미조차도 뇌 속에 고통을 기록하는 구조를 가지고 있지는 않지만 식량을 모아 보금자리로 옮기고 자신과 집단의 생존에 도움이 되는 여러 기능들을 수행하면서 일상적인 일들을 묵묵히 해 나간다.

내가 배운 바에 따르면 자비의 마음을 키우는 과정은 자식을 잃은 여인이 한 것처럼 자신의 고통을 인지하고 그 고통에서 벗어나고자 하는 열망을 인정하는 단계에서부터 시작된다. 그다음에는 행복하고자 하는 바람과 고통에서 벗어나고자 하는 염원을 자기 자신에서 서서히 다른 사람에게로 확장시킨다. 이것은 자신의 괴로움을 자각하는 데서 출발해 우리가 상상할 수 있는 것보다 훨씬 더 깊고 심오한 어떤 가능성에 이르는, 더디긴 하지만 꾸준한 길이다. 이를테면 교통 정체로 오도 가도 못하는 차 안에 앉아서 도로를 정체시키는 원인에 대해 욕하거나, 혹은 은행에 줄을 서 있으면서 줄이 빨리 없어지길 속 터지게 기다리는 과정에서도 그 일이 가능하다.

이 첫 단계는 보통 '중생을 대상으로 하는 자비'라고 부른다. 이는 자신을 향한 자비심을 키우고 그것을 자신이 아는 주위 사람에게로 넓히는 데서 비롯된다. 두 번째 단계는 '모든 존재를 대상으로 하는 자비'인데, 자신이 모르는 사람까지도 고통으로부터 벗어나기를 바라고 행복하기를 바라는 염원을 넓히는 것이다. 세 번째 단계는 '대상 없이 일으키는 자비'로, 이것을 불교 용어로 '보리심'이라고 한다. 이는 모든 자각 있는 존재들의 고통을 알아차리고 자발적으로 그 고통에서 모든 존재를 구원하려는 마음이다.

중생을 대상으로 한 자비 – 자기 자신에 초점 맞추기

'중생을 대상으로 하는 자비'에는 두 가지 차원이 있다. 첫 번째 차원은 자기 자신에 대한 애정을 키우고 자신이 지닌 긍정적인 특성에 감사하는 마음을 갖는 일이다. 이것은 어려울 수도 있다. 특히 겉으로 드러내 놓든 그렇지 않든 개인의 장점보다는 약점에 주목하도록 권장하는 문화나 가정환경에서 자란 사람들에게는 더더욱 그렇다.

지난 여러 해 동안 나는 양쪽 부모나 어느 한쪽 부모 혹은 가족 중 누군가에게서 언어적 신체적 학대를 받으며 자랐다고 고백하는 사람들이 너무 많아서 당혹스러웠다. 학대를 가하는 인물은 종종 가족이 아니라 연령이나 사회적 위치, 신체적으로 더 큰 힘을 쥐고 있는 사람일 수도 있다. 사회적 위치로 말하자면 교사, 신체적으로 치자면 학교 불량배가 그들이다. 이 학대는 수년 동안 계속될 수 있으며 공공연하게 일어나기도 하지만 때로는 너무 미묘하게 일어나서 자신이 학대받고 있다는 것을 깨닫지도 못한 채 익숙해진다. 또한 사랑이 가득한 환경에서 자랐지만 개인적인 이유 때문에 내면의 재산인 자신의 좋은 점을 보지 못하는 사람들도 있다.

나는 사랑이 넘치는 대가족 속에서 자랐다. 또한 자신의 심리적 감정적 습관들을 제압하고 모든 자각 있는 존재를 향한 자비의 태도를 키우기 위해 매진하는 수행승들, 아버지의 가르침을 듣기 위해 세계 도처에서 찾아온 제자들, 그리고 자신의 아버지의 거처 주위를 돌아다니는 이 어린 신경과민증 환자를 보기 드물 정도의 공손함과 진심 어린 마음과 깊은 애정을 가지고 대하는 사람들이 언제나 나를 둘러싸고 있었다. 나는 그들 누구에게서도 불친절한 모습을 본 적이 없다. 하다못해 내가 산속으로 사라진 일로 혼을 낼 때도 할머니는 내가 나쁜 아이라고 말하지 않았다. 할머니는 단지 자신이 얼마나 걱정을 했으며 내가 무사히 돌아와서 얼마나 기쁜지, 그리고 다시는 그렇게 사라지지 않으면 좋겠다고 말씀하실 뿐이었다.

그 당시에는 내가 사라진 것이 할머니에게 얼마나 큰 불안감을 안겨 주었는지 미처 깨닫지 못했다. 나는 내 걱정거리에만 너무 치우쳐 있어서 할머니의 마음을 헤아려 볼 수 없었다.

우리는 자신이 고통을 겪고 있는 유일한 사람이며 반면에 다른 사람들은 어쩐지 고통에 그렇게 영향 받지 않는 것 같다고 생각하기 쉽다. 그런 식으로 생각하게 되면 자신의 문제가 너무 커 보이고 그 문제를 극복하지 못하는 무능력함은 자신의 무력함을 드러내 줄 뿐이다. 산에 있는 동굴 속으로 들어가 단지 다리를 꼬고 앉아 있기보다는 좀 더 형식을 갖춘 방법으로 나의 불안과 공포를 다루기 시작하면서 배우게 된 가장 중요한 교훈 하나는 내가 괴로움을 겪었다는 이유로 자신을 비난할 때마다 왠지 남아 있던 따뜻한 마음도 사라진 것 같고 나 자신이 왜소하고 무력하고 절망적인 소년처럼 느껴지곤 한다는 사실이었다.

자기 자신을 향한 자비의 마음을 키우는 일은 자기 자신에 대해 슬퍼하고 끊임없이 고통과 후회의 시나리오를 재생하면서 만일 상황이 달랐다면 결과가 얼마나 다르게 되었을지에 대해 생각하는 것을 뜻하지 않는다. 오히려 현재 이 순간 자신의 경험을 명상의 대상으로 바라보는 것을 뜻한다. 그럴 경우 우리는 '나'라는 관념에 매이기보다는 이 순간에 살아 있음을 경험할 수 있게 된다. 만일 행복과 행복의 원인을 성취하고자 한다면 무엇보다 지금 이 순간에 살아 있음을 느끼는 것만큼 더 좋은 일은 없다. 이 순간에 살아 있음을 느끼는 가장 간단한 방법은 신체감각에 집중하는 주시 명상과 관련해서 설명한 '스캔 명상'의 약간 다른 형태이다.

먼저 '말 길들이기'로 시작한다. 당신이 정식으로 명상을 하고 있다면 최선을 다해 일곱 가지 중심 자세를 취한다. 다른 방법은 단지 척추를 곧게 펴는 일이다. 몸의 다른 부위는 긴장을 풀고 균형을 유지한다. 그다음은 대상 없는 주시 상태에서 마음을 편안히 휴식함으로써 '기수를 길들이는' 일이다.

잠시 뒤 신속하게 '스캔 명상'을 행한다. 그러나 이번에는 신체감각 그 자체에 집중하는 대신 몸이 존재한다는 사실과 더불어 몸을 자세히 살펴볼 수 있는 마음이 존재한다는 사실을 자각한다. 지금 이 순간 당신의 존재가 정말로 실재한다는 이 기본적인 사실이 얼마나 경이로운 일이며 몸과 몸을 자각할 수 있는 마음을 가지고 있다는 것이 얼마나 소중한가를 깨닫는다. 이러한 선물들을 감사하게 여기는 것은 고통에서 벗어나 행복에 이르기 위한 씨앗을 심는 일이다. 자기 자신이 살아 있고 깨어 있다는 사실을 단순히 아는 것만으로도 큰 위안이 된다.

잠시 동안 그와 같이 순수하게 감사하며 마음을 휴식한다. 그러고 나서 서서히 이런 생각을 떠올린다.

'내가 만일 살아 있다는 이 근본적인 느낌을 늘 맛볼 수 있다면 얼마나 멋질까. 내가 만일 행복감과 만족감을 느끼게 하는 모든 요소들을 누리고 모든 가능성에 마음을 열어 둘 수 있다면 얼마나 좋을까.'

물론 어떤 단어를 선택하는가는 당신의 성향에 따라 다를 수 있다. 전통적인 불교 용어로는 이런 생각들을 기도나 원 또는 염원이라는 말로 표현한다.

'행복과 행복의 원인들을 얻게 되기를. 고통과 고통의 원인으로부터 자유로울 수 있게 되기를.'

하지만 그 의미는 본질적으로 같다. 당신에게 익숙한 단어들을 선택하면 된다.

그런 다음 마음을 편안히 휴식하며 긴장을 푼다.

만일 정식으로 명상을 한다면 이 명상을 몇 분 이상 넘기려고 하지 마라. 만일 약식으로 명상을 한다면 몇 초 이상을 넘으려고 하지 마라. 당신은 그저 살아 있다는 것에, 또 살아 있음을 자각하는 것에 놀라워하며 슈퍼마켓을 이리저리 돌아다닐 수도 있고, 교통정체에 붙잡혀 있는 자신을 발견할 수도 있으며, 아니면 설거지를 하고 있는 중일 수도 있다. 짧은 시간 동안 명상하고 그다음에는 마음을 휴식하는 것이 매우 중요하다. 그렇지 않으면 이 소중한 것이 경험이기보다는 관념이 될 수 있다. 시간이 흐르고 명상을 꾸준히 반복하면 가능성의 영역들이 열리기 시작한다.

중생을 대상으로 한 자비 – 가까운 이들에 초점 맞추기

고통으로부터 벗어나는 경험에 익숙해지면 그 가능성을 다른 사람에게로 확장시킬 수 있다. 사실 다른 사람의 고통을 인식하는 것은 자신의 경험까지도 변화시켜 줄 수 있다. 나의 네팔 친구 중 하나가 더 좋은 일자리를 얻고 더 많은 돈을 벌겠다는 희망을 품고 뉴욕으로 이주했다. 네팔에서 그는 카펫 만드는 공장의 꽤 높은 직위에 있었다. 하지만 뉴욕에 도착한 그가 바로 찾을 수 있었던 최고의 일자리는 자동차공장의 정비공이었다. 그것은 네팔에서 가졌던 그의 옛 직업에 비하면 치욕스러운 추락이었다.

때때로 그는 너무 화가 나서 울음을 터트리곤 했다. 하루는 매니저가 그에게 말했다.

"왜 우는 거야? 이러면 안 돼! 고객들이 어떻게 생각하겠어?"

어느 날, 그는 그 정비공장에 새로 일하러 온 사람을 발견했다.

그는 큰 모자를 눌러쓰고 일을 하고 있었다. 가까이 가서 보니 모자를 눌러쓴 남자는 네팔에서 그가 일하던 카펫공장 사장이었다. 그 사장은 사업을 접고 내 친구가 그랬듯이 돈을 더 많이 벌겠다는 희망을 갖고서 뉴욕으로 온 것이다. 그러나 결국 그는 내 친구와 같은 처지가 되었다. 그 또한 네팔로 돌아가 벌 수 있는 돈보다 더 적은 월급을 받는 비숙련 노동자로 일하고 있었던 것이다.

돌연 내 친구는 인생의 불행한 역전을 경험한 사람이 오직 자신만이 아니라는 사실을 깨달았다. 그는 혼자가 아니었던 것이다.

바로 이것이 '중생을 대상으로 하는 자비'의 두 번째 단계이다. 이는 다른 사람의 마음에서 무엇이 일어나고 있든 그것이 자신의 마음에서 일어나고 있는 것과 아주 비슷하다는 것을 인정하는 일이다. 이것을 기억할 때 우리는 점점 그 누구도 그 무엇도 두려워할 이유가 없음을 깨닫게 된다. 대부분의 경우 우리가 두려워하는 이유는 우리가 만나게 되는 사람 또는 대상이 무엇이든 간에 그들이 우리와 같다는 사실을 인식하지 못하기 때문이다. 우리 모두는 단지 풍요로워지길 바라는 존재인 것이다.

불교 경전은 먼저 자신의 몸에 우리를 품고 세상에 낳음으로써 최고의 친절을 보여 준 어머니를 명상의 대상으로 삼으라고 이른다. 동서양의 문화는 대부분 전통적으로 부모가 자식을 위해 희생한 데 대한 보답으로 설령 애정이 없더라도 부모를 존경하라고 가르친다. 그러나 이런 전통은 지난 몇 세대를 거치면서 매우 많이 변했다. 최근 몇 년간 만나 이야기를 나눈 상당수의 사람들이 반드시 부모와 다정하고 애정 넘치는 관계를 가지고 있는 것은 아니었다. 부모가 언어 학대나 신체 학대를 가한 경우에는 특히 그랬다. 그런 경우 자비 명상의 대상으로 아버지 혹은 어머니를 이용하는 것은 적절치 못할 것이다. 친절을 베푼 친척, 격려해 준 선생님, 가까운 친구나 배우자, 연인 또는 자식 등 다른 대상에 초점을 맞추는 것은 아주 좋은 일이다. 어떤 사람들은 자신이 키우는 고양이, 개 또는 다른 애완동물을 초점의 대상으로 선택한다. 명상의 대상은 사실 중요한 게 아니다. 중요한 것은 당신이 유대감을 가지는 따뜻하고 다정함이 느껴지는 사람 또는 대상에 가볍게 초점을 맞추는 일이다.

다른 존재를 향한 자비 명상은 자기 자신을 향한 자비 명상과는 약간 다르다. 일곱 가지 중심 자세를 취하거나 아니면 적어도 척추를 곧게 펴는 자세로 시작한다. 동시에 몸의 나머지 부분을 자연스럽게 이완시킨다.

이제 대상 없는 주시 상태에서 잠시 휴식한다. 큰 업무를 끝내고 난 뒤처럼 자리에 앉아 긴장을 푼다. 그리고 단지 마음과 마음을 지나는 모든 생각과 감정과 신체적 느낌을 관찰한다.

잠시 가볍게 마음을 휴식한 다음 애정이나 다정함을 느끼는 사람 또는 대상에 집중한다. 당신이 일부러 선택하지 않았던 사람이나 대상의 이미지가 당신이 선택하려고 했던 대상보다 더 강렬하게 떠오르더라도 놀랄 필요는 없다. 이것은 종종 자연스럽게 일어나는 일이다. 내가 아는 어떤 사람이 어릴 때 자신에게 매우 친절하게 대해 준 숙모에게 집중하기로 마음먹고 명상을 시작했다. 그러나 그에게 계속 떠오르는 이미지는 어릴 적에 키웠던 강아지였다. 이것은 저절로 일어나는, 마음의 자연스런 지혜의 한 예일 뿐이다. 그는 실제로 그 강아지와 관련된 따뜻한 기억들을 많이 가지고 있었고, 숙모에게 집중하려고 노력하는 대신 결국 강아지에 대한 기억에 따르게 되었을 때 명상이 한결 쉬워졌다.

따스함이나 애정의 느낌이 마음에 자리 잡도록 하라. 이러한 느낌들을 주시하는 것과 대상 없는 주시 상태에서 마음을 휴식하는 것을 몇 분씩 번갈아 가면서 한다. 이 두 상태를 번갈아 오가며 그 사람을 향해 당신이 지금 느끼는 다정하고 열린 마음을 그 사람 역시 똑같이 느끼기를 염원한다.

대상 없는 주시와 명상 대상에 주의를 집중하는 것을 몇 분간 번갈아 한 후에 두세 가지 방법으로 계속해 나갈 수 있다. 한 가지 방법은 매우 슬프고 고통스러운 상태에 있는 대상을 상상하는 것이다. 물론 당신이 선택한 대상이 이미 깊은 고통이나 슬픔 속에 있다면 그 사람의 현재 상태를 단지 떠올리기만 하면 된다. 어느 쪽이든 당신이 마음에 떠올린 이미지는 자연스럽게 깊은 애정과 유대감을 느끼게 만들고 그들의 고통을 덜어 주고 싶은 강한 열망을 갖게 해 준다.

또 다른 접근법은 선택한 사람이나 대상을 가볍게 주시하며 동시에 자신에게 이렇게 묻는 것이다. '나는 얼마나 행복해지기를 원하는가? 나는 얼마나 고통과 괴로움을 피하기를 원하는가?' 이 시점에서 되도록이면 구체적으로 생각해 보라. 예를 들어, 당신이 몹시 더운 곳에 갇혀 있다면 시원하고 툭 트인 장소로 옮겨 가고 싶은가? 신체적 고통이 느껴진다면 그 고통을 덜고 싶은가? 여기에 대한 답을 생각하면서 당신이 선택한 대상으로 서서히 주의를 돌린다. 그리고 똑같은 상황에서 그 사람이 어떻게 느낄 것인지 상상한다.

이 방법으로 명상하는 것은 다른 존재들에게 우리의 마음을 열게 해 줄 뿐 아니라 우리가 경험하는 고통과 불편함을 자신의 존재와 동일시하는 일 또한 사라지게 한다. 네팔에서 온 내 친구가 뉴욕의 같은 자동차 정비공장에서 과거에 사장이었던 사람이 모자로 얼굴을 가리고 일하는 모습을 발견한 것처럼 우리는 혼자가 아니다. 사람들, 강아지, 그리고 뭇 생명체들도 그들 자신의 방법으로 행복을 원하고 고통을 피하는 길을 추구하지만 근본 동기는 매우 비슷하다.

중생을 대상으로 한 자비 — 좋아하지 않는 사람이나 대상에 초점 맞추기

당신이 아는 사람과 애정 가진 사람들을 향해 사랑과 자비의 마음을 키우는 일은 그다지 힘들지 않다. 왜냐하면 그들이 어리석고 고집이 세서 목을 조르고 싶을 때조차도 결국 당신은 그들을 여전히 사랑하기 때문이다. 개인적으로 혹은 업무상으로 문제가 있는 사람들이나, 아니면 어떤 이유로 인해 정말로 싫은 사람에게까지 이 같은 따뜻한 감정과 유대감을 넓히기란 조금 더 어렵다.

명상을 배우는 사람 중에 거미를 끔찍이도 무서워하는 이가 있었다. 방구석과 창문턱, 또는 그의 주장에 따르면 더 지독한 일은 욕조 위에 거미가 기어다니는 것이다. 거미는 파리를 비롯해 마찬가지로 거미를 탐탁지 않게 여길 다른 벌레들을 잡기 위해 거미줄을 치거나 뛰어오르는 등의 늘 하던 일을 계속할 뿐이지만, 그는 빗자루로 내리치거나 청소기로 빨아들이며 거미를 없애려고 갖은 애를 썼다. 몇 달 동안 그는 자신의 행복하고자 하는 열망, 그리고 아픔과 고통을 멀리하려는 염원을 바라본 후에 거미와 약간 다른 관계를 맺기 시작했다. 시험 삼아 그는 거미랑 마주칠 때마다 전과 다르게 접근하려고 했다. 거미를 때려잡거나 청소기로 빨아들이는 대신에 용기를 내어 유리병에 거미를 잡아서 밖으로 풀어 주었다. 마침내는 이렇게까지 말할 수 있게 되었다.

"잘 가, 작은 친구. 좋은 먹이를 발견하고 행복을 찾아. 우리 집에서만은 말고. 알겠지?"

물론 그것이 거미가 창턱이나 욕조에 나타나는 일을 중단시킬 수 있었던 것은 아니지만 거미를 적군처럼 다루는 대신에 그는 그 존재를 자기 자신과 똑같은 생명체로 인식하기 시작했다.

유리병에 거미를 잡아서 밖으로 풀어 주는 것이 중생을 대상으로 하는 자비의 두 번째 차원을 더 확대시키는 대표적인 방법은 아닐 수도 있다. 하지만 하나의 시작이 될 수는 있다.

나에게 가장 효과가 있었던 비유는 내 뺨을 두 개의 매우 날카로운 바늘로 뚫는 상상을 하는 것이다. 왼쪽 뺨에 한 개, 오른쪽 뺨에 한 개. 오른쪽 뺨에서 느끼는 고통은 왼쪽 뺨에서 느끼는 고통과 어떤 차이가 있을까? 오른쪽 뺨의 고통은 내가 겪는 불행과 고뇌를 상징한다. 왼쪽 뺨의 고통은 내가 싫어하는 사람이나 존재가 겪는 아픔과 불행을 상징한다. 어느 한쪽이 다른 쪽보다 덜 고통스러울까? '그렇다'일 수도 있고 '아니다'일 수도 있다. 어쩌면 오른쪽 뺨에 바늘이 찔려 있는 데 너무 오랫동안 익숙해져서 더 이상 그것을 알아차리지 못할 수도 있다. 단지 둔한 통증에 불과할지도 모른다. 하지만 왼쪽 뺨을 찌른 바늘은 새로운 통증으로 민감하게 감지된다. 자기 자신이나 이미 애정을 느끼는 사람에 대해 자비 명상을 하면서 오른쪽 뺨의 바늘을 빼낼 수는 있다. 그러나 행복의 성취와 고통으로부터의 해방에 대한 열망을 자신이 좋아하지 않는 사람들에게로 확장시키기 전까지는 왼쪽 뺨의 바늘은 그대로 꽂혀 있다. 당신은 그들이 고통 받고 불행하기를 원한다. 아마 그들에게 질투를 느끼거나 분개할 수도 있다. 하지만 이 분개, 질투, 싫어함의 통증을 느끼는 사람은 누구인가?

바로 당신이다.

당신이 싫어하는 사람에게 사랑과 자비의 마음을 가지고 접근하는 것에는 또 다른 이점이 있다. 그 사람이 당신이나 다른 사람을 불친절하게 대한다고 가정하자. 당연히 당신은 그 사람에게 화를 내거나 방어적으로 다가간다. 당신의 기분이 꽤 안정적일 때조차도 그렇게 한다. 하지만 자비 명상은 왜 그 사람이 다른 사람에게 상처 주는 말을 하고 행동을 하는가에 대해 깊은 통찰을 갖게 한다. 그 사람은 고통 속에 있고 혼란스러우며, 그래서 편안함과 안정감을 갈구하고 있는 것이다.

나의 속가 제자 중에 큰 제조업체의 마케팅부서에서 일하기 시작한 남성이 있다. 어느 날 그는 경리부서 담당자인 여성으로부터 미팅을 갖자는 전화를 받았다. 회의는 몹시 불편한 분위기 속에서 시작되었다. 그녀는 매우 논쟁적이고 말을 쉼 없이 했으며 누군가 자신의 말을 가로막거나 다른 의견을 제시하면 얼굴이 벌겋게 달아올라서는 더욱 강하게 자신의 주장을 폈다.

나의 제자는 의자에 편히 기대어 앉아 지켜보면서 그 여성을 사랑과 자비의 마음을 가지고 바라보기 시작했다. 그러자 어린아이처럼 남의 말을 절대로 듣지 않는, 분노의 벽 뒤에 있는 어린 소녀가 보였다. 그래서 내 제자는 고개를 끄덕이며 그 여성의 말에 동의하기 시작했고 그녀의 관찰이 매우 지성적이며 훌륭한 의견이라고 말했다. 그러자 그녀는 서서히 긴장을 풀기 시작했고 차츰 분노가 사라졌으며 다른 사람의 말에 귀를 기울이고 실제로 다른 의견을 진지하게 고려하게 되었다. 친한 친구 관계가 된 것은 아니었지만 그 첫 미팅 이후 그 여성은 나의 제자에게 거의 언제나 회의에 함께 참석하자고 했다. 내 제자와 동석할 때면 그녀는 매우 차분해질 수가 있었다. 내 제자가 경리부서에 갈 일이 있을 때마다 그 부서 직원들은 안도의 한숨을 내쉬었다. 왜냐하면 그의 존재로 인해 그 여성의 분위기가 순간 부드러워지고, 나아가 부서원들을 더 친절하게 대하려고 노력했기 때문이다.

이것은 마침내 모든 사람들에게 양쪽이 다 승리하는 '윈-윈' 상황이 되었다. 사람들이 그 여성의 지성적인 판단을 경청하고 높이 평가함으로써 그녀는 자신의 고통으로부터 조금이나마 해방될 수 있게 되었으며 그녀 밑에서 일하는 사람들은 끊임없는 지적을 받지 않게 되었고 사람들이 그녀에 대해 느끼는 불쾌한 감정 역시 서서히 누그러지기 시작했다.

그리고 나의 제자 스스로도 사랑과 자비로부터 탄생하는 투명함과 지혜로써 어려운 상황을 다룰 수 있음을 깨닫고 자기 자신에게 더 큰 자신감을 갖게 되었다.

모든 존재를 대상으로 한 자비

물론 이미 알고 있는 사람을 향해 사랑과 자비의 마음을 기르는 것은 약간의 수행을 하고 나면 그다지 힘들지 않다. 그러나 모르는 사람들을 향해, 그것도 많은 경우 거의 알게 될 가능성이 없는 사람들을 향해 똑같이 따뜻한 감정과 유대감을 넓히는 것은 좀 더 어려운 일이다. 세상 도처에서 일어나는, 심지어 우리의 이웃에게 일어난 비극에 대해 들었을 때 우리는 무력감과 절망감이 들 수 있다. 문제의 원인들이 너무 복잡한 것이다. 그리고 때로는 우리 자신의 일과 가족들의 삶이 우리가 그들을 직접적으로 도와주는 것을 방해한다. 모든 존재를 대상으로 하는 자비 명상은 이런 절망적인 기분을 줄이는 데 도움이 된다. 또한 자신감과 분명한 시각을 가짐으로써 우리가 처한 상황이 무엇이고 만나는 사람이 누구이든 두려움이나 절망감 없이 대할 수 있는 토대를 갖게 된다. 우리는 그러한 시각을 갖지 않았으면 보지 못했을 가능성들을 볼 수가 있으며, 우리 내부의 가능성들에 더 깊이 감사하는 마음을 키워 갈 수 있다.

모든 존재를 대상으로 하는 자비의 마음을 일으키는 데 특히 효과가 있는 명상 수행은 티베트어로 '통렌'이라고 알려진 것이다. 영어로는 '주고받기'라고 번역할 수 있는데 이는 실제로 매우 간단한 수행이며 시각화와 호흡의 단순한 공동 작업만이 필요하다.

언제나 그렇듯이 첫 번째 단계는 편안한 몸자세를 발견하는 것이고, 그다음은 대상 없는 주시 속에 마음을 편히 휴식하는 것이다. 그런 다음 이런 생각에 집중한다. '내가 행복을 성취하고 고통을 피하기를 원하듯이 다른 존재들 또한 같은 마음을 갖고 있다.' 특정 대상을 시각화할 필요는 없지만 만일 도움이 된다고 판단되면 구체적인 사람을 떠올리며 시작할 수도 있다. 하지만 결국 통렌은 당신이 상상할 수 있는 사람이나 존재를 뛰어넘어 동물, 곤충 그리고 지진과 폭풍과 홍수와 전쟁으로 고통 받는 생명체들을 포함해 모든 자각 있는 존재로까지 확장된다.

내가 배운 것처럼 핵심은 세상이 무한한 숫자의 존재들로 가득 차 있다는 사실을 단순히 기억하고 이렇게 생각하는 것이다. '내가 행복을 원하는 것처럼 모든 존재들은 행복을 원한다. 내가 고통을 피하기를 소망하는 것처럼 모든 존재 역시 고통을 피하기를 소망한다.' 그리고 중생을 대상으로 한 자비 수행을 할 때처럼 이런 생각이 당신의 마음 안에 흐를 때 다른 존재들의 행복과 고통으로부터의 해방을 적극적으로 소망하는 당신 자신을 발견하게 될 것이다.

다음 단계는 당신이 경험한 적이 있거나 혹은 현재 경험하고 있는 행복이 무엇이든 간에 그것을 모든 자각 있는 존재들에게 보내고 그들의 고통을 흡수하는 수단으로써 호흡에 집중하는 것이다.

숨을 내쉴 때 당신의 삶 동안 얻은 모든 행복과 혜택들이 밝은 빛의 형태로 당신에게서 뿜어져 나가 모든 존재를 향해 가닿고 그들 내부로 흡수되어 그들이 바라는 바가 이루어지며 그들의 고통이 제거되는 것을 상상한다. 반면에 숨을 들이쉴 때는 모든 자각 있는 존재의 아픔과 고통이 당신의 콧구멍 속으로 일종의 검고 끈적끈적한 연기의 형태로 흡수되어 당신의 심장 속으로 녹아들어 간다고 상상한다. 이 명상을 계속해 나가면서 모든 존재가 고통으로부터 자유로워지고 환희와 행복으로 가득해진다고 상상한다.

이런 식으로 잠시 명상하고 나서 마음을 편안히 휴식한다. 그런 다음 명상을 재개해 통렌 수행과 마음을 휴식하는 것을 주기적으로 번갈아 가면서 한다.

만일 시각화에 도움이 된다면 몸을 곧게 세우고 앉아 주먹을 살짝 쥐어 가볍게 허벅지에 얹는다. 숨을 내쉴 때는 빛이 모든 존재를 향해 뿜어져 나간다고 상상하면서 손가락을 펴서 무릎 쪽으로 미끄러지게 한다. 숨을 들이쉴 때는 손바닥을 다시 원래 위치로 끌어올려서 다른 존재들의 어두운 고통을 끌어당겨 자신에게 흡수시켜 사라지게 하듯이 주먹을 다시 살짝 쥔다.

세상은 정말 많은 종류의 생명체들로 가득 차 있고, 심지어는 그들 모두를 상상하는 것조차 불가능하다. 하물며 각각의 모든 존재에게 직접적이고 즉각적인 도움을 주기란 더 불가능하다. 하지만 통렌 수행을 통해 당신은 무한한 생명체들에게 마음을 열고 그들의 행복을 기원한다. 그 결과 당신의 마음은 더욱 맑고 고요해지며 한층 집중되고 깨어 있게 된다. 그리고 당신은 직접적이든 간접적이든 무한한 방법으로 다른 존재들을 돕는 능력을 점차 키워 갈 수 있다.

대상 없이 일으키는 자비—보리심

마지막 단계는 산스크리트어로 보디치타라 부르는데, 이것은 종종 '깨어난 마음'이라고 번역되며 두 개의 산스크리트어가 합쳐진 것이다. 보디는 산스크리트어 동사 어간 '부드'에서 나온 것으로 '깨어난, 자각하게 된, 주목하게 된, 이해하게 된'으로 번역될 수 있다. 그리고 치타는 대개 '마음'으로 번역되지만 때로는 '영감'의 의미에서 '영'으로 해석되기도 한다.

불교 전통에서는 두 종류의 보리심, 즉 절대적인 보리심과 상대적인 보리심을 이야기한다. 절대적인 보리심은 수행의 모든 단계를 완수함으로써 완전히 순수하게 된 마음, 그리고 그 결과 의문이나 흔들림 없이 실체의 본성을 곧바로 보는 마음이다. 모든 자각 있는 존재들 안에 잠재된 참본성의 씨앗이 거대한 나무로 자라난 것이다. 모든 것을 볼 수 있고 알 수 있는 절대적인 보리심은 모든 생명체가 그들 자신의 본성에 무지할 때 겪게 되는 고통을 날카롭게 자각한다. 그리고 모든 존재를 깊은 고통으로부터 해방시키기 위해 깨달음을 성취하겠다는 열망을 갖는다. 이것이 붓다가 도달한 마음의 상태이며 완전한 깨달음을 이루기 위해 그의 뒤를 따른 이들의 경우였다.

하지만 우리들 중에 절대적인 보리심을 즉각 경험할 수 있는 사람은 거의 없다. 역사 속의 붓다도 이 완전히 깨어난 자각에 이르고자 현생에서만 6년 동안 힘든 수행을 해야 했다. 그리고 전설에 따르면 그는 이 목표를 향해 수없이 많은 생들을 보냈기 때문에 이번 생에서 비교적 짧은 순간에 그것을 성취할 수 있었다.

우리들 대부분은 보다 점진적인 길인 상대적인 보리심을 따라 훈련하는 것이 필요하다. 이것은 모든 자각 있는 존재들이 지적인 이해가 아니라 실제 체험을 통해 그들의 참본성을 완전하게 실현하기를 바라는 염원을 키우고 그 목표를 성취하기 위해 행동에 옮기는 것이다.

상대적인 보리심을 키우는 데는 두 가지 측면이 존재한다. 보리심을 일으키는 발보리심과 보리심을 실천하는 행보리심이 그것이다. 발보리심은 모든 자각 있는 존재가 그들의 진정한 본성을 완벽히 깨닫는 차원에까지 이르도록 마음 깊은 열망을 키우는 일이다. 그것은 다음과 같은 생각으로 시작한다. '모든 자각 있는 존재가 똑같은 깨달음의 상태에 이르는 것을 돕기 위해 나는 완벽한 깨달음을 성취하기를 원한다.' 대부분의 불교 수행은 이런 원을 표현하는 기도로 시작한다. 자신에게 익숙한 언어나 단어로 이 기도를 암송하는 것만으로도 수행의 목적을 더 넓게 갖게 되기 때문에 큰 도움이 된다. 하지만 그러한 기도와 원은 실제로 약간의 시간이라도 내어 모든 존재를 대상으로 하는 자비심을 행동으로 옮기기 전까지는 단지 말에 불과할 뿐이다. 앞에서 보았듯이 다른 사람 속에 있는 행복을 향한 갈망과 고통으로부터 해방되려는 욕망을 직접 느껴 보지 않고서는 나 자신의 완벽한 행복과 고통의 종식을 경험할 방법은 없다. 자신의 해방을 향한 노력은 마치 한쪽 뺨에서만 바늘을 빼내는 일과 같다. 다른 쪽 뺨에 바늘이 남아 있는 한 우리는 언제까지고 불편함과 아픔과 두려움을 느낄 것이다.

벅찬 일처럼 들리는가? 자기 자신이 깨어나는 일도 충분히 힘든데 하물며 다른 사람들을 똑같은 깨어남으로 인도하는 것은 더욱 힘들어 보인다. 그러나 자식을 잃은 여인의 이야기로 돌아간다면 깨어 있는 사람 앞에서는 다른 사람도 깨어나는 일이 가능하다는 것을 짐작할 수 있다. 때때로 이 깨어남은 조언을 따르거나 가르침을 듣거나 스승의 모범을 따르는 형태가 될 수도 있다.

보리심의 실천은 다른 사람들을 잠에서 깨우려는 목표에 초점이 맞춰져 있다. 보리심을 일으키는 마음(발보리심)은 사람들을 한 장소에서 다른 장소로 옮기고자 하는 염원이고, 보리심의 실천(행보리심)은 그 염원을 행동에 옮기는 수단이다.

보리심을 실천하는 많은 방법들이 있다. 예를 들어 도둑질, 거짓말, 험담, 그리고 고의적으로 고통을 야기하는 방식으로 말하고 행동하는 것을 자제하는 일이다. 또한 다른 사람들에게 너그럽게 행동하기, 불화와 다툼을 화해시키기, 홧김에 내뱉기보다는 부드럽고 차분하게 말하기, 다른 사람에게 일어난 좋은 일에 질투와 시기로 압도되기보다는 크게 기뻐해 주기 등의 방법이 있다.

이런 종류의 행동은 명상을 통해 느낀 자비심을 일상의 모든 상황으로 확대시키는 길이다. 이것은 모든 사람들에게 있어 양쪽이 다 혜택을 얻는 '윈-윈' 상황을 만든다. 힘든 감정과 문제 있는 상황을 경험하는 이가 자신만이 아니라는 사실을 깨달았기에 우리는 승리하게 된다. 이런 인식이 깊어질수록 스스로에 대한 자신감이 더 깊어지고 다른 사람들에게 더 사려 깊고 인정 있게 반응할 수 있다. 또한 우리 주위 사람들도 승리한다. 그들의 고통에 대한 직관적인 느낌을 발달시킴으로써 우리가 그들을 향해 더 친절하고 더 사려 깊은 방식으로 행동하기 때문이다. 그래서 이번에는 그들 쪽에서 다른 사람들을 향해 더 자비롭게 행동하기 시작한다.

모든 존재를 완전한 자유와 그들의 참본성을 깨닫는 완전한 행복으로 인도하려는 의도만큼 더 위대한 원, 더 큰 용기는 없다. 당신이 그 목적을 이루는가 아닌가는 중요하지 않다. 원 자체만으로도 힘을 가지고 있어서 그 원을 가지고 일할 때 당신은 더 강해질 것이다. 마음과 감정의 습관들도 줄어들 것이다. 다른 존재들을 돕는 데 더 능숙해질 것이다. 그리고 그렇게 함으로써 당신 자신의 행복을 위한 원인과 조건을 창조하게 될 것이다.

고통과 그것의 원인을 이해하는 것, 우리에게 내재된 잠재 가능성, 그리고 그 이해를 직접적인 행동으로 옮기는 수단들은 우리가 태어날 때부터 잃어버렸다고 생각한 '행복 참고서'라 부를 수 있을 것이다.

10

삶을 진리 발견의 길로 삼기

모든 것은 명상에의 초대장으로 이용될 수 있다.

소걀 린포체 〈삶과 죽음을 바라보는 티베트의 지혜〉

'문제를 헤치고 나아가려면 문제가 필요하다.'
이 말은 조금 이상하게 들릴 수도 있고 급진적으로 들릴 수도 있다. 하지만 붓다는 그 시대의 급진주의자였다. 그는 고통에 대해 동시대의 몇몇 사람들이 제안한 것들과는 여러 면에서 다른 치료법을 제시했다.

내가 어렸을 때 들은 티베트 은둔 수행자들의 전통 하나가 기억난다. 수행자들은 몇 달간 때로는 몇 년 동안을 전혀 방해받지 않고 명상에만 전념할 수 있는 고립된 산속 동굴에서 보낸다. 멋있게 들리지 않는가? 누구한테도 방해받지 않는 단순한 삶이다. 마음의 평화를 키울 수 있는 완벽한 상황이다. 한 가지 작은 문제만 제외하고는.

그 문제란, 지나치게 평화롭다는 것이다.

  산속 동굴에서 혼자 살아가는 것은 혼란스런 생각과 감정, 그리고 그 밖의 여러 모습의 두카들과 맞붙어 볼 기회를 안겨 주지 않는다. 그래서 이 은둔 수행자들은 주기적으로 산에서 내려와 도시나 마을로 가서 이상한 말을 지껄이거나 미친 행동을 했다. 그러면 사람들은 화가 나서 그들에게 소리를 지르거나 욕을 퍼붓고 심지어는 때리기까지 했다. 이때 수행자들은 자신이 겪는 언어적, 정신적, 신체적 학대를 명상의 방편으로 삼았다. 그것들은 더욱 흔들리지 않는 마음을 갖는 기회가 되었으며, 나아가 자신의 본질과 다른 사람의 본질, 경험의 본질에 대한 잘못된 생각들을 더 철저히 깨부수는 기회가 되었다.

  이해가 깊어지면서 그들은 고통의 근본 상황과 그것의 원인을 한층 깊이 인식하게 되고, 너무도 많은 사람들의 삶을 지배하는 혼란을 더욱 날카롭게 자각하게 되었다. 그 혼란이란 자신의 '나'가 영원불변하고 독립적이며 개별적인 존재라는 착각에 바탕을 둔 스스로 창조한 고통이다. 이러한 이해를 통해 수행자들은 자신을 모욕하는 사람들을 향해 가슴을 열게 되었고 마음 깊이 사랑과 자비를 느꼈다. 은둔 수행자들은 몇 시간 동안 앉아서 앞서 설명한 수행법들을 이용해, 자신을 조롱하고 때림으로써 영적 성장을 도와준 사람들에게도 자신이 발견한 깨달음이 전해지기를 염원했다.

  물론 우리들 대부분은 은둔 수행자가 아니며, 이런 점에서 우리는 사실 운이 좋은 것이다. 굳이 문제를 찾아 돌아다니거나 문제들과 만나려고 약속을 정할 필요가 없다. 혼란스러운 생각과 감정들을 경험하기 위해 돈 한 푼 들일 필요가 없다. 우리의 삶은 상상 가능한 온갖 다양한 도전들로 둘러싸여 있기 때문이다.

그렇다면 그것들을 어떻게 다룰 것인가?

으레 우리는 그것들을 적으로 취급해 거부하거나 제거하려고 노력한다. 아니면 '주인'으로 대하며 그것들이 우리를 제압하도록 놔둔다.

옛 은둔 수행자들이 좋은 예가 되어 준 세 번째 선택사항은 중도이다. 즉 삶에서 일어나는 일들을 우리 안에 있는 지혜와 친절과 자비의 능력을 더 깊이 깨닫는 수단으로 이용하는 것이다.

이 접근법을 '삶을 진리 발견의 길로 삼기'라고 부를 수 있다.

다른 삶이 아니라 지금 여기, 지금 이 순간 당신의 있는 그대로의 삶 말이다.

붓다가 처방한 치료 계획의 근본 목표는 문제를 해결하거나 제거하는 것이 아니라, 문제를 우리 안에 잠재된 능력을 인식하기 위한 토대로 이용하는 것이다. 모든 생각과 감정과 신체적인 느낌들은 우리의 주의를 내면으로 돌려 그 근원에 좀 더 가까워질 수 있게 하는 기회들이다.

많은 사람들은 명상을 마치 헬스클럽에 가는 것처럼 하나의 훈련으로 여긴다. 하지만 명상은 삶과 분리된 것이 아니다. 명상은 당신의 삶 그 자체이다.

어떤 의미에서 우리는 언제나 명상을 하고 있다. 혼란스런 감정과 생각들에 집중하고, 경험들을 통해 나는 누구이며 어떤 존재인가에 대해, 그리고 자신이 몸담고 있는 상황의 본질에 대해 결론을 내린다. 이런 종류의 명상은 종종 의식적인 참여 없이 자연 발생적으로 이루어진다.

 삶을 진리 추구의 길로 삼는다는 것은 곧 이 무의식적인 명상을 의식의 차원으로 끌어올리는 일이다. 나 자신을 포함해 많은 사람들은 마음의 고통을 즉시 해결하려는 희망을 품고 이 접근법을 받아들인다. 물론 그 자리에서는 약간의 효과가 있지만 그다지 오래가지 않는다. 해방감이 사라지면서 사람들은 흔히 이렇게 생각한다. '아, 불교적인 방법도 소용이 없군.'

 하지만 단 몇 초 동안 시간을 내어 자신의 경험을 들여다보는 것으로 시작해 차츰 정식 수행으로 넓혀 간다면 우리는 붓다의 치료 계획이 심리적인 안정제 이상의 것임을 알게 될 것이다. 우리의 생각과 감정과 기분을 조사함으로써 우리는 귀중한 어떤 것을 발견하게 된다.

숨겨진 황금

> 모든 존재들은 저마다 마음 안에 진귀한 보물을 품고 있다.
> 〈보성론〉

여기 오래된 이야기가 하나 있다. 진흙밭을 건너던 어느 인도인 남자가 어쩌다가 손에 들고 있는 황금 덩어리를 떨어뜨렸다. 그 후 밭은 마을 사람들이 각종 쓰레기와 음식 찌꺼기 등을 내다 버리는 진흙투성이 쓰레기장으로 변했다. 갈수록 늘어나는 진흙과 쓰레기 더미에 묻힌 채 황금 덩어리는 수 세기 동안 그곳에 파묻혀 있었다. 마침내 하늘의 신이 그 광경을 내려다보았고, 금을 찾는 어떤 사람을 향해 말했다.

"보라, 저기 온갖 쓰레기 더미 밑에 큰 황금 덩어리 하나가 깊이 파묻혀 있다. 그것을 파내어 뭔가 유용한 것을 만들라. 소중한 물건을 저대로 쓸모없게 썩혀 두지 말고 그것으로 아름다운 장신구 등 다른 무엇이든 만들라."

물론 이 이야기는 참본성을 인식하는 일에 대한 비유이다. 참본성은 종종 무지, 욕망, 혐오, 그리고 이 세 가지 기본 독으로부터 생겨난 다양한 형태의 심리적 감정적 혼란이라는 '진흙'에 덮여 가려져 있다.

붓다의 근본 가르침과 붓다 이후의 스승들이 쓴 해설서들에서는 참본성을 이해하는 데 도움이 되는 많은 비유들을 들고 있다. 하지만 황금의 비유가 사람들에게는 가장 이해하기 쉬운 비유인 듯하다. 그래서 그 주제를 가르칠 때 내가 청중에게 던지는 첫 번째 질문은 이것이다.

"황금의 특성이 무엇이지요?"

대답은 다양하다.

"빛이 납니다."

"변하지 않아요."

"영원해요."

"소중해요."

"귀해요."

"비싸요!"

"완전해요."

모두가 매우 타당한 답변들이다.

이때 나는 두 번째 질문을 한다.

"수 세기 동안 진흙과 쓰레기 더미에 묻혀 있던 황금 덩어리와 사람에게 발견되어 진흙이 씻겨진 황금 덩어리에 차이가 있나요?"

대답은 늘 "아니요."이다.

수 세기에 걸친 진흙이 황금의 본성을 변화시키지 않은 것처럼 심리적 감정적 혼란이 우리의 참본성을 바꿀 수는 없다. 하지만 두꺼운 진흙층이 순수 황금 덩어리를 평범한 돌덩어리로 보이게 만들듯이 잘못된 고정관념이 우리의 참본성을 가릴 수는 있다. 어떤 면에서 우리는 우리 자신을 진흙에 덮인 돌로 여기는 경향이 있다.

황금 덩어리의 표면을 일부분이라도 확인하려고 거죽의 진흙과 오물을 문질러 없애는 황금 수집가처럼 참본성의 '황금 덩어리'를 얼핏이라도 보기 위해서는 그것을 가리고 있는 '진흙'을 닦아 낼 필요가 있다.

우리 대부분에게 그것은 매우 느리고 더딘 과정이다. 자신의 참본성과 현실에 대한, 어쩌면 불편할 수도 있는 새로운 시각에 적응하려면 시간이 필요하다. 뿐만 아니라 인간 삶의 큰 부분을 차지하는 무수한 형태의 스스로 창조한 고통에 대해 판단을 개입시키지 않고 자각하려면 시간이 걸린다.

나는 불교철학과 수행이 깊이 스며 있는 문화에서 자랐으며 운 좋게도 현명하고 노련한 스승들의 참을성 많은 인도를 받아 왔다. 그분들 역시 붓다에게까지 거슬러 올라가는, 스승에서 제자로 직접 전수되는 계보 안에서 가르침을 받았다. 그러나 그런 운 좋은 환경이라 해도 나의 참본성이 자유롭고 투명하고 무한한 잠재 능력을 지니고 있음을 이해하기란 어려운 일이다. 물론 나는 아버지와 스승님들이 전한 가르침이 진실임을 믿었지만 내 안에서 그것들을 깨닫지는 못했다. 특히 불안과 공포감 같은 강력한 감정들이 나를 꽉 움켜쥐고 있을 때는 숨조차 쉴 수 없었다.

따라서 나는 사람들에게 이런 질문을 받는 것이 놀랍지 않다.

"만일 이 모든 위대한 특성들이 내 안에 있다고 한다면 왜 내 기분이 이토록 엉망인 거죠? 왜 나는 화가 나죠? 왜 이토록 절망적인 기분이 들죠? 왜 우울하죠? 왜 나는 항상 남편(혹은 아내, 자녀, 친구)과 논쟁을 벌이죠?"

참본성을 가로막는 것들

다시 태어나는 것은 우리가 아니라 우리의 습관들이다.
달라이 라마 〈평정으로 가는 길〉

이 질문에는 몇 가지 방식으로 답할 수 있다.

우선 제거해야 할 오래되고 딱딱하며 매우 두꺼운 진흙층이 있다. 세포든 원자든 매초마다 변화하고 있는 그 진흙층 속으로 파고 들면서 우리는 확실성과 안정과 만족을 갈구한다. 무지와 집착과 혐오의 세 가지 근본 독은 이러한 갈구에 대한 매우 기본적인 반응이라 할 수 있다. 우리는 나와 남, 주체와 객체 같은 이분법적인 단어들에 기초한 관점을 만들어 낸다. 그리고 그렇게 구별한 것을 좋고 나쁨, 유쾌하고 불쾌함으로 정의 내리며 그것들에 영속성과 개별성과 독립성을 부여한다.

물론 상대적인 단어들로 경험을 정리하고 해석하는 습관은 하룻밤 사이에 만들어지는 게 아니다. 아침에 잠에서 깨어 "아, 나의 세상을 이분법적으로 정의하기 시작해야겠군." 하고 말하지는 않는다.

앞에서 본 것처럼 우리의 생리적인 구조―감각기관들 사이의 관계, 뇌의 다양한 구조, 그 밖의 신체조직들의 자동적인 반응들―는 우리의 경험들을 구분과 나눔의 관점에서 정리하는 성향이 있다. 한편 개인적인 삶에서 일어나는 사건들뿐만 아니라 문화적 배경과 가정환경이 이 생물학적인 성향을 강화시킨다. 그런 식으로 계속해서 돌고 돈다. 견해는 경험에 영향을 미치고, 경험은 행동에 영향을 미치며, 행동은 경험에 영향을 미치고, 경험은 견해를 강화시킨다. 진흙층이 한 층 한 층 쌓여 가는 것이다.

견해와 경험과 행동의 관계에 대한 붓다의 가르침을 자세히 풀이한 〈아비달마〉에서는 무지와 집착과 혐오라는 고질적인 습관의 다양한 조합과 재조합을 통해 일어나는 8만 4천 가지 마음의 괴로움을 열거하고 있다. 얼마나 엄청난 진흙층인가! 그것들 중 어떤 것이 우리의 특정한 상황에 적합한지 알아내기 위해 8만 4천 가지의 조합을 다 살펴보려면 한평생이 걸릴 수도 있다.

그런데 이 조합들 중 어떤 것들은 서로 밀접한 관계를 이룬다. 이 특정한 조합들은 우리 자신, 다른 사람, 우리의 관계, 그리고 나날의 삶에서 우리가 맞닥뜨리는 다양한 상황들을 해석하는 우리의 관점에 근본적인 차원에서 영향을 미친다. 이 점을 자각할 때 우리가 삶에서 마주치는 많은 도전들을 더욱 쉽게 이해할 수 있다. 지난 여러 해 동안 내가 알게 된 사실이 그것이다. 특히 참본성에 대한 가장 자세한 가르침 중 하나인 〈보성론寶性論〉은 참본성을 자각하지 못하도록 가로막는 우리의 다섯 가지 습관을 제시한다. 그 습관들이 우리가 겪는 많은 심리적 감정적 혼란의 밑바탕에 자리하고 있는 것이다.

현대 심리학 용어로는 이 습관들을 흔히 '왜곡'이라 일컫는다. 우리 자신, 다른 사람, 주변 세상에 대한 제한된 관점에 우리를 가두는 인지구조인 '스키마'가 그것이다. 나는 그것들을 '참본성을 가로막는 것들'이라고 부른다. 이것들은 우리가 삶에서 경험하는 일들을 구분하고 그것들에 반응하는 습관인데, 이 습관들이 우리로 하여금 단순히 괜찮거나 잘 적응하거나 정상이라는 정신치료학적인 판단을 넘어서서 자유롭고 투명하고 지혜롭고 경이로운 순수 자각의 상태를 경험하는 것을 가로막는다.

붓다의 계획은 단순히 '괜찮아지는' 법을 배우는 것보다 훨씬 높은 차원을 향해 있다. 바로 우리 자신이 붓다가 되는 일이다. 다시 말해 모든 경험, 즉 슬픔, 수치심, 질투, 절망, 병, 심지어 죽음에조차도 순수한 시각으로 다가설 수 있는 우리 자신의 능력을 깨우는 일이다. 이 순수 시각은 우리가 그랜드캐니언이나 옐로스톤 국립공원 혹은 세계 최고층 빌딩인 대만의 101층 타워 전망대 같은 곳을 처음 방문했을 때 경험하는 것과 같다. 두려움, 판단, 불안, 의견 충돌들에 앞서 거기에는 경험과 경험자 사이의 어떤 구분도 초월하는 직접적인 순수 자각의 순간이 존재한다.

〈보성론〉에서 설명하는 이 결합들, 즉 참본성을 가로막는 것들에 대한 산스크리트어와 티베트어 해석은 매우 길다. 하지만 여기서는 현대의 독자들이 쉽게 이해하도록 간단히 소개하는 정도로 끝내는 것이 좋을 것이다.

단어 자체의 뜻만 보면 참본성을 가로막는 첫 번째의 것은 '소심함' 또는 '움츠러듦'이다. 더 깊은 차원에서 이것은 자기 자신을 판단하고 비판하는 깊이 뿌리박힌 성향이다. 생각과 느낌과 성격과 행동 등에서 단점이라고 여겨지는 것들을 과장되게 해석하는 것이다. 우리 눈에는 우리 자신이 무능하고 불충분하고 '나쁜' 존재로 여겨진다.

북미지역 첫 순회강연을 시작했을 때 나는 스물네 살이었다. 원래는 나의 형 촉니 린포체가 강연하기로 예정되어 있었는데 급히 처리할 일이 발생해 내가 그 자리를 대신 메우게 되었다. 순회강연이 시작되고 보름쯤 지났을 때 한 여인이 개인 면담실로 나를 찾아왔다. 짤막한 소개를 하고 그녀는 자리에 앉았다. 나는 그녀가 긴장을 풀도록 몇 가지 일상적인 질문을 던졌다. 강연이 어떠했는지, 내가 한 말이 잘 전달되었는지, 그리고 다른 특별한 질문이 있는지 물었다.

첫머리에 몇 마디 대화를 나눈 뒤 그녀는 잠시 말없이 앉아 있었다. 온몸이 긴장되어 보였다. 그녀는 눈을 지그시 감고서 깊은 숨을 들이쉰 다음 이윽고 눈을 떴다.
그녀는 거의 속삭이는 듯한 나직한 목소리로 말했다.
"난 나 자신이 싫어요."
지금 그 고백을 돌이켜 보니 그녀가 그 말을 하기까지 얼마나 많은 용기가 필요했는지 이해할 수 있다. 처음 북미지역에서 강연할 때는 영어에 대한 지식이 거의 없어서 나는 늘 옆에 통역하는 사람을 대동하고 있어야만 했다. 개인 면담을 위해 찾아온 그 여인은 자신의 속 깊은 고민을 나뿐만 아니라 함께 있는 통역자에게도 털어놓아야만 했다.
통역자가 그녀의 말을 정확하게 옮겨 주었음에도 나는 약간 혼란스러웠다. 〈아비달마〉에 나오는 8만 4천 가지의 심리적 감정적 갈등 중에 '자기혐오'와 일치하는 것이 분명히 있다. 하지만 자신을 미워한다는 말 자체가 내게 생소했고, 그래서 그녀가 의미하는 바를 거듭 되묻는 어색한 상황이 연출되었다.
그녀는 다시 긴장했고 이내 눈물을 쏟기 시작했다.
"난 제대로 할 수 있는 게 아무것도 없어요. 지금까지 내게 서툴고 어리석다고 말한 사람들이 다 기억나요. 엄마는 내가 식탁을 제대로 차리지 못하고 설거지도 똑바로 못한다고 야단쳤어요. 학교 선생님들은 내가 절대로 배울 수 없을 거라고 했어요. 난 학교에서든 집에서든 모든 걸 잘하려고 열심히 노력했어요. 하지만 노력하면 할수록 서툴고 바보스런 나 자신이 더 혐오스러워졌어요. 괜찮은 직장을 구했지만 누군가 나의 실수를 지적할까 봐 늘 겁이 나고, 너무 불안해하니까 자꾸만 실수를 저지를 수밖에 없어요. 교회에선 성가대 활동을 하는데 사람들이 내 목소리를 칭찬할 경우에도 난 내가 어디서 박자를 틀렸나를 생각할 뿐이고 나를 동정하는 마음에서 그냥 좋은 말을 해 주는 거라는 생각이 들 뿐이에요. 너무 무기력하고 절망스러워요. 다른 사람이 되었으면 좋겠어요. 주변 사람들이 웃고 떠들며 친구들과 함께 식사하러 나가고 서로 어울려 지내는 걸 보면서 난 '왜 난 저들처럼 될 수 없지? 나한테 잘못된 게 뭐지?' 하는 의문이 들어요."

그녀의 얘기를 들으면서 나는 나의 어린 시절을 돌이켜 보기 시작했다. 늘 불안과 공포감에 지배당하던 생각과 느낌들, 그리고 종종 그것들에 좌우되어 달라지곤 하던 신체적인 기분들, 또한 아버지와 스승님들이 내게 가르쳐 주는 것들을 이해할 수 없을 때 밀려오던 좌절감들……. 며칠에 걸쳐 나 자신의 경험을 돌아보면서 나는 자기혐오가 어떤 느낌인지 조금이나마 이해할 수 있었다. 늘 그녀의 마음을 따라다니는 자기비판적인 생각이나 감정과 똑같은 것을 내가 느꼈다고 말할 수는 없다. 두카는 어느 존재에게나 해당되는 보편적 조건이지만 개인마다 다른 형태로 나타난다. 이 여인의 고민을 살펴보는 과정은 내게 '불만족'의 새로운 언어들에 관심을 갖도록 만들었다. 서로 다른 문화에서 살아가는 사람들의 삶에 있어 특정하게 등장하는 말과 용어들, 경험들에 관심을 갖는 계기가 된 것이다.

불만족의 언어

볶은 씨앗은 싹을 틔울 수 없다.
〈공덕 보고〉

자기혐오는 어쩌면 하나의 극단적인 예일 수도 있지만 참본성을 가로막는 첫 번째 장애인 이것은 자기 자신을 하찮게 여기는 시각이다. 지난 여러 해 동안 나는 많은 사람들이 비록 용어는 다르고 때로는 덜 심각하더라도 그런 비슷한 기분을 표현하는 것을 보아 왔다. 그중 어떤 것은 나도 익숙했다. 이를테면 목표를 이루지 못한 것에 대한, 혹은 흥분한 순간에 자신도 모르게 내뱉은 말이나 행동에 대한 자책감과 수치심과 분노가 그것이다.

내가 만난 많은 사람들 역시 낮은 자존감에 대해 말했다. 무엇인가를 성취할 능력에 대한 끝없는 의심, 무엇이든 자신의 탓으로 돌리거나 자신이 관여하는 일은 성공할 가능성이 거의 희박하다고 여기는 꽤 뿌리 깊은 습관들이 그것이다. 행동 불안 장애에 대해 말하는 이들도 있었다. 자신이 하는 일이 충분히 훌륭하지 않다고 느끼는 것이다. 그들은 자신을 더욱 혹사시키면서 완벽주의자나 일 중독자가 되어 간다. 그들은 해야 할 일과 하지 말아야 할 일 사이에서 혼란을 느낀다. 나와 대화를 나눈 어떤 이들은 자신이 아는 사람이나 소중한 사람이 신체적, 감정적, 정신적 고통을 겪는 상황에 직면하면 그만 '얼어붙는다'고 했다. 어찌할 바를 몰라 하며, 한 여성이 표현한 대로 엄청난 두려움에 압도당해 버리는 것이다.

절망, 무력감, 자포자기 등의 고통스런 기분들은 몸의 질병과도 밀접하게 연결되어 있다. 이를테면 심리적 장애인 우울증은 슬픔이나 낙담과는 사뭇 다르다. 신경과학이나 심리학 분야의 전문가들과 나눈 토론을 통해 보면 심한 자기비난은 몸에 병이 생길 가능성을 높이며, 이 신체적인 문제는 다시 부정적인 생각과 기분을 심화시키는 악순환을 낳는다. 술, 마약, 음식, 도박과 같은 자기 파괴적인 중독 역시 생물학적으로 뿌리내린 또 다른 장애이다. 예를 들어 술과 마약은 자신감이 부족하거나 사람들과 관계를 맺는 능력이 모자라는 사람에게 인위적인 평정과 자신감을 갖게 하기 때문에 중독성이 있다.

뿐만 아니라 자연적인 고통인 여러 가지 질병, 사고, 늙음, 그리고 마침내 죽음과 대면할 때 우리 안에서 일어나는 심리적, 감정적, 신체적 반응의 회오리도 장애라고 할 수 있다.

참본성을 가로막는 다섯 가지의 장애 중에서 자기비난은 가장 눈에 띄기 쉽다. 열등감과 자책감과 수치심들은 의식의 표면에서 활동한다. 반면에 두 번째 장애에 해당하는, 다른 사람에 대한 비판적인 태도를 알아차리는 일은 약간 더 어렵다. '자기보다 열등한 존재들에 대한 경멸감'이라고 흔히 번역되는 이 두 번째 장애는 자기비난의 반대편 극단, 곧 타인에 대한 비판적인 견해이다. 이 관점은 다른 사람들을 자기 자신보다 덜 중요하고 덜 유능하며 덜 가치 있다고 옹색한 눈으로 해석한다. 좀 더 넓은 의미에서는 우리가 겪는 불행에 대해 남을 탓하는 성향이다. '다른 누군가'가 언제나 우리의 앞길을 가로막고, 다른 누군가는 그냥 잘못됐고 나쁘고 고집 세고 무지하며 영악스럽다는 것이다. 자기비난이 어떤 의미에서는 자기 자신에 대한 공감 부족을 나타내는 반면에 그 스펙트럼의 반대편 끝은 다른 사람의 좋은 면을 볼 능력과 그들이 말하려는 것을 귀 기울여 듣는 능력의 부족을 나타낸다.

때로 그런 비난이 극명하게 드러날 때가 있다. 두 사람이 사랑에 빠질 때 초반에는 서로가 정말로 흠 없어 보이고 자신의 이상형에 완벽하게 들어맞는 것 같아 보인다. 하지만 몇 달이 지나면 '결점들'이 드러나고 싸움이 일어난다. 실망과 불만족이 생겨난다. 서로를 '나쁜 사람'이라고 여기는 감정의 골이 깊어지며 이것은 불쾌감과 고통의 원인이 된다. 이 성향은 특히 결혼한 부부이거나 수년간 한집에서 경제적 문제를 공유하며 함께 살아 온 커플일 경우에는 더욱 고통스러울 수 있다.

똑같은 판단이 일터에서도 일어날 수 있다. 최근에 나에게서 명상을 배우는 한 남자가 자신과 함께 일하는 사람에 대한 불만을 털어놓은 적이 있다. 그 동료는 늘 그를 무시하고, 그들이 함께 일하는 조직 내에서 그의 체면을 구겨 버리는 발언을 서슴지 않는다고 했다. 그는 화가 났고, 그래서 그 동료를 자신을 망쳐 놓으려는 사람, 즉 적으로 간주하기 시작했다. 그는 그 동료를 '잔인하고 악의로 가득 차고 일부러 해를 입히는 사람'이라고 생각하면서 회사에서 일어나는 모든 문제의 원인을 그에게 돌렸다.

하지만 때로 다른 사람에 대한 우리의 판단은 더 미묘한 방식으로 표현되기도 한다. 최근에 명상을 배우기 위해 찾아온 한 사람은 자신이 아는 어느 여성에 대한 이야기를 들려주었다. 그 여성은 최근 가족의 죽음으로 큰 슬픔에 잠겨 있었다. 때마침 그녀는 얼마 전 형의 죽음을 경험한 한 남성으로부터 애도의 전화를 받았고 그와 대화를 나누면서 자신의 슬픔을 털어놓기 시작했다. 그런데 대화를 나누던 중에 전화기 속에서 딸각거리는 소리가 들렸고, 그녀는 그가 이메일을 확인하고 회신하고 있다는 사실을 알아차렸다. 그녀의 표현을 빌리자면 그녀는 그 순간 '아랫배를 걷어차이는' 기분이었다. 그는 그녀의 말에 귀 기울이지 않고 있었던 것이다. 다른 관심거리들이 그녀의 슬픔에 함께 아파할 그의 능력을 뒤덮었으며, 그는 친구나 심지어 자기 자신과도 단절되게 만드는 그 파괴적인 영향을 인식조차 하지 못하고 있었다. 그는 당시 그녀에게 필요한 자비심을 허용하지 않았을 뿐 아니라 그 자신 또한 고립되었다.

'참본성을 가로막는 것들'의 첫 번째와 두 번째가 판단의 양극단을 나타내듯이 세 번째와 네 번째 역시 경험의 본질에 대한 서로 반대되는 관점을 나타낸다. 이것들은 처음 두 가지의 왜곡을 붙들어 두는 조건이 된다.

세 번째의 장애는 여러 가지로 번역될 수 있다. '진실이 아닌 것을 진실로 보는 것', '진정한 것이 아닌 것을 진정한 것으로 여기는 것', 더 막연하게는 '진짜가 아닌 것을 진짜로 보는 것'이다. 기본적으로 이 단어들 모두는 우리 자신과 다른 사람 혹은 상황 속에서 우리가 보는 속성들이 실체이며 고정불변하고 본래부터 존재하는 것이라는 믿음에 매달리는 것을 가리킨다. 이 성향을 우리는 '영원주의'라고 표현할 수 있을 것이다. 경험의 특정한 면들을 원인과 조건들의 일시적인 조합 가운데 하나라고 여기는 것이 아니라 절대적이며 영원한 실체라고 일반화시키는 경향이다. 이 관점을 더 간단히 설명하면 '고착화되는 것'이라고 할 수 있다. '이 모습이 나의 본래 모습이며 저 모습이 다른 사람들의 존재 방식이며 이 상황들은 본래 이러하다.'라는 굳어진 믿음이다.

네 번째 장애는 그 반대편 관점으로, '진짜인 것을 진짜가 아니라고 보는 것'이다. 참본성을 부정하는, 혹은 더 심하게는 전부 거부하는 것이다. 근본적으로 순수하고 투명하며 자유로운 본성이라는 생각은 아주 멋지게 들리지만, 당신의 마음 깊은 곳에서 그것은 거의 공상처럼 느껴진다. 신비주의자들이 지어낸 생각처럼 여겨지는 것이다. 진흙을 영원한 무엇인가로 보는 것이 세 번째 장애라고 한다면 네 번째 장애는 오직 진흙만 존재한다고 보는 것이다. 이 관점은 종종 '허무주의'라 불린다. 나 자신과 다른 사람들 안에 자유와 지혜, 힘, 잠재 능력이 존재할 가능성을 인정하지 못하는 근본적인 절망감이다. 더 일반적인 용어로는 이것을 근본적인 '시각 장애'라 부른다. 황금은커녕 심지어 돌조차도 없기 때문에 진흙을 조금이라도 벗겨 내려는 시도조차 무의미하다고 여기는 것이다.

'참본성을 가로막는 것들'의 마지막 다섯 번째 장애는 다른 네 가지 장애들의 근본이 되는 것으로, 전통적으로는 '아상我相'이라고 번역되어 왔다. 오늘날의 언어로는 '나의 신화'라고 풀이할 수 있다. 즉 '나'와 '나의 것'이라는 관점에서 필사적으로 안정을 갈구하는 것이다. 끝없이 변화하는 경험 속에서도 '나'의 상황, '나'의 의견이 하나의 정지된 기준점 역할을 하는 것이다. 우리는 우리 자신의 의견, 우리 자신의 이야기, 우리 자신의 개인적인 신화에 매달린다. 롤러코스터를 탈 때 손잡이를 붙드는 것과 똑같은 필사적인 마음으로.

바라보는 방식을 바라보기

> 새가 하늘을 날면 그림자가 잠시 사라질지 모르지만
> 그것은 여전히 존재하고 있으며,
> 새가 땅으로 내려올 때마다 항상 드러날 것이다.
> 〈공덕 보고〉

우리가 경험하는 어떤 상황도 참본성을 가로막는 것들 중 하나 혹은 두 가지만으로 일어나는 경우는 없다. 마치 지배권을 주장하기 위해 동맹을 맺은 집단 독재자들처럼 그 다섯 가지 장애들이 동시에 작용한다. 단, 이것은 영토 싸움이 아니라 마음과 감정의 영역 안에서 일어나는 것이다. 어느 하나가 다른 것보다 더 지배적인 역할을 할 수는 있겠지만, 우리가 생각하고 느끼고 행동하는 것에 그 다섯 가지의 것들이 각각 다른 방식으로 작용한다.

몇 해 전 순회강연 중에 한 부부를 만났다. 두 사람 모두 수입이 꽤 괜찮은 직업과 안락한 집, 두 대의 자동차, 여러 대의 텔레비전과 오디오 시스템을 소유하고 있었다. 한마디로 그들은 몇 년 동안 내가 세상의 여러 지역에서 본 조건들과 완전히 반대되는 부유한 삶을 누리고 있었다.

하지만 어느 주말, 차를 타고 도시 근교를 지나던 중 그들은 넓은 잔디와 정원이 딸린 대저택들로만 이루어진 동네를 통과했다. 그들은 의문을 갖기 시작했다.

'우리가 더 큰 집으로 이사하면 안 될 이유가 있나? 부자 동네에서 살면 안 되는 이유라도 있나? 더 행복하면 안 되는 이유라도 있나?'

그 순간에는 그런 생각들이 꽤 논리적으로 여겨졌고, 그래서 두 사람은 어느 부자 동네의 대저택을 구입하게 되었다.

이사하고 얼마 안 가서 그들은 이웃 사람들이 매우 값비싼 차를 소유하고 있으며 외출할 때마다 유명 디자이너들의 신상품 옷을 입는다는 사실을 알게 되었다. 이웃을 방문하는 손님들도 비싼 옷을 차려입고 비싼 자동차를 몰고 왔다. 그래서 이 부부는 신형 고급 승용차와 값나가는 의상을 구입했다. 돈을 얼마를 쓰든 간에 늘 이웃과 경쟁하고 있다는 느낌이 들었다.

그러나 사치스런 생활을 계속해야 한다는 심리적 부담감은 결국 부부 관계에 문제를 일으켰다. 비용을 감당하기 위해 그들은 더 오랜 시간 일해야만 했다. 두 사람은 돈 문제로 말다툼을 하기에 이르렀다. 돈을 얼마나 벌어야 하고 어떻게 투자하고 소비해야 하는가에 대한 문제들이었다. 결국 스트레스가 너무 많이 쌓인 그들은 직장을 잃었고 서로에게 화가 나고 실망한 나머지 온갖 사소한 문제로 심하게 싸웠다.

나와의 개인 면담에서 그들은 내게 진지하게 물었다.

"이 문제를 해결하기 위해서 우리가 어떻게 하면 좋을까요?"
나는 그들에게 작은 숙제를 내주기로 했다.
내가 물었다.
"문제의 근원이 무엇인가요? 당신들의 집인가요? 자동차인가요? 옷인가요? 아니면 이웃들인가요? 며칠 시간을 가지고 당신들의 상황을 지켜본 다음 다시 와서 당신들이 발견한 것을 내게 말해 주세요."

그들은 판단 없이 생각과 감정을 바라보는 법을 배운 뒤였기 때문에 나는 그 관점에서 자신들의 상황을 바라볼 것을 주문했다. 그들 자신이나 상대방을 비난하지 말고 지나가는 생각과 감정들을 깨어 있는 의식으로 다만 관찰하라고 했다.

그들이 다시 나를 찾아왔을 때 문제가 자동차나 집이나 옷이나 이웃들이 아니라는 것이 밝혀졌다.

남편이 말했다.

"나는 대저택들과 이웃 사람들, 그리고 그들의 자동차들을 바라보았어요. 문득 내가 갖고 있는 것보다 더 많은 걸 나 자신이 원했다는 기분이 들었어요."

아내가 거들었다.

"난 그들이 부러웠어요. 하지만 그들은 우리를 자신들의 파티에 절대로 초대하지 않았어요. 그들은 우리를 결코 이웃으로 받아들이지 않았어요. 난 생각하기 시작했어요. '저들은 결코 좋은 사람들이 아니야. 거만한 인간들 같으니라고. 뭔가 보여 줘야지!' 하고 말예요."

남편이 이어 말했다.

"그래서 우리는 더 많은 것들을 샀어요. 더 큰 차, 값비싼 의상 등을."

그는 어깨를 으쓱했다.

"하지만 그들에게 어떤 인상도 심어 주지 못했어요."

아내는 한숨을 쉬었다.

"전부 다 쓸데없는 것들이죠. 그것으로 잠시 행복하긴 했지만……."

내가 물었다.

"그럼 언제부터 서로 싸우기 시작했나요?"

아내가 다시 한숨을 내쉬었다.

"오락가락했어요. '이건 내가 옳았어. 저건 내가 옳았어. 당신은 이것이 틀렸어. 당신은 저것이 틀렸어.' 이런 식으로 몇 달 동안 계속되었어요."

그들이 각자 관찰한 바를 털어놓는 동안 그들의 어깨가 편안해지면서 얼굴과 다리와 팔에 들어간 긴장도 풀렸다. 지금 자신들이 겪고 있는 일이 몇 년간에 걸쳐 쌓여 온 생각과 감정들이 축적된 결과임을 그들은 이미 깨닫기 시작하고 있었다. 하지만 나를 놀라게 한 것은 참본성을 가로막는 것들 사이의 상호작용이었다. 그것이 그들 자신과 다른 사람들에 대한 판단—자신들의 존재가 고정불변하고 개별적이며 독립적이라는 뿌리 깊은 믿음, 자기 내면의 잠재 능력에 대한 무지, 그리고 '내'가 사물을 매우 정확하고 바르게 본다는 특정 관점에 대한 집착—이 서로 작용하는 방식이었다.

내가 물었다.

"그러면 이제 두 분은 어떻게 할 건가요?"

그들은 서로의 얼굴을 쳐다보았다.

아내가 대답했다.

"지금은 어떤 중요한 결정을 내릴 상황은 아닌 것 같아요. 좀 더 시간을 갖고 우리가 세상을 보는 방식을 바라봐야 할 것 같아요."

'우리가 보는 방식을 바라보는 것'이 삶을 진리의 길로 안내하는 핵심이다. 물론 우리 모두는 삶에서 변화와 도전들을 경험할 것이다. 하지만 우리가 그것들을 보는 방식을 바라보게 되면 놀라운 일이 일어나기 시작한다. 우리의 잠재 능력을 가리고 있던 진흙층들이 기름진 토양으로 변하고, 그곳에서 지혜와 사랑과 자비의 씨앗이 뿌리를 내려 싹을 틔우기 시작한다. 참본성을 가로막는 것들이 거꾸로 참본성을 발견하는 도구가 되는 것이다.

어떻게?

주시 명상, 통찰 명상, 공감 명상 등과 함께 우리가 처한 근본 상황을 이해할 때 그 일이 가능하다.

11

보는 자가 보이는 대상보다 크다

어려움에 직면할 때 우리는 발견에 이르게 된다.

윌리엄 톰슨 〈볼티모어 강의〉

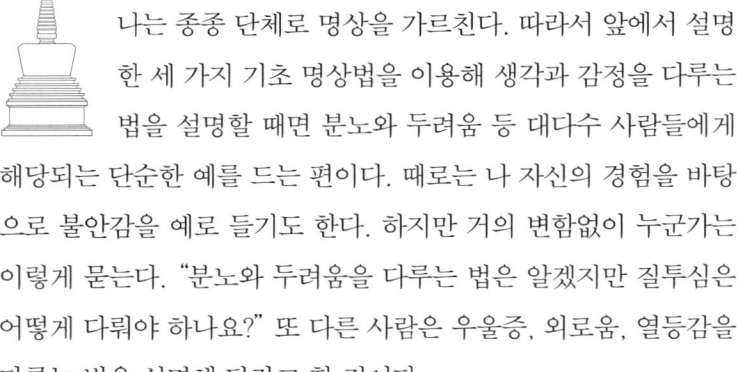

나는 종종 단체로 명상을 가르친다. 따라서 앞에서 설명한 세 가지 기초 명상법을 이용해 생각과 감정을 다루는 법을 설명할 때면 분노와 두려움 등 대다수 사람들에게 해당되는 단순한 예를 드는 편이다. 때로는 나 자신의 경험을 바탕으로 불안감을 예로 들기도 한다. 하지만 거의 변함없이 누군가는 이렇게 묻는다. "분노와 두려움을 다루는 법은 알겠지만 질투심은 어떻게 다뤄야 하나요?" 또 다른 사람은 우울증, 외로움, 열등감을 다루는 법을 설명해 달라고 할 것이다.

실제로 모든 감정과 심리 상태에 대해서 동일한 방법이 사용될 수 있다. 특별히 어떤 방법은 분노에, 어떤 방법은 슬픔에, 또 어떤 것은 두려움에 적합한 것은 아니라는 뜻이다. 만일 정말로 그렇게 나뉘어져 있다면 인간의 모든 심리적 감정적 갈등을 다루는 데 무려 8만 4천 가지의 서로 다른 방법들이 필요할 것이다!

심지어 그 많은 방법들로도 충분하지 않을지 모른다. 왜냐하면 어떤 상황이든 서로 똑같이 일치하는 것은 없기 때문이다. 어떤 사람의 경우는 특정한 마음 상태가 오랜 기간 삶을 지배한다. 좌절감, 고립감, 자책감, 실패에 대한 두려움 등이 너무도 강렬해서 피할 수 없을 것 같아 보인다. 또 어떤 사람은 생각과 감정이 너무 자주 바뀐다. 질투심, 슬픔, 분노 등이 잠시 서성대다가는 편안함과 만족감이 그 자리를 대체한다.

어떤 사람의 경우는 자신이 무엇을 느끼는지조차 분명하지 않다. 얼마 전 명상을 배우기 시작한 한 사람은 이렇게 고백했다.

"오랜 세월 동안 나는 하루하루를 마치 안개 속을 통과하는 것처럼 살아왔어요. 회사에 출근하고 시장을 보고 각종 세금을 내는 등 필요한 활동은 하지만 내가 하는 일에 나 자신이 깊이 관여하고 있다고 느낀 적이 한 번도 없어요. 최고로 기분이 좋았던 적도 정말로 우울했던 적도 없어요. 내가 해야만 하는 일들이기 때문에 그 일들을 하고는 있지만 난 사실 텅 빈 상태나 다름없었어요."

예상치 않았던 극도로 불쾌한 상황에 직면할 때 우리는 또 다른 형태의 안개에 휩싸일 수 있다. 오래 전에 만난 한 대만 여성은 자신이 겪은 충격적인 사건을 내게 이야기했다. 어느 날 그녀의 남편이 중국으로 출장을 가게 되었다. 남편이 떠나고 며칠이 지났을 때 그녀는 시간을 내어 혼자서 대만 남부의 휴양지로 놀러 갔다.

그녀는 한 레스토랑에 들어갔는데 그곳에서 남편이 다른 여자와 함께 식사를 하고 있었다.

그녀는 말했다.

"정신이 멍했어요. 처음 몇 분간은 아무 생각도 안 들고 아무 느낌도 없었어요. 그러고는 갑자기 여러 감정들이 한꺼번에 일어났어요. 화가 머리끝까지 치밀고 가슴이 꽉 막히고 강한 질투심이 일어났어요. 배신감이 들면서 바보가 된 기분이었어요. 당장에 달려가서 그들과 맞대면하고 싶기도 했고 그냥 땅속으로 사라져 버리고 싶기도 했어요. 그 모든 감정들을 구분하는 데 몇 달이 걸렸고, 아직도 그것을 다 끝내지 못한 것 같아요. 때로는 그 감정들이 홍수처럼 전부 다시 몰려오고, 때로는 맨 처음의 완전히 멍한 상태로 돌아가 있는 나 자신을 발견하곤 해요."

사람들이 들려주는 그들만의 특수한 상황에 대해 듣거나 특정 감정을 다루는 방법에 대한 질문을 받으면서 내가 깨달은 것이 있다. 모든 마음 상태에 적용할 수 있도록 주시 명상, 통찰 명상, 공감 명상을 단계적으로 소개하는 것이 더 효과적인 방법이라는 것이다. 이들 세 가지 명상의 각 단계들은 간단하면서 서로 공통점을 가진다.

이 단계적인 접근을 채택하면 몇 가지 이점이 있다. 첫 번째는 심리적 감정적 고통을 일으키는 직접적인 원인을 제거하는 실질적인 접근 방법이라는 점이다. 두 번째는 특정한 심리적 성향과 감정 반복의 원인인 뿌리 깊은 믿음들, 즉 참본성을 가로막는 것들에 주의를 기울이게 된다는 점이다. 세 번째이면서 가장 중요한 장점은 참본성을 가로막는 것들이 실제로는 마음의 창조물이라는 사실을 인식하게 된다는 점이다. 우리의 경험에 영향을 미치는 마음의 힘을 깨달으면 우리는 그 힘을 이용하기 시작할 수 있으며 우리 안에서 과거에는 상상할 수 없었던 자유를 발견하게 된다. 간단히 말해 우리가 사물을 보는 방식을 바라볼 때 우리가 사물을 보는 방식이 변화한다는 것이다.

먼저 세 가지 명상의 기본에 해당하며 명상에 첫발을 내디딘 사람들에게 가장 중요한 주시 명상부터 시작해 보자.

주시의 목적

자기를 자각한다는 것은 감정이 격한 순간에조차
자기를 바라보는 일을 유지하는 중립 상태이다.
대니얼 골먼 〈감성지능〉

대개 우리의 마음은 바람이 부는 방향에 따라 이리저리 나부끼는 깃발과 같다. 설령 우리가 원치 않는다 해도 우리는 분노, 질투심, 외로움, 우울증 등의 감정에 끌려다니며, 그것들에 뒤따라오는 생각과 신체적인 느낌들에 좌우된다. 우리는 자유롭지 않다. 우리는 다른 선택, 다른 가능성을 바라볼 수 없다.

주시 명상, 즉 사마타 명상의 목표는 순수 자각을 알아차리는 일이다. 순수 자각은 마음의 토대이며, 그것을 마음의 '바탕'이라고 부를 수도 있다. 그것은 흔들림이 없고 변하지 않는다. 마치 일상적인 의식의 깃발이 매달려 있는 깃대처럼. 순수 자각을 알아차리고 있을 때에도 감정의 '바람'은 여전히 불 것이다. 하지만 바람에 끌려가는 대신 우리는 안으로 주의를 돌려 그 감정의 변화와 이동을 지켜볼 수 있게 된다. '아, 이것이 내가 느끼는 것이구나. 이것이 내가 생각하는 것이구나.' 하고 아는, 의식의 측면에 익숙해지는 것이다. 그렇게 할 때 우리 존재 안에 작은 공간이 생겨난다. 명상을 계속해 나감으로써 마음의 자연스런 투명함인 그 공간이 넓어지기 시작하고 흔들림 없이 자리를 잡는다. 우리는 과거에 그랬듯이 생각과 감정들에 심하게 영향 받지 않고서도 그것들을 바라볼 수 있게 된다. 우리는 여전히 느끼고 생각할 수 있지만, 외롭고 부끄럽고 겁 많고 열등감에 사로잡혀 있다고 자신을 정의 내리는 사람에서 외로움, 수치스러움, 열등감을 다만 마음의 움직임으로 바라볼 수 있는 사람으로 변화해 간다.

특히 처음에는 '내가 순수 자각을 의식하면서 동시에 생각과 감정을 자각하는 것이 가능한가?' 하고 걱정하는 것이 이상한 일이 아니다. 사실 걱정할 필요가 없다. 일단 방법을 익히면 명상의 목표가 단지 깨어 있는 상태를 확장시켜 나가는 것임을 알게 된다. 일단 그 목표를 깨달으면 순수 자각을 알아차리는 일이 점점 커져서 자연스럽게 자리를 잡는다.

이 과정은 체육관을 가는 것과 별반 다르지 않다. 당신은 목표가 있다. 살을 빼거나 근육을 만들거나 건강을 좋게 하는 등 몇 가지 이유가 있다. 그 목표를 이루기 위해서 당신은 역기를 들거나 러닝머신을 하거나 개인 교습을 받는다. 점차 당신은 이 활동들의 결실을 보게 된다. 그리고 그것들을 보면서 중단하지 않고 계속해야겠다는 생각을 갖게 된다.

주시 명상의 핵심은 생각, 감정, 심지어 신체적인 고통을 흔들림 없이 바라보는 자각이 자리 잡혀 지속되도록 하는 일이다. 이 목표를 마음에 새기고서 각각의 단계들을 살펴보자.

핵심 연습

주시 명상의 핵심 연습은 세 가지 단계로 나눌 수 있다. 첫 번째 단계는 단순히 생각과 감정을 바라보는 것으로, 불교 용어로는 '일상적인 자각'이라 불리는 것이다. 어떤 목적이나 의도를 개입시키지 않고 생각과 느낌을 다만 주시하는 것이다. '화가 난다, 슬프다, 외롭다' 등등 당신이 생각하고 느끼는 것을 단지 알아차리고 확인하는 일이다.

사실 우리는 날마다 매 순간 일상적인 주시를 한다. 예를 들어 컵을 바라보면서 '저것은 컵이다.'라고 인식한다. 이 단계에서는 어떤 판단도 개입되지 않는다. '저것은 좋은 컵, 나쁜 컵, 눈에 띄는 컵, 작은 컵, 큰 컵이야.'라고 생각하지 않는다. 단지 하나의 컵으로 인식할 뿐이다. 이 일상적인 자각을 생각과 감정에 적용할 때 그것과 똑같은 단순한 인식이 일어난다. '아, 나는 화가 난다. 아, 나는 질투가 난다. 아, 나는 답답하다. 아, 더 잘할 수 있었는데. 아, 나는 이렇게 말했다(혹은 이렇게 했다).'

더러는 앞서 말한 것처럼 생각과 감정이 그다지 분명하지 않을 때가 있다. 그 경우에는 몸으로부터 받는 메시지를 바라보면 된다. 만일 가만히 앉아 있을 수 없거나 신체적인 긴장을 느낀다면 그런 신체적인 느낌들을 단순히 바라보면 되는 것이다. 신체적인 느낌은 분노, 좌절, 질투, 후회 또는 혼란스런 생각과 느낌들의 뒤섞임과 같은 마음 상태의 반영일 수가 있다. 핵심은 일어나고 있는 것에 저항하거나 휘말려 들기보다는 단지 있는 그대로 그것을 바라보고 인식하는 일이다.

두 번째 단계는 명상적인 자각이다. 생각과 감정들을 주시의 대상으로 삼아 그것을 통해 자각의 상태를 안정시켜 가는 것이다. 한번은 어떤 사람이 내게 자신은 '사람들을 기분 좋게 해 주어야 한다.'는 강박관념으로 고통 받고 있다고 털어놓았다. 직장에서 그는 업무를 더 많이 하려고 애쓰고 전문 프로젝트를 완벽하게 끝내기 위해 늘 늦게까지 일했다. 그것은 결과적으로 아내와 가족들과 보내고 싶었던 시간을 빼앗아 갔다. 갈등은 깊어져만 갔다. 그는 밤중에 식은땀을 흘리며 몇 차례씩 잠을 깼고 심장이 마구 뛰었다. 그는 직장 상사와 동료들 그리고 가족들을 동시에 기쁘게 해 줄 수 없음을 느꼈다. 모든 사람들을 즐겁게 해 주려고 노력하면 할수록 더욱 실패했다는 기분이 들었다. 그는 스스로를 실패자라고 판단하는 한편 주위 사람들에 대해서는 많은 요구를 해 대는 사람들이라는 판단을 창조해 내었다. 그리고 자신과 타인에 대한 그 판단들은 단단하게 굳어져 갔다. 그는 '참본성을 가로막는 것들'의 첫 번째, 두 번째, 세 번째에 굴복하고 그것들을 다섯 번째에 가둔 것이다. 그는 자기 자신을 모든 사람을 늘 기쁘게 해 주지 못하는 실패자라고 정의했다.

이 남자는 사물과 소리와 신체적인 느낌을 주시하는 명상을 한 적이 있었고, 그래서 나는 그에게 밤에 잠에서 깰 때 잠시 명상적인 자각을 해 볼 것을 권했다.

나는 그에게 말했다.

"생각과 느낌과 신체적인 느낌들을 바라보세요. 처음에는 '사람들을 기쁘게 해 주어야 한다.'는 강박관념이 어떤 한 거인처럼 보일 수도 있습니다. 하지만 그 강박관념을 바라볼 때 그것은 더 이상 거인처럼 보이지 않습니다. 그것이 여러 부분들로 이루어져 있음을 보기 시작할 거예요. 그것은 '나는 A, B, C를 끝냈어야만 해. 왜 나는 X, Y, Z는 할 수 없었지?'와 같은 생각들로 구성되어 있습니다. 그것은 또한 두려움, 분노, 분개 같은 감정들로 이루어져 있습니다. 그리고 위경련을 일으키고 심장박동이 빨라지며 식은땀이 나는 등의 신체적인 느낌들로 이루어져 있습니다. 또한 어떤 모습들이 떠오를 수도 있습니다. 당신에게 실망하는 사람들과 당신에게 소리를 지르는 사람들의 모습이. 명상적인 주시로써 바라볼 때 그 강박관념은 마치 비누거품처럼 변합니다. 거품 속에 더 작은 많은 거품들이 있는."

당신이 무엇을 느끼든 간에, 그것이 공포감이든 불안감이든 외로움이든 혹은 사람들을 즐겁게 해 주려는 강박관념이든, 기본적인 접근은 앞에서 설명한 소리나 신체감각에 주의를 기울이는 명상을 이용해 그 작은 비누거품들을 바라보는 것이다. 그렇게 함으로써 당신은 아마도 생각과 감정과 심지어 신체적인 느낌들이 이동하고 변한다는 사실을 알아차릴 것이다. 얼마 동안은 두려움이나 빠른 심장박동이 끈질기게 이어질 수도 있고, 혹은 사람들이 반응하는 모습이 계속해서 떠오를 수도 있다. 하지만 얼마 후면, 아마도 5분 후쯤이면 그런 한두 가지 반응 뒤에 거품 속의 거품이 당신의 주의를 끌어당길 것이다. 명상적인 자각으로 그것에 집중하라. 그렇게 하면 점차 자신을 감정이라는 비누거품의 희생자로 여기는 데서 벗어나 그 비누거품을 바라보는 자로 이동할 것이다.

이 연습의 세 번째 단계에는 약간의 분석이 필요하다. 수행의 효과를 결론 내리는 일종의 직관적인 판단이 그것이다. 내가 배운 바대로 감정적인 문제에 명상적인 자각을 적용할 때 세 가지의 결과가 가능하다.

첫 번째는, 문제가 모두 흩어져 사라지는 것이다. 몇몇 사람들은 내게 말한다.

"당신은 내게 이 연습을 알려 주었지만 나한테는 별로 효과가 없었어요."

나는 그들에게 묻는다.

"무슨 의미인가요?"

그들은 대답한다.

"생각과 감정들이 너무 빨리 사라져 버려요. 흐릿해지고 불분명해져 버려요. 내가 바라볼 수 있을 만큼 한곳에 오래 머물러 있지를 않아요."

나는 그들에게 말한다.

"아주 훌륭해요! 그것이 주시 명상의 핵심입니다."

많은 경우 사람들은 놀라운 얼굴로 나를 바라본다. 나는 그들에게 설명해 준다. 생각과 감정과 신체적인 느낌을 바라볼 때 그것들이 사라지는 것을 본다면 그것은 대상 없는 주시 상태에 도달한 것이라고. 다시 말해, 순수 자각을 의식하는 상태에 도달한 것이다. 이 대상 없는 주시가 오래가지 않을 수도 있다. 다른 생각과 감정과 신체적인 느낌들이 일어날 수도 있다. 나는 그들에게 그것들에 다음과 같은 태도로 다가가도록 권한다.

"와, 순수 자각을 자각할 수 있는 또 다른 기회를 갖게 되는군."

나는 그들이 자신을 '바라보는 자'로 여기도록 격려한다.

  두 번째 가능성은, 생각과 감정과 신체적인 느낌이 더 강해지는 것이다. 이 역시 좋은 표시이다. 깊이 박혀 있는 관점이 '힘을 잃기 시작한다.'는 암시이다. 비유를 들자면, 음식이 달라붙어 있는 접시나 그릇에 물 몇 방울을 떨어뜨린다고 상상해 보자. 처음에는 찌꺼기들이 퍼지면서 접시나 그릇이 더 더러워지는 것처럼 보인다. 사실 그 접시는 더 지저분해지는 게 아니다. 말라붙었던 음식이 풀어지는 것일 뿐이다.

  명상 수행의 관점에서는 생각과 기분들이 더 강해질 때 그것들을 표현하기를 꺼리는 경향이 있다. 감정을 표현하는 것은 잘못된 일이 아니다. 아마도 당신은 명상할 때 앉는 방석을 주먹으로 한 대 치든지, 아니면 '내가 어떻게 그런 행동을 할 수 있지?' 혹은 '그 사람은 왜 그렇게 말했지?' 하고 뭔가를 크게 내뱉고 싶을 것이다. 누군가에게 분노를 느낀 적이 있는 어떤 사람은 자신이 느낀 분노가 사실은 상대방의 행동에서 받은 상처에 기인하고 있음을 깨닫고 소리 내어 울기 시작했다. 생각과 감정을 표현하는 것은 큰 위안이 될 수 있다. 중요한 점은 자신의 생각과 기분을 표현할 때 그것을 자각하는 상태를 유지하는 일이다.

세 번째 가능성은, 감정이 약해지지도 강해지지도 않은 똑같은 상태로 여전히 남아 있는 것이다. 이 또한 좋은 일이다! 왜냐하면 우리는 주시 명상을 위한 강력한 방편으로 감정을 이용할 수 있기 때문이다. 그 감정에 따른 생각과 이미지, 신체적인 느낌들까지도. 너무도 자주 우리는 감정들이 우리를 이용하도록 허용한다. 하지만 주시 명상을 할 때는 자각 상태를 키우기 위한 초점으로 감정을 이용할 수 있다. '바라보는 자'를 바라보는 기회로 이용하는 것이다. 우리가 소리를 주시하기 위해 소리를 필요로 하고 형태를 바라보기 위해 형태를 필요로 하는 것처럼 감정을 바라보기 위해 감정들이 필요하다. 사실 강렬한 감정은 마음을 안정시키는 데 가장 좋은 친구가 될 수 있다. 그것은 마치 안절부절못하는 새에게 앉아서 쉴 나뭇가지를 주는 것과 같다.

다른 것 시도하기

처음에는 오랫동안 커진 강한 감정이나 편견에 곧바로 초점을 맞추는 것이 어려울 수도 있다. 감정은 지각작용, 행동, 심지어 신체의 느낌조차도 물들일 수 있다. 그것들이 너무 견고하고 크게 보이기 때문에 우리는 그것들을 똑바로 대면하기 어렵다. 명상을 배우는 한 사람이 얼마 전 이렇게 말했다.

"삶을 제한하는 오래된 열등감 같은 큰 감정들을 다루는 것은 마치 언덕을 올라가는 법을 배우기도 전에 에베레스트 산을 오르려고 시도하는 것과 같아요."

따라서 주시 명상의 목표가 자각 상태를 확장시키는 일임을 염두에 두고서 나는 사람들에게 이런 조언을 들려준다. 이것은 내가 스승님들로부터 받은 조언이기도 하다. 장기간 지속되어 온 강력한 감정들을 다루려 하기보다는 먼저 더 작고 다루기 쉬운 감정들에 집중하라고. 몇 해 전, 심한 고독감으로 고통 받는 한 여성이 내게 그 문제를 다룰 명상법을 물었다. 그녀에게 명상 경험에 대해 묻자 그녀는 많은 교사들 밑에서 오랜 세월 명상을 배웠다고 말했다. 나는 생각했다. '감정을 명상의 방편으로 이용하는 법을 가르쳐 주는 것도 괜찮겠어.'

나는 그녀에게 앞에서 설명한 명상법을 가르쳐 주었고, 그녀는 얼굴에 미소를 띠며 자리를 떠났다. 하지만 몇 주가 지났을 때 그녀가 돌아와서 말했다.

"최선을 다해 노력했지만 이 고독감을 바라보는 것이 불가능해요. 시도를 할 때마다 감정에 압도당해 버려요."

나는 그녀에게 주시 명상의 기본 연습인 형태 명상과 소리 명상으로 돌아갈 것을 조언했다. 그녀는 말했다.

"나는 형태 명상과 소리 명상을 어떻게 하는지 몰라요."

전혀 예상치 못했던 대답이었다. 그녀 자신이 인정한 대로 많은 명상 프로그램에 참여했지만 그녀는 명상을 제대로 배운 적이 전혀 없거나 아니면 기본 원리를 가르치는 동안 '딴전을 피운' 것인지도 모른다.

나는 그녀에게 형태와 소리를 명상적으로 주시하는 기본적인 방법을 가르쳐 주었다. 이 방법을 얼마 동안 해 본 다음 나는 기회를 잡아 그녀에게 더 작은 감정들, 이를테면 식료품가게의 계산대 앞에 줄을 설 때 밀려오는 짜증이나 부엌 싱크대에 가득 쌓인 설거지거리를 보고 느낀 좌절감 등에 주의를 집중하도록 가르쳤다.

나는 그녀에게 말했다.

"이것을 한동안 해 보면 아마도 당신을 괴롭히는 고독감 같은 더 큰 감정을 바라볼 힘을 갖게 될 거예요."

몇 달 뒤 그녀가 내게 편지를 썼다.

"이 방법을 시작하고 난 후 이제 나는 나의 고독감을 바라볼 수 있게 되었고 그것과 친구가 되었어요."

더 큰 문제를 다루기 위한 이전 단계로 더 작은 감정들을 다루려면 어떻게 해야 하는가?

한 가지 방법은 더 간단하고 작으면서 그다지 강하지 않은 다른 감정을 일부러 마음속에서 일으키는 일이다. 예를 들어, 만일 당신이 외로움을 다루려 한다면 먼저 작은 불쾌감을 다루려고 시도해 보는 것이다. 당신의 컴퓨터 파일을 망쳐 놓은 직장 동료와 논쟁을 벌이거나 식료품가게 계산대에서 새치기를 한 사람과 말다툼하는 상황을 상상하는 것이다. 일단 화가 나기 시작하면 그것을 자각의 초점으로 이용하라. 불쾌한 감정, 마음속에서 떠오르는 말들, 신체적인 느낌, 새치기한 사람의 모습에 집중하는 것이다. 이런 식으로 연습하면 감정을 다루는 법에 대한 경험을 얻을 수 있다.

일부러 일으킨 감정들을 다루는 데 웬만큼 능숙해지면 과거의 경험들 속에서 분노, 질투, 당혹감, 좌절감을 느꼈을 수도 있는 상황들을 차분히 떠올릴 수 있다. 다른 것을 시도하는 핵심은 지속적인 자각 상태를 유지하기 위한 것, 즉 보이는 대상에 압도당하기보다는 바라보는 자로 머물러 있기 위한 것임을 마음에 새겨야 한다.

일부러 일으킨 더 작은 감정들을 다루는 일은 외로움, 열등감, 남을 기쁘게 하려는 강박관념 같은 더 깊고 오래된 감정들을 다룰 힘을 키워 준다. 어떤 면에서 이 접근법은 근육 만들기를 시작하는 것과 같다. 처음에는 자신이 감당할 만한 무게를 들어 올린다. 점차 힘이 길러지면 더 큰 무게를 들어 올릴 수 있다. 감정 상태에 주의를 기울이는 방식도 같은 효과가 있다. 오래된 감정적인 문제에 직접 초점을 맞추는 것도 장점이 있지만 주시 명상의 목표가 자각 상태를 지속시키는 것임을 기억하면서 감정의 근육을 좀 더 단계적으로 키워 나갈 필요가 있다.

'다른 것 시도하기'의 또 다른 접근법은 감정으로 인한 몸의 증상을 자각의 초점으로 이용하는 일이다. 대중 강연회에 온 한 여성은 자신이 심각한 우울증을 수년간 앓아 왔다고 고백했다. 의사가 처방해 준 약을 복용하기도 했지만 몸이 '불타는 납으로 가득 찬 것 같은' 기분에서 헤어날 수가 없었다.

내가 물었다.
"몸의 어디에서 그 불타는 납 같은 기분을 느끼나요?"
그녀는 대답했다.
"몸 전체에서요. 견딜 수가 없을 정도예요."

내가 말했다.

"좋습니다. 몸 전체에서 느껴지는 고통을 바라보는 대신 몸의 어느 일부분에 주의를 집중해 보세요. 발이라든가, 아니면 단지 발가락에. 주의를 기울일 작은 부위를 선택하세요. 한꺼번에 몸 전체를 다루려고 하지 말고 몸의 작은 부분을 한 번에 한 곳씩 바라보세요. 주시 명상의 목적은 자각 상태를 지속시키는 데 있음을 기억하세요. 일단 발이나 발가락에 초점을 맞춰서 자각 상태를 유지하면 그 자각을 더 큰 영역으로 확장시킬 수 있습니다."

주시 명상을 더 작은 감정에 적용하거나 아니면 단순히 형태, 소리, 신체적인 느낌에 초점을 맞추다 보면 오래된 감정 상태를 바라보는 능력이 커진다. 일단 '주시의 근육'을 키우면 더 큰 감정 문제들을 주시할 수가 있다. 그렇게 함으로써 자기 자신에 대한 판단, 또는 타인을 '적'으로 보는 판단처럼 마음 밑바닥에 깔린, 참 본성을 가로막는 장애들과 직접 대면할 수가 있다. 자신의 잠재 가능성을 알아차리지 못하도록 방해하는 그 고착화된 믿음 혹은 맹점을 해결할 수 있게 되는 것이다. 거의 확실히 당신은 '나'라는 '신화', 즉 외로움, 열등감, 완벽주의, 고립감을 자기 자신이라고 여기는 성향과 마주하게 될 것이다.

그 마주함이 적과의 싸움이 아니라 마음의 힘을 발견할 기회라는 사실을 기억하는 것이 중요하다. 그런 거친 판단들을 창조해 낼 수 있는 똑같은 마음이 자각과 주시의 힘으로 그것들을 해체시켜 사라지게 만들 수 있다.

뒤로 물러나기

더러는 감정이 너무 끈질기고 강력해서 그것을 바라보는 것이 불가능해 보일 때가 있다. 어떤 것이 그 감정을 붙들고 있는 것이다. 특히 오랜 기간에 걸친 강한 심리 상태나 감정적인 습관들을 다룰 때 도움이 되는 또 다른 접근법은 한 걸음 뒤로 물러나서 그 감정 배후에 있는 것들을 바라보는 일이다. 그것들을 감정의 '후원자' 혹은 '증폭기'라고 부를 수도 있다. 예를 들어, 어릴 적 내가 느낀 공포감을 직접 바라보려고 할 때마다 나는 실패한 적이 많았다. 고요히 앉아 있을 수가 없었으며 심장이 계속 두근거리고 몸이 뜨거워지면서 식은땀이 나곤 했다. 결국 나는 나의 스승님이신 살자이 린포체에게 도움을 청했다.

스승님은 내게 물었다.

"그대는 공포감을 느끼는 것을 원치 않는가?"

내가 대답했다.

"당연하죠! 지금 당장 공포감을 없애 버리고 싶어요!"

그는 잠시 내 반응을 살피고서는 고개를 끄덕이며 말했다.

"아, 이제 알겠군. 그대를 괴롭히고 있는 것은 공포감에 대한 두려움이군. 때로는 공포감에 대한 두려움이 공포감 그 자체보다 더 강하지."

그때까지 나는 뒤로 물러서서 나의 공포감을 붙잡아 두고 있는 것을 바라본다는 생각을 해 본 적이 없었다. 나는 증상들에 너무 에워싸여 있어서 그 압도적인 감정을 내가 얼마나 깊이 두려워하는지 볼 수 없었다. 하지만 살자이 린포체의 조언을 듣고 밑바닥에 있는 공포감에 대한 두려움을 바라보았을 때 비로소 그 공포감을 다룰 수 있게 되었다.

지난 수년간 많은 사람들을 상담하면서 나는 이 접근법의 효과를 발견할 수 있었다. 감정이나 혼란스런 마음 상태가 너무 고통스러워 직접 대면하기 어려울 때는 그것을 붙들고 있는 마음 밑바닥의 조건들을 찾아보라. 아마도 당신은 놀라게 될 것이다.

당신은 내가 그랬던 것처럼 그 감정에 대한 두려움을 발견할지도 모른다. 감정을 다루려고 노력할 때마다 자신감 부족과 같은 또 다른 형태의 저항을 발견할 수도 있다. 격한 감정 반응을 이끌어 내거나 강화시키는 작은 사건 혹은 계기를 발견할지도 모른다. 예를 들어, 피로감이 종종 우울한 기분을 일으키는 전조가 될 수 있다. 회사 동료, 배우자, 가족과 벌인 논쟁이 자신을 하찮은 존재로 여기게 하고 고립감을 자극하거나 열등감을 심화시킬 수도 있다.

감정의 이면에 숨겨진 감정들을 다룰 때 참본성을 가로막는 것들을 더 직접적으로 다룰 수 있게 된다. 특히 자신은 변화할 수 없다는 뿌리 깊은 믿음(세 번째 장애), 자신이 가진 잠재 능력의 가능성을 부정하는 자세(네 번째 장애), 그리고 감정적인 혼란을 자기 자신이라고 여기는 믿음(다섯 번째 장애)이 그것이다.

휴식하기

어느 수행이든 중요한 부분 한 가지는 언제 그 수행을 중단할지를 배우는 일이다. 중단함으로써 더 많은 공간이 만들어지고, 이 공간은 수행으로 인해 일어날 수 있는 경험의 혼란과 마음의 기복을 받아들일 수 있게 해 준다. 만일 중단할 기회를 가질 수 없다면 그 혼란에 휩쓸려 버릴 것이다. 또한 자신이 '제대로' 하지 못하고 있거나 그 수행을 이해하지 못하고 있다는 자책감을 가질 수도 있다. 당신은 자문할 것이다.

'저 사람이 이렇게 알기 쉽고 분명하게 가르치는데도 별 효과가 없는 것처럼 보이는 것은 왜일까? 내 잘못이 틀림없어.'

대체로 당신이 주시 명상을 하다가 중단하게 되는 두 가지 극단적인 순간이 있다. 하나는 명상이 잘되지 않을 때이다. 당신은 집중력을 잃거나 이 방법에 싫증이 날 수도 있다. 어쩌면 방법이 불분명해질 수도 있다. 심지어 뒤로 물러나서 두려움과 외로움 등을 자극하고 증폭시키는 것들을 바라보거나 다른 것을 시도해 보려 해도 아무 효과가 없다. 당신은 이런 생각이 들지 모른다. '난 이 모든 것을 하는 데 지쳤고 계속해 봐야 얻을 게 아무것도 없어.'

최근에 나는 그런 경험을 한 젊은 여성을 만났다. 그녀는 자신 안의 끊임없는 불안감에 대해 명상하려고 노력했다. 얼마 동안은 명상이 성공적인 것처럼 보였고, 그래서 그녀는 행복했다. 그러고 나더니 효과가 없는 것 같았다. 불안감이 커지고 집중력이 약해졌다. 어느 날 내가 이끄는 그룹 명상에 그녀가 참여했다. 시작할 때 그녀는 좋아 보였지만 끝날 때쯤이 되자 그녀는 울면서 방석 위에서 좌불안석이었다. 그룹 명상이 끝난 후 그녀는 나와의 개인 면담을 신청했다.

그녀는 입을 열었다.

"당신의 방법은 내게 효과가 있어요. 하지만 지난 며칠 동안 뭔가 불분명하고 혼란스럽고 피곤하고 지루하더니 그룹 명상이 끝날 무렵에는 그냥 무너져 버렸어요. 난 이 수행에 지쳤어요. 아무래도 해낼 수 없을 것 같아요. 차라리 마음껏 울 수 있게 해 주는 집단 심리치료 모임에나 가 볼까 생각 중이에요."

그녀가 말을 끝냈을 때 나는 그녀에게 이따금씩 한동안 수행을 중단하고 그냥 다른 일을 하는 것이 필요하다고 설명했다. 산책을 하거나 책을 읽거나 텔레비전을 보거나 음악을 듣거나 하는 것이 필요하다고. 그녀는 그날 밤 집으로 돌아가서 잠을 청했고, 다음 날 아침 기분이 한결 좋아졌다. 그녀는 다시 명상을 시작하고 싶어 했다. 이제는 필요할 때면 언제든 중단할 수 있음을 알았기 때문이다. 달리기 같은 경기에 참가한 선수처럼 줄곧 계속할 필요가 없는 것이다.

집중이 너무 강렬해지거나 마음이 무뎌지거나 혼란스러울 때 잠시 명상을 멈춘다는 생각은 실제로 매우 중요함에도 종종 그냥 넘어가는 문제이다. 이것은 '마른 물길' 또는 '빈 저수지'로 비유된다. 티베트 농부들은 농지에 씨앗을 심고 농작물로 물이 흘러가도록 작은 연못이나 호수 같은 저수지 옆으로 도랑을 파곤 했는데 그곳이 말라 버렸다는 의미이다.

마찬가지로 수행을 할 때도 분명한 가르침이 있고 노력과 의지의 중요성을 이해함에도 불구하고 피곤, 짜증, 의기소침, 절망감 등이 밀려올 수 있다. 마음과 감정과 몸의 '저수지'가 비어 있기 때문이다. 그 원인은 당신이 너무 많은 노력을 했거나 너무 열심히 했거나, 아니면 내적인 힘의 저수지가 풍부하게 만들어지지 않았기 때문이다. 짧은 기간의 수행을 강조한, 아버지와 여러 스승님들로부터 받은 가르침은 그 중요성을 아무리 강조해도 모자란다. 오래된 강력한 감정 상태를 다루려면 먼저 우리의 저수지를 채울 필요가 있다. 심지어 붓다조차도 하룻밤 새 붓다가 되지는 않았다.

휴식이 필요한 두 번째 극단적인 상황은 명상의 경험이 매우 황홀하게 느껴질 때이다. 몸이 너무 가볍고 편안하며 행복감과 기쁨이 강렬해지는 시점이 찾아올 것이다. 당신은 무한한 투명함을 경험할 것이다. 구름 한 점 없는 파란 하늘에 눈부신 태양이 비치는 것과 같은 내적인 경험이다. 모든 것이 너무나 새롭고 명확해 보인다. 혹은 생각과 감정과 기분들이 멈추고 마음이 완전히 고요해진다. 이 시점에서 수행을 중단해야 한다.

때때로 사람들은 말한다.

"공정하지 않아요! 난 정말 멋진 경험을 하고 있어요. 그런데 왜 중단해야 하죠?"

그 좌절감에 나도 공감한다. 나 역시 환희에 찬 그런 경험을 누린 적이 있기 때문이다. 나도 그것들을 붙잡고 싶은 강한 욕망과 열망을 느꼈었다. 하지만 나의 스승님들은 만일 내가 그것들을 붙잡으면 결국 실망하게 될 것이라고 설명했다. 왜냐하면 어떤 경험이든 본질적으로 무상하며 조만간 그 기쁨과 투명함과 고요함은 사라질 것이기 때문이다. 그다음에는 더 큰 두려움이 밀려올 것이다. 그렇게 되면 나는 결국 내가 잘못한 것처럼 느끼거나 수행의 효과가 없다고 느끼게 될 것이다. 진정한 목표는 어떤 경험이든 마음의 평정을 갖고 바라볼 수 있는 자각 상태를 지속하는 것이지만 기쁨과 투명함과 고요함의 경험을 주시 명상의 결과로서 집착하게 될 위험성이 있다.

나아가 나의 스승님들은 설명했다. 높은 지점에서 잠시 휴식을 취하는 것은 명상 수행을 계속하고자 하는 열망을 키워 주며, 자각 상태를 지속하도록 자극하고, '자신의 저수지를 채우는' 일과 같다고.

이상하게 들리겠지만 명상 수행에 있어서는 중단하는 것이 시작하는 것 못지않게 중요하다.

바위 쪼개기

> 참본성의 근본적인 순수성은 언어와 관념과 형식을 완전히 초월한다.
> 잠곤 콩툴 〈무수계〉

북미지역에서 행한 나의 모든 강연에 참여한 한 여성이 개인 면담에서 이렇게 고백했다. 그녀는 자신이 삶에서 많은 것을 이루었지만 여전히 영원한 관계에 대한 깊은 갈구를 느낀다고 했다. 그 갈구가 너무나 강력해서 명상 중에 그것을 주시할 수조차 없다는 것이었다.

그런 갈구를 경험할 때 어떤 생각을 하느냐고 묻자 그녀는 잠시 가만히 있다가 입을 열었다.

"나는 사랑받을 수 없는 존재라는 생각인 것 같아요."

다시 침묵한 뒤 그녀는 작은 목소리로 덧붙였다.

"그리고 나는 관계를 절대 오래 지속하지 못하기 때문에 다른 사람들이 나를 실패자로 여길 거라는 생각이 들어요."

이어진 질문들을 통해 그녀가 가진 다양한 생각과 느낌들이 드러났다. 어린 시절 엄마가 그녀에게 얼굴이 못생겼다고 말한 기억, 댄스파티에 초대받지 못한 청소년 시절의 기억을 포함해서. 사실, 관계에 대한 그녀의 갈망 이면에는 하나의 전체 이야기가 숨어 있었다. 그리고 이 이야기를 여러 부분으로 쪼갰을 때 그 갈망의 중압감이 덜어지기 시작했다. 물론 중압감이 그 즉시로 사라진 건 아니었지만 그 순간에는 한결 가벼워져서 견딜 만했다. 그녀가 지금까지 지니고 다니던 압도당할 만큼 크고 단단하고 진흙투성이인 바위 덩어리가 아니었다. 그것은 사실 커다란 바위처럼 보인 작은 돌멩이들의 더미에 불과했다.

특별한 노력 없이 그녀는 자연스럽게 지혜와 명상을 자신의 슬픔에 적용시키기 시작했다. 이것은 중요한 핵심이다. 자신이 처한 문제의 각각의 측면들을 심사숙고하면서 그녀는 명상을 했으며 오랜 세월 자신을 괴롭혀 온 생각과 감정들을 솔직하게 인정했다. 그것들을 인정하자 그 생각과 감정들에 대해 그녀가 지녀 온 판단들이 사라지기 시작했고 그녀는 그것들을 더 작은 조각들로 쪼갤 수 있었다. 대화를 나누는 동안 그녀는 적어도 잠시나마 관점의 이동을 경험했다. 그녀는 외로움과 갈망의 거울 속에 갇힌 사람이 아니었다. 그녀는 거울이었다.

　대화가 거의 마무리될 즈음 그녀는 놀라서 말했다.

　"어쩌면 엄마도 같은 식으로 느꼈을지 모른다는 생각이 방금 들었어요. 아마 엄마도 자신이 못생기고 사랑받을 수 없다고 느꼈을 거예요. 난 엄마가 행복해하거나 웃는 모습을 본 적이 없어요. 엄마가 사람들과 함께 웃고 포옹하며 입맞춤을 나누는 모습이 기억나지 않아요. 그리고 나와 함께 어린 시절을 보낸 아이들, 인기 있던 아이들, 댄스파티에 초대받은 아이들……."

　그녀의 말끝이 잠시 흐려졌다. 그녀는 물었다.

　"그들의 삶 역시 그 당시 모두 멋진 것이었을까요? 그들은 지금 행복할까요? 아니면 외로울까요?"

　그녀는 입술을 잘근거리며 생각에 잠겼다.

　이 과정이 펼쳐지는 장면을 지켜보는 것은 정말 놀라운 일이었다. 숨겨 온 고통을 인정하게 되자 자각이 깊어지면서 그녀는 고통을 감춰 오는 동안 갖게 된 판단에서 벗어나 그것을 다만 바라보게 되었다. 그 자각은 그녀로 하여금 고통을 작은 조각들로 쪼갤 수 있게 도와주었고, 이제 고통은 그다지 고정된 것처럼 보이지 않았다. 고착화된 감정으로부터의 해방은 그녀에게 본래 내재된 자비, 잠재 능력, 자신감이 피어나기 시작하는 기회가 되었다. 그리고 적어도 그 몇 순간만큼은 그녀의 '나'라는 망상이, 그녀 자신의 관점에만 매달리는 마음이 녹아 없어졌다. 자신이 외롭고 사랑받지 못하고 사랑스럽지 않은 존재라는 생각이 사라졌다. 그녀는 욕망과 질투와 두려움을 초월해 다른 사람들과의 유대감을 경험하기 시작했다. 그녀는 고통과 친구가 되었고, 그러면서 통찰과 공감의 차원에 이르렀다. 자신의 잠재 능력을 어렴풋이 느꼈으며 관점의 변화를 기꺼이 받아들였고 적어도 그 순간은 자유를 느꼈다. 이 자발적인 깨침이 일어난 후 그녀의 얼굴에는 미소의 빛이 번졌다.

이것이 통찰 명상의 핵심이다. 모든 현상은 상호의존적이며 무상하고 다른 많은 부분들로 이루어져 있음을 인식하는 것이다. 앞에서 살펴본 것처럼 견고하고 개별적이며 변하지 않는다고 말할 수 있는 것은 아무것도 없다. 생각과 느낌과 감정들을 더 깊이 조사하면 할수록 그것들의 텅 빈 본성을 알아차릴 기회가 더 많아진다. 심지어 매우 오래된 강렬한 감정 상태조차도 비누거품과 같다. 그것들은 형태를 갖고 있지만 그 안은 비어 있다. 마침내 그 거품이 펑 터져 버리면 당신은 무한한 공간을 볼 수 있을 것이고 갈등과 충돌로부터 자유로워질 것이다. 그것이 바로 즐거운 깨어남이며 비록 말로 표현하기는 힘들지만 완전히 투명하고 시간을 초월한 순수 자각의 경험이다.

그렇다면 그 깨어남에 어떻게 접근하는가? 주시 명상을 할 때처럼 단계를 밟아 나가면 된다.

핵심 연습

주시 명상의 핵심 연습처럼 통찰 명상도 세 단계로 나눌 수 있다. 첫 번째 단계는 일상적인 자각으로 생각과 감정을 바라보는 것을 포함한다. 어떤 특정한 목적이나 의도 없이 생각과 느낌을 단지 알아차리는 것이다.

두 번째 단계는 약간 다른 접근이다. 주된 목적은 감정의 본질을 깨닫기 위한 것이다. 즉 순수 자각은 공과 불가분의 관계임을 인식하는 것이다. 어떻게 하면 그렇게 할 수 있는가?

무상함이 감정의 특성임을 생각하면서 시작한다. 자기혐오이든 외로움이든 사회생활에서 느끼는 어색함이든 혹은 다른 사람에 대한 비난이든 감정에 대해 생각할 때 우리는 그것을 크고 견고한 문제로 여기는 경향이 있다. 그 감정이 고정불변한 것이라는 느낌이 우리를 사로잡는다. '난 늘 이런 식으로 느끼게 될 거야. 난 실패자야. 그 사람은 정말 나쁜 사람이야.' 참본성을 가로막는 것 중 세 번째(진짜가 아닌 것을 진짜로 보는 것)가 여기서 두드러진 역할을 하면서 그 감정이 언제까지나 지속될 것이라는 느낌을 심화시킨다. 하지만 그 감정들을 주의 깊게 조사하면 할수록 그것들이 전혀 안정된 것도 지속적인 것도 아님을 발견하게 된다. 1분도 채 안 되어 그 감정들과 관련된 생각들이 달라지고 그 강렬함도 흔들린다. 체온, 심장박동, 팔다리의 긴장, 피곤함, 흥분 같은 신체적인 느낌들도 쉽게 달라진다. 우리는 몸과 마음의 수많은 변화들에 놀라게 된다. 주시 명상의 과정을 밟아 가는 데 있어 가장 중요한 점은 그 변화들을 관찰하고 자각하는 일이다.

처음에는 생각과 감정의 변화를 단지 1, 2분 정도만 관찰할 수 있을 것이다. 그것도 괜찮다. 나의 스승님들이 조언했듯이 결과를 얻으려는 충동을 이기는 것이 중요하다. 무상을 인식하는 주된 길은 생각과 감정과 신체적인 변화들이 고정된 것이 아님을 알아차리는 일이다.

　감정의 무상한 성질을 잠시 바라본 후에는 그것들의 개별성에 대해 참구한다. 앞에서 말했듯이 우리는 감정을 크고 견고하고 본래부터 존재하는 것으로 여기는 경향이 있다. 하지만 예를 들어 분노와 같은 감정을 가까이 들여다보면 그것은 '나는 화가 나. 나는 그 사람을 증오해. 그것은 말하기조차 끔찍한 일이야.'라는 말과 생각들, 그리고 가슴과 위의 통증이나 답답함 같은 신체적인 느낌, 또한 분노의 원인이나 대상이 되는 사람의 모습 등이 결합된 것임을 알 수 있다. 만일 이것들을 전부 분리시킨다면 분노는 어디에 있는가? 말, 생각, 신체적인 느낌, 원인이나 대상이 되는 사람의 이미지 없이 분노를 경험하는 것이 가능한 일인가?

　아니면 다른 접근을 해 보자. 우리가 분노의 대상을 바라보고 있다고 가정하자. 이를테면 우리가 싫어하는 것을 말하는 사람을. 우리는 이렇게 질문할 수 있다. '나를 화나게 만들고 있는 것은 무엇인가? 그 말을 한 사람인가? 그 말 자체인가?' 우리는 그 사람이 말한 것 때문에 그에게 화가 났다고 생각하기 쉽다. 하지만 잠시 시간을 내어 자신의 반응을 분석해 본다면 다시 생각할 기회를 갖게 될 것이다. '그 나쁜 말들은 그 사람의 입에서 나왔는데, 그렇다면 나는 그 입에 화를 내야 하는 것이 아닌가? 그 사람의 입은 그의 근육과 뇌에 의해 조종된다. 그렇다면 나는 그의 근육과 뇌에 화를 내야 하는 것이 아닌가?' 이런 식으로 하나하나 조사하면 화를 낼 어떤 대상도 발견할 수 없다. 분노의 대상은 그 자체로는 어떤 고유한 본성도 갖고 있지 않다. 대신 감정과 그 대상이 상호의존적으로 작용함을 알 수 있다.

나 자신, 어렸을 때 그것을 알게 되었다. 한 남자가 아버지를 찾아왔다. 그는 누군가와 논쟁을 했는데 결국 막대기로 서로를 때리게 되었다. 그 남자는 매우 화가 났고, 아버지에게 조언을 구했다.

아버지가 말했다.

"당신을 친 것은 막대기인데 왜 그 남자에게 화가 나지요?"

그 남자가 대답했다.

"왜냐하면 그가 막대기를 조종하기 때문이죠."

아버지가 그에게 말했다.

"하지만 그는 자신의 감정에 조종당합니다. 따라서 당신은 그의 감정들에 화를 내야 합니다. 그리고 그의 감정을 폭발하게 한 원인이 무엇인지 누가 알겠어요? 어쩌면 그의 아버지에게 매를 맞았을 수도 있어요. 아니면 그날 그를 화나게 만든 어떤 일인가가 일어났을 수도 있지요. 그렇다면 당신은 누구에게 화를 낼 수 있을까요? 그 남자의 아버지가 당신과 싸움을 벌인 그를 화가 나서 때렸을 수도 있어요. 하지만 무엇이 그를 그토록 화나게 만들어 아들을 때리게 했는지 누가 알겠어요?"

그가 말했다.

"나는 그런 식으로는 한 번도 생각해 본 적이 없습니다."

아버지가 말했다.

"우리 대부분도 그렇습니다. 우리는 겉으로 드러난 것 너머를 보아야 하며 그것에는 수행이 필요합니다."

아버지는 미소를 지으며 말을 이었다.

"수행은 시간이 걸립니다. 오늘 우리가 대화를 나눴다는 이유만으로 당신의 생각과 감정이 하룻밤 새 변하지는 않을 것입니다. 인내심을 가지세요. 자기 자신에게 친절을 베푸세요. 하룻밤 새 지혜를 얻을 수는 없습니다."

아버지가 한 말은 늘 나를 따라다녔고, 다른 사람들을 가르치고 상담할 때도 나는 그것을 마음에 새겼다. 통찰 명상의 핵심 연습은 우리 자신의 감정적인 반응과 그 감정의 대상—사람, 장소, 상황—의 무상함과 상호의존성을 살펴보는 것으로 이루어져 있다. 외로움, 애정 결핍, 사회생활의 어색함, 다른 사람들에 대한 판단 등을 작은 부분으로 쪼개어 보면 그 작은 부분들조차 본래부터 존재하는 것이라고는 말할 수 없음을 우리는 알게 된다.

그것이 통찰 명상의 목표이다. 고정불변, 개별성, 독립성이라는 환상을 깨부수는 것이다. 만일 감정을 이처럼 깊이 바라본다면 결국 우리는 고정불변하고 개별적이며 독립적인 어떤 요소도 발견할 수 없다는 결론에 이르게 될 것이다. 감정과 그것의 대상은 명상과 함께 흩어져 사라질 것이다. 더 중요한 것은, 통찰을 가지고 우리의 생각과 감정에 접근할 때 우리는 전에는 알아차릴 수 없던 감정의 본질인 무한한 투명함과 자유를 발견할 수 있다는 사실이다. 우리의 반응을 선택할 수 있기 위해서는 경험과 경험자 사이의 경계선을 무너뜨려야 한다. 이 얼마나 위대한 발견인가!

티베트 불교에서는 이 경험을, 테 넓은 모자를 쓰고서 나무들이 줄지어 있는 가파른 산을 올라가는 것에 비유한다. 언덕 정상에 오르면 여행자는 모자를 벗고 바닥에 앉아서 쉰다. 그는 이마로 불어

오는 시원한 바람을 느끼며 멀리까지 보이는 확 트인 전망을 즐기고 드넓게 펼쳐진 무한한 하늘을 응시한다. 산 정상에 올랐다는 안도감이 소중하게 느껴진다. 여기서 모자는 우리가 매달려 있는 관념들의 집합을 상징한다. 다시 말해 감정을 견고하고 고정불변하며 독립적으로 존재하는 것으로 여기는 믿음이다. 산을 오르는 힘든 여정은 감정의 본질을 들여다보는 과정을 상징한다. 모자를 벗는 것은 관념들을 제거하고 난 후의 안도감뿐 아니라 그 결과로 얻어지는 무한한 자각을 의미한다.

하지만 여기에는 주의가 필요하다. 통찰 명상을 통해 얻어지는 자유와 자각은 단 몇 초밖에 지속되지 않는다. 끝없는 관념들의 흐름 속 작은 틈에 불과한 것이다. 걱정할 필요 없다. 그 틈이 짧을 수도 있지만 그것은 마음의 자연스런 상태를 어렴풋이 들여다본 데 지나지 않는다. 수행과 더불어 그 틈은 점점 길어질 것이다.

주시 명상처럼 통찰 명상의 세 번째 단계는 약간의 분석을 포함한다. 주시 명상을 할 때와 마찬가지로 세 가지 결과가 가능하다.

첫째, 감정을 바라볼 때 몇 초 동안 짧게 무한한 자각 속으로 감정이 해체되어 사라지는 수가 있다. 그다음에는 감정이 돌아올 수도 있고 어쩌면 더 강해질 가능성도 있다. 당신은 생각할 것이다. '나는 여전히 여기에 있고 그 감정을 느끼고 있어. 이 감정이 텅 빈 것이라고 여기려는 시도의 요점이 뭐지?' 그런 생각이 드는 것은 자연스런 일이다. 당신은 언제든 명상으로 되돌아갈 수 있다. 시간제한은 없다. 하루에 5번, 6번, 7번, 심지어 100번까지 시도하는 걸 막을 규율 같은 것도 없다. 사실 스승님들은 내게 심지어 단

1분이라도 계속해서 시도하라고 조언했다. 이를 반복하면 차츰 어떤 특정한 감정이 견고함을 잃어 가면서 마침내는 무한한 자각으로 탈바꿈하는 것을 발견할 것이다. 어느 날 감정이 일어날 때 그것은 당신이 명상을 통해 경험한 자유와 드넓은 공간을 상기시켜 줄 것이다. 외로움, 애정 결핍, 분노 같은 감정들이 당신을 바닥으로 끌어내리기보다는 위로 들어 올릴 것이다.

두 번째로 가능한 결과는, 당신이 통찰 명상을 할 때 감정이 더욱 강력해질 수 있다는 것이다. 그 감정이 너무 강하고 진짜 같기 때문에 당신은 그것을 바라볼 수 없을 것 같은 기분이 든다. '난 실패했어. 이 감정이 너무도 생생하게 느껴져.' 그것 역시 괜찮다. 그것은 사실 투명함이 더 깊어졌다는 신호이다. 그 감정을 제거하려고 애쓰지 마라. 모든 부분을 자세히 들여다보라. 그것들이 어떻게 변화하고 얼마나 무상한가를. 정확한 통찰 명상이 안 될 수도 있지만 더 깊은 주시의 경험이 될 것이다.

세 번째 결과는, 당신이 감정을 바라볼 때 그것이 그냥 똑같이 유지되는 일이다. 더 강해지지도 않고 사라지지도 않는 것이다. 당신은 감정과 그것의 텅 빈 본질을 동시에 본다. 예를 들어, 당신이 욕망이나 질투심을 느껴 그것을 바라볼 때 마치 꿈속에서 그 감정을 경험하듯이 하나의 메아리처럼 어중간한 기분이 들지도 모른다. 불교에서는 이런 경험을 연못이나 거울에 비친 자신의 모습을 보는 일에 비유한다. 당신은 물이나 거울에 비친 자신의 모습을 볼 수 있지만 그것을 자기 자신이라고 착각하지 않는다. 나의 스승님들에 따르면 이것은 가장 좋은 결과이며 감정으로부터 자유로워지는 신호이다. 당신은 여전히 감정을 느끼지만 그것의 텅 빈 본질을 분명하게 이해한다.

다른 것 시도하기

물론 살아오면서 너무도 오래도록 관계를 갈망하며 시간을 보낸 여성의 경우나 오늘날의 경제 상황에 스며 있는 불안정한 느낌처럼 어떤 감정 상태는 매우 강하고 오래간다. 부모나 가족 혹은 회사 동료를 향한 분노가 수년 동안 지속될 수도 있다. 내가 알게 된 사실로는 이혼한 사람이나 최근에 이혼 소송이 진행 중인 사람들의 경우는 특히 그렇다. 우울, 불안, 그리고 과거의 행동에 대한 후회 역시 오랜 기간 지속되기 쉽다. 이런 상태들과는 정면으로 맞붙기 어려울 수가 있다.

이런 '거물'들을 곧바로 다루는 대신 더 쪼개기 쉬운 것을 다루는 것이 좋다. 신체적인 통증의 느낌을 인위적으로 만들어 낼 수도 있다. 이를테면, 엄지와 집게손가락 사이에 있는 살을 꼬집어 보라. 이 단순한 차원의 불편함을 다루는 것은 매우 간단하고 직접적이다. 게다가 지압 전문가에 따르면 그곳을 지압하면 두통이 가시는 부차적인 효과까지 있다. 혹은 극단적인 더위나 추위의 느낌을 상상하는 것이다. 땀이 흐르거나 몸이 떨리는 불편함과 싸울 때의 기억과, 그런 조건에서 벗어나려는 희망을 떠올리면서.

또 다른 접근법은 큰 감정을 작은 조각들로 쪼개는 것이다. 최근 반복적인 우울증 증상을 겪고 있던 한 사람이 내게 명상을 배우게 되었는데 그녀는 통찰 명상을 이용하는 혁신적인 방법을 찾아냈다. 그녀의 울적한 기분을 촉발시키는 계기는 언제나 어린 시절부터 엄마에게 들어온 지적이었다. "넌 엉망진창이야." 이 말이 머릿속에서 반복될 때면 그녀는 그 말을 작게 쪼개기 시작했다.

"넌 엉망진." "넌 엉." "넌." "ㄴ."

이 방법을 적용하면서 그녀는 자신의 생각과 감정들의 의미에 질문을 던질 수 있는 자유를 발견했다. '엉망진'이 뭐지? '넌 엉'이 뭐지? 'ㄴ'이 뭐지? 그런 발음을 한 엄마는 어떤 존재이며 누구지? 그리고 엉망진창으로 자신을 정의 내리는 것을 받아들이는 '이 여자'는 누구지?

더 분석적인 접근법으로, 큰 감정을 작은 조각으로 쪼개는 것도 도움이 될 것이다. 예를 들어, 누군가에게 질투가 날 때 자기 자신에게 물어보라.

'질투는 누가 하는가? 나의 발인가? 나의 손인가? 질투심은 어디서 생겨나는가? 질투심은 계속 그곳에 있는 것인가? 질투심은 다른 생각이나 느낌들로 중단되는가? 내가 질투심을 느끼는 그 사람은 누구인가? 나는 그 사람의 손이나 발에 질투하는가? 아니면 입에? 그 사람의 입에서 나온 말들에? 내가 질투를 느끼는 대상이 고정불변하고 개별적이고 독립적인 존재라 할 수 있는가?'

다른 접근법은 어린 시절의 기억을 바라보는 것이다. 그것은 어른이 되고 나서 우리를 무겁게 한, 복잡한 생각과 감정들보다는 더 쉽게 쪼개진다. 얼마 전 나와 대화를 나눈 한 사람처럼 나무에서 떨어져 무릎이 까진 경험을 떠올릴 수도 있다. 그 사람은 신체적인 고통뿐만 아니라 너무 많은 또래 친구들이 자신이 떨어지는 것을 봤다는 사실에 몹시 당황했다. 그는 자신에게 물었다.

'그 신체적인 아픔은 어떤 느낌이었는가? 당혹감은 어떤 기분이었는가? 가슴이 뛰었는가? 얼굴이 달아올랐는가? 달아나서 숨기를 원했는가?'

통찰 명상에서 다른 것 시도하기의 핵심은 연습이다. 작은 것부터 시작해서 다소 쉬운 대상에 집중하라. 그렇게 하면서 힘을 기르거나 앞서 말한 옛 티베트의 비유처럼 당신의 저수지를 채울 수 있으며, 그런 후에 더 크고 끈질긴 문제들을 다룰 수 있다.

뒤로 물러나기

많은 사람들은 통찰 명상에 거부감을 느낀다. 어떤 이는 감정을 작은 조각으로 쪼개는 것이 어렵다. 또 어떤 이는 이 명상이 너무 건조하고 분석적이라 느낀다. 또 어떤 이는 너무 두려워서 자신의 감정 밑바닥에 숨어 있는 근원을 바라보는 것이 불가능하다. 최근에 어머니와 갈등을 겪고 있는 한 사람이 내게 명상을 배우게 되었다. 그의 어머니는 자동차에 기름을 넣어야 할 때마다 늘 아들에게 전화를 걸어 도와 달라고 했다. 겉보기에는 도움이 필요한 것 같았지만 마침내 어머니와 마주 앉아 이야기를 나눈 끝에 아들은 그 밑바닥의 문제가 질투와 슬픔임을 알았다. 어머니는 아들이 애인과 함께 시간을 보내는 것에 질투가 났고, 아들이 독립해서 혼자 살게 되면서부터 상실감으로 고통스러워하고 있었다.

이 예가 증명하듯이 통찰 수행을 방해하는 가장 강력한 요인 중 하나는 변화의 두려움과 존재감 상실에 대한 두려움이다. 참본성을 가로막는 것 중 다섯 번째 것('나'에 매달리는 것)의 영향이다. 무력하고 외롭고 불안하고 두려운 존재를 자신이라고 여기는 성향이다. 그 어머니는 아들과의 관계를 잃을까 두려웠던 것이다. 또 다른 사람들은 나한테 말한다. "어떤 일을 해내려면 때로 화를 내는 게 필요해요."

최근 작사가인 남자친구를 둔 여성이 내게 와서 명상을 배웠다. 그 남자는 걸핏하면 그녀와 논쟁을 벌인 뒤 주기적으로 그녀를 떠났다가 다시 관계를 맺으려고 노력하곤 했다. 그들의 관계는 사랑과 고통, 끊임없는 상실감의 근원이었다. 마침내 그녀는 그 남자에게 물었다.

"우리의 관계가 이런 기복 없이 중간 정도의 관계를 그냥 유지할 수는 없을까? 물론 우리 사이에는 의견의 불일치가 있을 테지만 이토록 극단적일 필요가 있을까? 매번 감정의 동요가 일어날 때마다 꼭 생사가 달린 문제처럼 행동해야 할까?"

그는 다른 행성에서 온 외계인을 바라보듯이 그녀를 한참 동안 바라보았다. 그러고는 말했다.

"나는 창조적이 되려면 극적인 감정이 필요해. 곡을 쓰기 위해서는 관계의 기복이 필요하다고."

그녀로서는 다행히 자신의 일을 하는 데 그런 감정적인 드라마가 필요하지 않았다. 그래서 그 대화를 갖고 난 후 그와의 관계를 끝냈다.

하지만 나는 그녀의 이야기에서 큰 진리를 발견했다. 많은 사람들이 공에 대한 오해 때문에 통찰 명상을 거부한다는 것이 그것이다. 내게 이렇게 물은 사람이 한두 명이 아니다.

"만약 내가 공이라면, 나와 함께 일하는 사람들이 전부 공이라면, 나의 모든 느낌들이 공이라면, 내가 어떻게 사회생활에서 기능을 할 수 있을까요?"

그들은 자신의 정체성을 포기해야 하고 그들의 관계와 경험이 의미를 잃을까 봐 두려워한다.

이런 질문은 내 어린 시절의 몇 가지 사건들을 떠오르게 한다. 태어나서 몇 년간 나는 겨울 폭풍이 매우 심한 네팔 히말라야의 누브리 지역에서 보냈다. 특히 심한 폭풍우가 불어닥친 어느 겨울날, 나는 북풍이 우리 집 벽을 향해 강하게 불어올 때 집이 무너질까 봐 몹시 겁이 났다. 나는 안방 기둥으로 달려가서 바람에 맞서며 온 힘을 다해 기둥을 붙잡았다. 물론 방은 무너지지 않았지만 나의 보잘것없는 노력이 어떤 역할이라도 했는지는 의심스럽다.

나는 이 경험을 이후 몇 해가 지난 뒤 내가 처음 버스를 탔을 때 일어난 사건과 비교하곤 한다. 어느 겨울 나는 어머니와 함께 누브리를 떠나 여행을 했다. 그 당시 누브리는 오늘날의 편의 시설이 거의 없는 고립된 마을이었다. 수돗물도 없고 전기도 안 들어오고 수도 카트만두까지 온통 비포장도로였다. 카트만두는 누브리보다 날씨가 더 온화하기 때문에 우리는 그곳에서 상대적으로 따뜻하고 편안한 겨울을 보낼 수가 있었다. 우리는 열흘 동안 걸어서 원시적이고 미개발된 지역들을 통과했다. 밤에는 동굴이나 들판에서 자고 가방에 넣어 온 물건들로 음식을 만들어 먹었다. 우리는 고르카라고 불리는 장소에 도달했다. 그곳에서 나는 처음으로 트럭과 버스들을 만났다.

나의 첫인상은 그것들이 덩치 큰 동물 같다는 것이었다. 앞쪽의 헤드라이트는 마치 동물의 눈처럼 느껴졌다. 움직일 때는 으르렁거리는 소리를 냈다. 경적 소리는 성난 호랑이의 울부짖음 그대로였다. 우리가 한 버스에 다가갔을 때 어머니가 말했다.

"우리는 이걸 타야 한다."

나는 생각했다. '안 돼.'

하지만 어머니는 단호했고 나를 버스 안으로 안아 올렸다. 처음 버스를 탄 날 나는 완전히 공포에 질렸다. 짐승의 배 속에 앉아 있었던 것이다! 우리가 지나가는 길은 울퉁불퉁하기 짝이 없었다. 움푹 팬 곳에 부딪힐 때마다 그 짐승이 벌러덩 뒤집힐 것만 같았다. 두세 시간 뒤 나는 머리가 어지러워서 토하기까지 했다. 마침내 차가 멈추었고 어머니와 나는 호텔에 투숙했다. 그날 밤 나는 열이 나고 또다시 어지럼증이 났다. 천장의 환풍기를 올려다보자 그것이 작동하지 않고 있는데도 그 환풍기 날개가 돌고 있는 것처럼 느껴졌다. 서서히 방 전체가 빙글빙글 돌기 시작했다.

이튿날 나는 기분이 약간 나아졌고 어머니는 분명하게 말했다.

"우리는 가야 한다."

우리가 다시 버스에 탑승했을 때 어머니는 맨 앞 좌석에 자리를 잡았다. 나는 만트라를 외듯이 혼잣말로 중얼거렸다. '이것은 그냥 말일 뿐이야. 맹수가 아니야.' 서서히 버스를 타는 경험이 달라지기 시작했다. 전에 말을 타 본 적이 있기 때문에 나는 말에 대해 알고 있었다. 창문을 열고 얼굴로 불어오는 바람을 느꼈다. 네팔 남부 지역을 통과하며 여행하는 동안 나는 창밖으로 고개를 내밀어 초록색 나무들과 들판을 구경하기 시작했다.

나의 두려움을 바라보고 생각을 바꿈으로써 나는 버스를 타는 일과 평화롭게 화해했다. 더욱 중요한 것은 그 경험이 나에게는 통찰 명상의 첫 연습이었다는 점이다. 통찰 명상은 본질적으로 기존의 관념을 버리는 과정이며, 내가 꿈에도 생각하지 못한 내면의 근원을 발견하기 위해 변화를 기꺼이 받아들이고 '맹점'을 깨부수는 과정이다.

휴식하기

지금까지 설명한 모든 단계를 시도해도 명상이 불분명할 수가 있다. 피곤하고 좌절하고 지루해질 수 있다. 심지어 하루 1, 2분 시간을 내어 명상하는 것에조차 의욕이 생기지 않을 수 있다.

비유를 들자면, 조깅을 시작한 사람은 처음에는 단 5분 또는 10분 정도만 달릴 수 있다. 그렇게 짧은 시간 연습하는 동안에도 잠시 멈춰 숨을 돌릴 필요가 있다. 설령 더 오래 달리고 싶어도 그렇게 할 수 없다. 몸이 익숙해져 있지 않기 때문이다. 더 오래 달리고 싶은 바람과는 상관없이 멈춰야만 한다. 다음 날 그다음 날 조금씩 달리는 거리를 늘릴 수는 있다. 마침내는 몇 킬로미터를 계속 뛸 수 있고, 심지어는 마라톤에 참가할 수도 있을 것이다. 마찬가지로 통찰 명상을 할 때 휴식을 취하는 것은 중요하다. 특히 지루해지거나 흥미를 잃었을 때, 명상이 너무 건조하거나 분석적으로 느껴질 때, 혹은 대상이 되는 감정이 너무 강할 때 더욱 그렇다.

주시 명상에서도 그랬듯이 감정이 해체되어 사라지고 정말로 깊은 공의 체험에 도달해 이분법적인 시각이 사라졌을 때는 어떤 일이 있어도 명상을 중단해야 한다. 사람들은 이 말을 들으면 의아해한다.

"명상이 매우 잘되는 것 같아 보이는데 왜 중단해야만 하죠?"

나도 스승님들에게 똑같은 질문을 했었고 이제 똑같은 답을 준다. 자유의 기분에 집착하는 것이 매우 쉽기 때문에 우리는 그 기분을 다시 만들어 내려는 유혹에 넘어가기 쉽다. 해방감과 안도감을 내려놓는 것이 통찰 명상의 최종적인 연습이다. 내려놓으려는 마음을 내려놓아야 하는 것이다.

공감 명상

스스로의 환영에 갇혀 고통 받는 모든 자각 있는 존재들을 향해
자연스럽게 무한한 자비심이 솟아난다.
칼루 린포체 〈빛을 발하는 마음—붓다의 길〉

몇 달 전, 내게서 명상을 배운 한 여성이 말에서 떨어져 골반에 금이 갔다. 부상에서 회복하고 있는 동안 남자친구가 그녀에게 결

별을 통보했다. 그는 그녀가 희생자처럼 행동하며 동정심을 얻으려 한다고 전화와 이메일을 통해 비난했다. 그는 그녀의 사고가 가족들과의 불편한 관계로 인해 일어난 '나쁜 카르마'의 결과라고 했다. 그 과정을 겪으면서 그녀는 그의 반응에 대해 말을 꺼내기를 거부했다. 친구와 가족들 눈에 과거의 남자친구가 '나쁜 남자'로 비치는 것이 싫었으며, 자신의 마음속에서도 그런 판단을 강화시키는 것이 싫었다.

묘한 우연으로, 관계가 끝나고 난 후 석 달이 지났을 때 그 남자가 나무에서 떨어져 등뼈가 몇 개 부러졌다.

과거의 남자친구가 그녀에게 전화를 걸어 전에 그가 선물한, 그녀의 통증을 완화시켜 준 기구를 돌려줄 것을 부탁했을 때 그녀는 부정적으로 반응할 수도 있었다. 하지만 그러는 대신 그녀는 그가 부탁한 그 기구만이 아니라 통증을 이기는 데 도움이 되는 여러 치료법을 알려 주었다. 심한 신체적인 통증을 겪고 있을 때 공격을 당하는 것이 얼마나 감정적으로 힘든 일인가를 알고 있었기 때문에 그녀는 대범하게 행동했다. 그에게 희생자인 척하고 있는 것인지 혹은 그의 사고가 나쁜 카르마의 결과인지를 묻는 대신에 그녀는 자신이 느꼈던 감정적인 고통을 인식하고 마음을 내어 그에게 선뜻 치료법을 제공했다.

그녀는 과거의 남자친구와 싸우기보다는 공감의 마음을 갖고 반응함으로써 마음의 평화를 경험했다. 그럼으로써 남자친구에게도 평화의 기회뿐 아니라 그가 지난날 그녀를 잘못 판단했음을 깨닫도록 하는 기회를 주었다. 만일 그녀가 화난 채로 그에게서 받은 비난을 도로 쏟아 내었다면 그는 마음을 닫아 버리고 더욱 차가운 판단을 했을 것이다. 보복 대신 좋은 치료법을 알려 주며 동정을 베풀기로 선택함으로써 그녀는 자신의 마음이 열리는 경험뿐 아니라 과거의 남자친구에게도 마음을 열 기회, 즉 고통 속에 있는 사람을 공격하는 것은 건강한 관계를 형성하는 데 전혀 최선의 접근법이 아님을 깨닫는 기회를 주었다.

핵심 연습

주시 명상과 통찰 명상의 핵심 연습처럼 공감 명상도 몇 가지 단계로 나뉜다. 주시 명상과 통찰 명상은 세 단계로 압축할 수 있지만 공감 명상에는 한 가지 다른 특징이 있다. 변형의 과정이 그것이다. 따라서 공감 명상은 세 단계 외에 네 번째 단계를 포함한다.

첫 번째 단계는 주시 명상이나 통찰 명상과 비슷하다. 느끼는 모든 것을 단지 자각하는 것이다. 두 번째 단계는 다른 사람들이 극도의 감정과 심리적 갈등으로 고통 받고 있음을 알아차리는, 즉 실제로 "나 혼자만 고통을 겪는 것이 아니다."라는 것을 깨닫는 일이다. 이런 식으로 타인의 고통을 이해하게 되면 나와 타인이 같은 존재임을 느끼게 된다. 당신이 고통으로부터 자유로워지고 싶어 하듯이 다른 사람들 역시 그러하다. 당신이 행복을 성취하고 싶은 것처럼 다른 사람들도 마찬가지이다. 앞에서 말한 비유가 떠오를 것이다. 당신의 양쪽 뺨에 각각 날카로운 바늘이 꽂혀 있다고 상상하는 것이다. 오른쪽 뺨의 고통은 당신 자신이 경험하는 불행과 고통을 상징한다. 왼쪽 뺨의 고통은 타인이 경험하는 고통과 불행을 상징한다. 두 뺨의 고통은 똑같다.

 핵심 연습의 세 번째 단계는 앞에서 자세히 설명한 통렌 수행을 포함한다. 이 명상법을 간단하게 요약하면, 먼저 자신의 고통에 주의를 기울인 다음 다른 사람들도 고통 받고 있음을 알아차리고 상상력을 이용해 자각 있는 무수한 존재들이 겪는 고통과 아픈 감정들과 힘든 상황들을 자신 안으로 빨아들인다. 그런 다음 자신의 좋은 특성들, 모든 행복의 경험들을 그들에게 보내 주는 상상을 한다. 어떤 경전은 고통을 두꺼운 먹구름으로 상상하고 행복과 긍정적인 특성들을 밝은 빛줄기로 상상하라고 조언한다. 상기시키려는 의미에서 말한다면 호흡으로 이 주고받는 과정을 조절할 수 있다. 모든 자각 있는 존재들의 고통을 가져올 때는 숨을 들이쉬고, 당신의 긍정적인 특성들을 내보낸다고 상상할 때는 숨을 내쉰다. 많은 사람들은, 호흡을 통해 이 시각화의 과정을 조절하는 것에는 저절로 마음이 안정되는 효과가 있다고 말한다.

 통렌 수행에는 많은 혜택이 있다. 물론 첫 번째는 당신이 혼자가 아님을 깨닫게 되는 것이며, 이것은 자기비난에서 오는 개인적인 고통을 줄이는 데 도움이 된다. 두 번째는 타인의 고통을 인식하는 일은 그들에 대한 비난을 사라지게 한다는 것이다. 때로는 아주 오래된 비난까지도. 자신의 고통과 그 고통의 결과로 일어난 말과 행동을 알아차릴 때, 상처를 주는 타인의 거친 행동들이 그들의 비슷한 불행의 우물로부터 떠올라 오는 것임을 인식하게 된다.

 하지만 가장 중요한 점은 이 공감 명상을 통해 당신은 차츰 자신의 개인적인 고통이 의미가 있으며 목적을 가지고 있음을 아는 직관력을 키우게 된다는 것이다. 당신의 감정은 모든 자각 있는 존재들의 감정을 대표하는 것이 되고, 당신이 건설적인 방식으로 그것을 다루기 때문에 모든 자각 있는 존재들은 혼란스럽고 파괴적인 감정으로부터 자유로워진다.

핵심 연습의 네 번째 단계는 주시 명상이나 통찰 명상에 관련된 분석 과정과는 약간 다르다. 여기서 우리는 공감이 가져다주는, 존재를 탈바꿈시키는 힘을 보게 된다. 감정으로부터 달아나고, 감정을 억누르려고 애쓰고, 그것이 자신을 압도하도록 내버려 두기보다는 그것이 일어나도록 허용할 수 있다. 감정이 일어날 때 그것은 친절과 자비의 일부가 되며, 그때 그것은 생산적이 된다. 수행을 거듭하면서 혼란스런 감정들에 관한 관점이 자연스럽게 바뀌는 것을 발견할 것이다. 그것들은 나쁜 것이 아니며 해롭지 않다. 이 불쾌한 감정들은 실제로 타인의 고통을 더 예민하게 자각하려는 계기가 될 수 있다. 그리고 그것들을 통렌 수행의 초점으로 이용함으로써 결국 타인을 도울 수 있게 된다.

다른 것 시도하기

앞의 주시 명상과 통찰 명상에서 언급한 것처럼 뿌리 깊은 감정과 오랫동안 지속된 심리 상태를 직접 다루는 것은 쉬운 일이 아니다. 주시 명상과 통찰 명상처럼 공감 명상에서도 비슷한 문제를 발견하면 더 작은 감정을 다루도록 시도하거나, 아니면 강하고 오래된 감정 패턴의 한 부분만을 다루는 것이 좋다. 강한 감정들 혹은 굳어진 감정 패턴은 우리 깊은 곳에 자리 잡고 있다. 그것은 바닥도 없고 경계도 없는 바다와 같다. 바다를 횡단하는 수영을 하기 전에 풀장이나 연못에서 연습하면서 힘을 기르는 편이 더 효과가 있을 것이다.

예를 들어 만일 당신이 열등감, 외로움, 불안, 우울함으로 고통을 받고 있다면 한 번에 모든 조건들을 다루려고 하지 마라. 한 가지에 초점을 맞추라. 누군가 당신에게 자기비난, 절망감, 피로감을 유발하는, 그래서 우울한 사건의 단초가 되는 말을 한다면 그것에 대한 당신의 반응에 초점을 맞추는 것이다.

식료품가게 계산대나 은행에서 새치기를 하는 사람을 향한 불만과 짜증 같은 작은 감정을 이용하는 것부터 시작할 수도 있다. 또 다른 선택사항은 일상적인 자비를 다루는 것이다. 지속적인 불안 심리에 시달려 온 한 사람이 이 방법을 택했다. 불안감의 공격을 받았을 때 그는 자신의 할머니를 초점 대상으로 삼았는데 할머니는 매우 불안해하는 사람이었다. 할머니를 자신이라고 여김으로써 그는 불안감이 누그러지며 차츰 더 넓은 범위의 사람들을 향해 공감 명상을 확대할 수 있었다. 두려움과 분노 같은 과거의 감정을 떠올리거나, 앞에서 말한 것처럼 나무에서 떨어진 고통과 창피함을 떠올리는 것은 더 큰 감정들을 다룰 힘을 키우게 해 준다. 일단 이런 작은 방식으로 힘을 키우면 자기비난이나 다른 사람을 비난하는 더 큰 문제들을 다룰 수 있게 된다.

뒤로 물러나기

대개 공감 명상을 생각할 때 우리는 부정적 감정이나 에고를 한쪽으로 치워야 한다고 생각한다. 하지만 통렌 수행을 사용함으로써 우리는 부정적 감정이 완전히 다른 측면을 가지고 있음을 발견한다. 한 여성이 나와 개인 면담을 하던 중 자신의 성격이 매우 급한데 그것을 조절할 수 있는 방법이 있는지 물었다. 나는 그녀의 급한 성미를 자각하는 데 도움이 되는 주시 명상을 가르치는 것부터 시작했다. 그녀는 내 말을 가로막으며 말했다.

"그것은 이미 해 봤어요. 나한테는 전혀 효과가 없어요. 뭔가 다른 게 필요해요."

그래서 나는 통렌 수행을 가르쳐 주었고, 처음에 그녀는 놀라워했다. 그녀는 감탄하며 말했다.

"정말 멋진 생각이군요!"

하지만 잠시 그것에 대해 생각해 본 다음 그녀는 다시 말했다.

"내게 효과가 있지 않을 거예요. 왜냐하면 자비심은 내 성격과는 거리가 멀거든요. 자비심을 떠올려 보는 것만도 내게는 어려운 일이에요."

나는 그녀에게 한번 시도해 보도록 권했다.

"내일 다시 와서 어떤 일이 있었는지 알려 주세요."

다음 날 아침, 그녀가 빛나는 얼굴로 다시 찾아왔다.

"나 자신에게 놀랐어요. 원래 자비에 대해 명상할 때 난 나의 급한 성격과 싸우거든요. 내 성격을 거부하고 억누르려고 하죠. 하지만 이 명상법은 나의 나쁜 성격을 그냥 그곳에 있도록 내버려 둬요. 그것을 바꾸려고 하지 않아요. 대신 그것을 바라보는 방식을 바꿀 뿐이에요."

그녀의 반응은 왜 그토록 많은 사람들이 공감 명상에 거부감을 느끼는가를 이해하게 했다. 첫 번째 문제는 이 방편이 감정을 제거하는 기법이라는 오해에서 비롯된다. 당신은 이렇게 생각할지 모른다. '나는 다른 사람을 판단하고 비난한다는 문제점을 가지고 있어. 이 명상을 하면 그런 심리 상태로부터 지금 당장 자유로워질 수 있어.' 하지만 그런 일은 일어나지 않는다. 그것은 없어지지 않는다. 당신은 생각한다. '아, 이런! 그대로잖아. 난 이 방법이 싫어. 아무 효과가 없어.'

그런 반응들은 희망과 두려움이 포함된 전형적인 예들이다. 감정이 쉽게 사라질 것이라는 희망과, 어떤 노력도 자신의 감정 상태를 변화시키지 못할 것이라는 두려움이 그것이다. 초기에 내가 공포감을 다룰 때 나의 스승님이신 살자이 린포체가 조언했듯이, 뒤로 물러서서 희망과 두려움을 공감 명상의 초점으로 바라볼 필요가 있다. 우리 모두는 고통으로부터 벗어나기를 희망하면서 동시에 고통에서 벗어나기 위해 스스로가 할 수 있는 일이 아무것도 없다고 두려워한다.

두 번째의 저항은 감정 그 자체를 바라보는 데서 온다. 외로움, 낮은 자존감, 다른 사람에 대해 갖고 있는 판단 등은 너무 크고 깊이 뿌리박혀 있어서 직접 대면할 수 없을 것처럼 보인다. 만일 그런 경우라면 한 걸음 뒤로 물러서서 더 작은 감정들을 다루려고 시도해야 한다. 계기나 자극이 되는 일들, 혹은 어린 시절의 기억들을 다루는 것이다. 희망과 두려움을 바라보는 것이다.

휴식하기

앞에서 말한 주시 명상과 통찰 명상을 할 때처럼 당신은 지루해지고 싫증이 날 수도 있다. 또한 당신은 이렇게 생각할 수 있다. '아 이런, 또 명상을 해야 하는구나.' 아마도 명상의 핵심이 불분명해지고 열정이 식을 수도 있다. 그것은 분명 명상을 중단하라는 신호이다. 자책할 필요는 전혀 없다. 기억하라. 당신은 마음과 감정의 근육을 키우고 있는 중이며 시간이 필요하다.

주시 명상과 통찰 명상을 할 때도 조언했듯이 명상이 잘되는 것처럼 보일 때 중단하는 것이 중요하다. 사랑과 자비가 높은 수준까지 올랐다고 느껴질 때 '나는 오늘부터 생을 마칠 때까지 모든 자각 있는 존재들을 위해 헌신할 수 있어. 나는 완전히 달라졌어. 내가 가진 선함을 전부 나눠 줄 거야.'라는 생각이 들 때가 바로 중단해야 할 시간이다.

왜인가?

불교 역사 속에서 전해 내려오는 이야기가 그 이유를 설명해 줄 것이다. 19세기 티베트 불교의 위대한 스승 파툴 린포체는 어린 시절 대부분을 깊은 명상을 하면서 그 시대의 가장 중요한 스승들과 학자들에게 가르침을 받았고 마침내는 그 자신이 영적 스승의 반열에 올랐다.

그에게 사랑과 자비에 대한 기본 가르침을 받은 한 제자가 흥분해서 큰 소리로 말했다.

"이제 저는 사랑과 자비를 이해했어요! 저는 오늘부터 두려움과 분노로부터 완전히 해방되었어요. 누군가 나를 때려도 화가 나지 않을 거예요."

파툴 린포체가 그에게 나지막한 목소리로 조언했다.

"그렇게 성급하게 결론짓기에는 아직 이르다. 서두르지 마라. 그냥 수행을 계속하라."

하지만 제자는 동의하지 않고 주변 사람 모두에게 자신의 변화를 알리기 시작했다.

어느 아침, 제자는 붓다의 깨달음을 상징하는 탑인 스투파 옆에 앉아 명상을 하고 있었다. 그는 해가 떠오르는 동쪽을 향하고 앉아 겉에 입는 승복인 가사를 머리 위에 쓰고서 눈은 반쯤 감고 있었다. 같은 시간에 파툴 린포체가 스투파를 돌며 기도 의식을 드리고 있었다. 습관처럼 그는 화려한 예복을 삼가고 값싼 천으로 만든 군데군데 구멍 난 해진 승복을 입고 있었다. 린포체는 스투파를 한 바퀴 돌고 난 후 그의 제자 앞으로 가서 물었다.

"스님, 여기서 뭘 하고 계십니까?"

누추한 옷을 입은 스승을 몰라보고 제자는 퉁명스럽게 말했다.

"사랑과 자비의 명상을 하고 있소."

파툴 린포체는 대답했다.

"멋지시군요."

파툴 린포체는 스투파를 또 한 바퀴 돌고 제자에게 다가가 무엇을 하고 있는지 다시 물었다.

제자는 여전히 스승을 알아보지 못한 채 더욱 무뚝뚝하게 대답했다.

"사랑과 자비 명상이요."

파툴 린포체는 대답했다.

"아주 멋지군요."

그는 또 한 바퀴를 돌고 다시 제자에게 가서 똑같은 질문을 했다. 이번에는 제자가 화를 내며 언성을 높여 대답했다.

"내가 사랑과 자비 명상을 하고 있다고 말했잖소! 뭐가 잘못됐소? 귀를 어디다 달고 다니는 거요?"

그 순간 제자는 분노로 몸이 떨려 머리에 쓰고 있던 옷자락이 미끄러져 내려오면서 비로소 스승을 알아보았다.

바로 앞에 파툴 린포체가 얼굴에 미소를 짓고 서 있었다. 그가 부드러운 목소리로 물었다.

"이것이 그대의 자비인가?"

그 순간 제자에게서는 모든 자만심이 사라졌다.

이 얘기의 교훈은 우리가 공감 명상을 지적으로 조금 이해하고 명상을 통해 작은 결과를 성취한다 해도 사랑과 자비의 능력을 키우는 데는 여전히 시간이 필요하다는 사실이다. 그러려면 휴식을 가져야 할 때를 알고 자비심의 근육이 길러질 때까지 날마다 1, 2분 정도씩이라도 여러 번 반복해서 수행을 하는 것이 필요하다.

파도타기

> 모든 예술과 마찬가지로
> 명상 속에는 섬세한 균형이 존재해야 한다.
> **소갈 린포체 〈삶과 죽음을 바라보는 티베트의 지혜〉**

몇 해 전 뉴욕 시에서 장기간 머무는 동안 나는 명상을 배우기 원하는 한 남자를 만났다. 그의 가장 친한 친구가 최근 세상을 떠났고 그 결과 그는 슬픔과 우울증 그리고 죽음에 대한 끊임없는 두려움으로 고통 받고 있었다. 몇 주간의 개인 면담 동안 나는 그에게 명상을 위한 방편으로 형태와 신체감각을 이용하는 법을 가르쳐 주면서 이 감각 명상을 잘 활용하라는 숙제를 내주었다. 그 후 그는 대중 강연에서 명상을 위한 방편으로 생각과 감정들을 이용하는 방법을 배웠다. 그 대중 강연이 끝나고 곧바로 그는 개인 면담을 또 신청했다.

그는 고백했다.

"나는 생각과 감정을 관찰할 수가 없어요. 너무 무서워요. 마치 나를 향해 밀려오는 쓰나미를 바라보는 것 같아요."

나는 그의 배경에 대해 조금 알고 있었기 때문에 그가 비유로 든 이미지에 흥미가 갔다. 내가 물었다.

"직업이 뭐라고 했었지요?

그가 말했다.

"전문적인 파도타기 선수입니다."

내가 말했다.

"아, 이제 알겠군요. 당신은 큰 파도를 어떻게 생각하나요?"

그는 신이 나서 말했다.

"아, 큰 파도를 무척 좋아하죠!"

나는 고개를 끄덕였다.

"그렇다면 당신이 어떻게 파도타기를 배우게 되었는지 말해 주세요. 그전에도 파도를 좋아했나요?"

그는 파도타기에 열광한 친구들의 권유로 배우게 되었다고 말했다. 친구들이 그를 설득하는 데 시간이 조금 걸렸다고 했다. 왜냐하면 그에게는 작은 파도도 위협적인 '쓰나미'처럼 보였기 때문인데, '쓰나미'는 그가 자신의 감정을 묘사할 때 사용했던 단어이다.

"하지만 친구들의 도움으로 나는 두려움을 이기고 앞으로 나아갔고, 이제는 파도를 사랑합니다. 파도랑 놀기도 합니다. 그것들을 재미있는 놀이로 이용하지요. 심지어 큰 파도는 나를 멀리까지 밀어다 주고 기술을 향상시켜 주는 큰 도전 같은 것이라고까지 말할 수 있습니다. 사실 이제는 파도타기 대회에 참가해서 상금도 타고 나름 생계 수단이 되었습니다."

그는 흥분해서 덧붙였다.

"파도는 나의 삶 그 자체입니다!"

얼굴 가득 미소를 지으며 자신의 직업에 대해 말하는 그를 즐거운 마음으로 바라보면서 나는 그가 자신의 이야기를 마칠 때까지 기다렸다. 그런 다음 그에게 말했다.

"당신의 생각과 감정은 파도와 같습니다. 파도를 타는 것은 생각과 감정을 관찰하는 일과 같습니다. 따라서 당신이 말한 것처럼 만일 파도를 사용하는 법을 안다면 당신은 생각과 감정을 타는 법을 기본적으로 이해하고 있는 것입니다."

나는 그에게 약간의 숙제를 내주었다. 처음 파도타기를 배우기 시작할 때 파도를 다룬 것과 같은 방식으로, 작은 것부터 시작해서 서서히 생각과 감정을 다루어 보도록 하라고.

나는 말했다.

"명상법들은 당신의 친구들과 같습니다. 그것들의 목적은 당신을 격려하고, 생각과 감정의 파도를 놀이의 대상으로 여기도록 도와주는 것입니다. 당신은 파도가 일어나는 것을 막을 수는 없습니다. 그렇지 않습니까? 하지만 그것을 타는 법은 배울 수 있습니다."

그 후 일 년 동안 나는 그 남자를 보지 못했지만 다시 만났을 때 그의 얼굴에는 큰 미소가 머금어져 있었다.

그가 물었다.

"내가 당신에게 파도는 나의 삶 그 자체라고 말했던 때를 기억하시나요?"

나는 대답했다.

"네, 물론이죠."

"지금은 생각과 감정들이 나의 삶입니다! 당신 말이 맞았습니다. 그것은 단지 파도타기와 같습니다."

내가 물었다.

"어떤 방법을 이용했나요?"

그는 말했다.

"전부 다요. 파도 타는 법을 변경하듯이 나는 때때로 방법을 바꾸었습니다. 때로는 장시간 타기도 하고 짧게 타기도 하고, 솟아오르고 커브를 틀면서 가장자리로 가기도 했습니다."

나는 전문 파도타기 선수가 아니기 때문에 그가 말한 용어들을 다 이해하지는 못했다. 하지만 그의 설명의 핵심, 즉 방법을 변경하는 것의 중요성은 알아들을 수 있었다.

나의 스승님들이 어린 시절 내게 지적해 주었듯이 수행을 활기차게 하기 위해서는 때때로 방법과 대상 혹은 방편을 바꾸는 것이 반드시 필요하다. 만일 한 가지 대상이나 방법에 너무 오래 고정되어 있으면 지루하고 불분명해지고 지칠 수 있다. 내가 만난 많은 사람들이 명상에 대해 열정을 잃고 있었다. 자신에게 효과가 있어 보이는 한 가지 방식을 너무 오래 고수했기 때문이다.

전에 내가 만난 한 사람은 마음을 평온하게 하고 무상을 이해하기 위한 방법으로 수년 동안 오로지 호흡에 집중하는 수행을 해 왔다고 이야기했다.

"첫해는 좋았어요. 하지만 몇 해가 지나자 똑같은 효과를 얻기 어려워졌어요. 더 나아지고 있거나 더 깊어지거나 혹은 성숙해지고 있다는 기분이 들지 않아요. 정신없이 바쁘거나 여러 생각들이 떠오를 때 호흡 명상이 마음을 평온하게 하는 데 매우 효과가 있었지만 이젠 전혀 도움이 안 되네요."

그와 이야기를 나누면서 나는 그가 오로지 한 가지 명상법만을 배웠다는 사실을 알게 되었다. 그래서 나는 그에게 다른 방법을 시도하면 한층 나아질 것이라고 조언했다. 며칠 동안 나는 그에게 주시 명상, 통찰 명상, 자비 명상의 기초 단계를 가르쳐 주었다. 더 나아가 주기적으로 방법을 바꾸도록 권유했다. 우리가 만날 때마다 그는 내게 마음을 다루는 방법들이 수없이 많다는 사실에 눈을 뜨게 해 준 데 대해 고마움을 표한다.

나는 그에게 말한다.

"내게 고마워하지 말아요. 우리보다 앞에 오셨던 분들께 감사하세요. 나의 스승님들과 그분들의 스승님들 그리고 과거 시대의 불교 스승들에게. 그분들은 참본성을 가로막는 것들에 의해 감정이 일어나며 계속된다는 사실을 이해한 분들입니다. 참본성을 가로막는 것들은 본질적으로 우리의 탄생과 동시에 모습을 나타내어 우리가 자람에 따라 더 강력해지고 단단해지는 인식의 습관입니다. 이 다섯 가지 관점이 우리 자신을 특정한 모습으로 가둬 두며, 최선의 경우에는 혼란스럽고 최악의 경우에는 파괴적인 방식으로 우리 자신이나 다른 사람들과 관계를 맺게 합니다. 여러 다른 방식으로 명상 수행을 할 때 우리는 그것들의 영향력을 이해하게 됩니다. 그리고 그 영향력을 이해할 때 우리는 자신의 마음이 가진 힘과 잠재 능력을 깨닫게 됩니다. 그것이 불교 수행의 진정한 토대입니다. 그것은 우리가 몸담고 살아가는 이 현실을 어떻게 지각하는가를 결정짓는 마음의 힘을 이해하는 일입니다."

12

즐거운 지혜

끈기 있게 노력하면 성공할 것이다.
그리고 장애들을 극복하는 데서 기쁨을 발견할 것이다.

헬렌 켈러

자신의 약점과 불완전함을 느낄 때 그 안에 자신의 진정한 힘을 깨닫는 열쇠가 있다. 삶에서 일어나는 복잡한 감정과 문제들을 직접 대면함으로써 우리는 내면뿐 아니라 외부로 확장되는 행복을 발견할 수 있다. 만일 내가 어린 시절 내내 느꼈던 공포감과 불안을 대면하지 않았다면 이 자리에 나는 없었을 것이다. 비행기를 타고 세계 도처를 여행하며 처음 본 청중들 앞에서 나의 경험은 물론 나의 안내자이자 교사들인 위대한 스승님들에게서 배운 지혜를 전할 용기와 강인함을 결코 발견하지 못했을 것이다.

우리 모두는 붓다들이다. 다만 그것을 인식하지 못할 따름이다.

문화적 조건, 가정교육, 개인적인 경험, 그리고 지금 이 순간의 경험과 미래의 희망을 구분하고 판단하는 기본적인 생물학적 성향, 뉴런의 기억 저장소에서 오는 두려움 등, 이 모든 것들이 제한된 관점으로 우리 자신과 주위 세상을 바라보게 만들 뿐이다.

일단 당신이 자신의 참본성을 자각하려고 마음먹으면 당신은 나날의 경험 속에서 반드시 어떤 변화들을 보기 시작할 것이다. 과거에 당신을 괴롭히는 데 사용되었던 것들은 이제 당신을 혼란 상태에 빠뜨리는 힘을 차츰 상실할 것이다. 당신은 직관력을 가지고 더 지혜로워지며 마음이 더 평화로워지고 더 열릴 것이다. 그리고 당신은 장애물들을 더 큰 성장을 위한 기회로 여길 것이다. 아울러 한계와 허약함이라는 착각이 점차 사라짐에 따라 당신은 내면 깊은 곳에서 자기 존재의 진정한 위대함을 발견할 것이다.

무엇보다도 자신의 잠재 능력을 알게 됨에 따라 당신은 주위 사람 모두의 내면에도 그것이 있음을 인식하게 될 것이다. 참본성은 소수의 특권 있는 자에게만 가능한 특성이 아니다. 자신의 참본성을 인식했다는 진정한 표시는 그것이 정말로 평범한 것임을 깨닫는 것이다. 다시 말해, 모든 생명 있는 존재가 그것을 공유하고 있음을 보는 능력이다. 정작 그들은 자기 자신에게 참본성이 있음을 알아차리지 못할지라도. 따라서 당신은 당신에게 소리를 지르는 사람이나 피해를 주는 행동을 하는 사람에게 마음의 문을 닫는 대신 더욱 열린 마음을 가질 수 있다. 또한 그들이 그저 바보가 아니라 당신처럼 행복과 평화를 원하는 사람들이라는 사실을 알게 된다. 그들은 다만 바보처럼 행동할 뿐이다. 자신의 참본성을 깨닫지 못하고 허약함과 두려움의 기분에 압도당해 살아가기 때문이다.

당신의 수행은 단순한 염원과 함께 시작된다. 더 깨어 있는 마음으로 자신의 모든 생각과 행위를 바라보고 다른 사람들을 향해 더 깊이 마음을 열고자 하는 열망이다. 당신의 경험이 고통에 의해 조건 지워질지 아니면 평화에 의해 조건 지워질지를 결정하는 단 하나의 가장 중요한 요소는 바로 그 행위의 동기가 무엇인가 하는 것이다. 지혜와 자비는 사실 같은 속도로 커진다. 마음이 더 깨어 있고 더 깊이 사물을 들여다볼수록 자비로워지기가 더 쉽다는 것을 당신은 발견하게 될 것이다. 그리고 다른 사람들에게 마음을 열면 열수록 당신은 자신의 모든 행동들에 더욱 깨어 있게 된다.

어떤 순간이 주어지든 당신은 선택할 수 있다. 자신이 허약하고 한계에 갇힌 존재라는 믿음을 강화시켜 주는 일련의 생각과 감정과 기분을 따르기로 선택할 수도 있고, 자신의 참본성은 순수하고 조건에 얽매여 있지 않으며 상처 입을 수 없음을 기억할 수도 있다. 무지의 잠 속에 머물러 있을 수도 있고, 자신이 늘 깨어 있음을 기억할 수도 있다. 어느 쪽이든 당신은 당신 존재의 무한한 본성을 표현하고 있는 것이다. 무지, 허약함, 두려움, 분노, 욕망은 참본성이 지닌 무한한 잠재 능력의 표현들이다. 그러한 선택들에는 본래 옳고 그른 것이 없다. 불교 수행의 열매는 단순히 이것을 깨닫는 일이다. 우리의 참본성은 그 범위가 무한히 넓기 때문에 이런저런 마음의 괴로움들은 모두 그중 하나의 선택에 지나지 않는다.

우리가 무지를 선택하는 것은 우리가 그렇게 할 수 있기 때문이다. 우리가 할 수 있기 때문에 자각을 선택하는 것이다. 삼사라와

니르바나는 단순히 우리가 어떤 관점을 선택해 자신의 경험을 바라보고 이해하는가의 차이일 뿐이다. 니르바나에 마술적인 것은 아무것도 없으며, 삼사라에 나쁘고 잘못된 것은 없다. 만일 과거의 경험에 의해 자신을 한계가 있고 두려움으로 차 있고 허약하고 겁 많은 존재로 생각하기로 결정 내렸다면, 그것은 다만 당신이 그렇게 선택한 것임을 잊지 말아야 한다. 자신을 다르게 경험할 기회는 언제나 가능하다는 사실도.

본질적으로 불교의 길은 익숙한 것과 실질적인 것 사이에서의 선택을 제시한다. 물을 필요도 없이, 익숙한 생각과 행동을 유지할 때 거기에는 편안함과 안정감이 존재한다. 그 편안함과 익숙함에서 걸어 나오는 일은 무척 겁이 날지도 모르는 낯선 경험의 세계로 옮겨 감을 의미한다. 그 중간 지대는 내가 안거 수행 때 경험한 것처럼 불안한 곳이다. 당신은 알지 못한다. 익숙하기에 두렵지 않은 곳으로 돌아가야 할지, 아니면 단지 낯설기 때문에 두려워 보이는 곳을 향해 앞으로 나아가야 할지.

어떤 면에서, 자신의 완전한 잠재 능력을 자각하려는 선택을 할 때 생기는 불확실함은 명상을 배우는 몇몇 사람들이 내게 말한 학대적인 관계를 끝내는 것과 비슷하다. 누군가와의 관계를 끊으려고 할 때는 분명 무엇인가 주저하게 되고 실패감을 느끼게 된다.

학대적인 관계를 끝내는 것과 불교 수행의 길에 들어서는 것의 근본적인 차이는, 당신이 불교 수행의 길에 들어설 때 자기 자신과의 학대적인 관계를 끝내게 된다는 것이다. 자신의 진정한 잠재 능력을 깨닫기로 선택할 때 자신을 과소평가하던 습관이 차츰 사라지고, 자신에 대한 의견이 더 긍정적이고 건강해지며, 살아 있음의 순수한 기쁨과 자신감이 커진다. 동시에 당신은 주위 모든 사람들에게도 당신과 똑같은 잠재 능력이 있음을 인식하기 시작한다. 그들이 그 사실을 알든 모르든 간에. 그들을 위협적인 인물 또는 적으로 대하는 대신 당신은 그들 내면의 두려움과 불행을 알아차리고 공감하게 된다. 당신은 자연히 문제보다는 해결책에 중점을 두고 그들을 대하게 된다.

궁극적으로, 즐거운 지혜는 마음의 괴로움을 자각하는 불편함과 그것들에게 지배당하는 불편함 사이에서 선택을 하는 것으로 귀착된다. 자신의 생각과 감정과 신체적인 느낌을 자각하면서 그것들이 자신의 마음과 몸이 상호작용해서 만들어 내는 것임을 알아차리는 일이 언제나 유쾌할 것이라고는 장담할 수 없다. 사실 나는 이 방식으로 자신을 바라보는 일이 때로는 매우 불쾌하리라는 것을 충분히 보장할 수 있다.

하지만 그것은 새 헬스클럽을 가거나 새 직장을 다니거나 다이어트를 시작하는 일처럼 어떤 새로운 것을 시작하는 것과 같다고 말할 수 있다. 언제나 처음 몇 달은 힘들다. 업무를 잘 처리하기 위한 기술을 전부 습득하기란 쉬운 일이 아니다. 운동을 하도록 자신에게 동기를 부여하는 것도 어렵다. 매일 건강에 좋은 음식을 챙겨 먹기는 쉽지 않다. 하지만 조금 지나면 그 어려움들이 점차 가시면서 당신은 기쁨과 성취감을 느끼기 시작하고, 스스로 갖는 자아상이 완전히 바뀌기 시작한다.

명상도 같은 방식으로 작용한다. 처음 며칠은 기분이 매우 좋을 수도 있지만 일주일 정도 지나고 나면 수행이 귀찮아진다. 시간을 내기가 힘들고 앉아 있는 것이 불편하며 집중이 잘 안 되고 그냥 피곤해진다. 당신은 벽에 부딪힌다. 마치 달리기 선수가 자신의 연습량보다 반 킬로미터를 더 뛰려고 할 때 일어나는 현상과 같다. 몸은 말한다. "난 도저히 못 해." 동시에 마음은 말한다. "난 해야만 해." 두 목소리 어느 쪽도 특별히 유쾌하지 않다. 사실 양쪽 다 요구만 한다.

불교를 종종 '중도'라고 일컫는다. 제3의 선택사항을 제시하기 때문이다. 당신이 만일 1초 이상 어떤 소리나 촛불에 주의를 집중할 수 없다면 반드시 중단하라. 그렇지 않으면 명상은 따분한 일이 되어 버린다. 결국 이런 생각이 들 것이다. '아니, 벌써 7시 15분이야. 어서 자리에 앉아서 깨어 있는 마음을 키워야 해.' 누구도 이런 식으로는 결코 앞으로 나아갈 수 없다. 반면에 몇 분 더 명상을 계속할 수 있겠다는 생각이 들면 그때 멈추라. 그 순간 알게 되는 사실에 당신은 놀랄 것이다. 자신의 저항 이면에 숨겨진 인정하고 싶지 않은 감정과 기분을 발견할 것이다. 혹은 자신이 생각했던 것보다 더 오래 마음을 휴식할 수 있음을 발견할지도 모른다. 그 발견만으로도 자기 자신에 대해 더 큰 자신감을 갖게 될 것이다.

하지만 가장 좋은 부분은, 얼마나 오래 수행을 하든 혹은 어떤 방식을 이용하든 상관없이 모든 불교 명상 수행은 결국 자비심을 갖게 해 준다는 점이다. 자신의 마음을 바라볼 때마다 주위 사람들 역시 자신과 비슷하다는 것을 인식할 수밖에 없다. 행복해지고 싶은 자신의 갈망을 볼 때 다른 사람도 똑같은 갈망을 가지고 있음을 보지 않을 수가 없게 된다. 자신의 두려움, 분노, 혐오를 분명하게 바라볼 때 주위 사람들도 똑같은 두려움, 분노, 혐오를 느끼고 있음을 알 수밖에 없다.

그것이 지혜이다. 그 지혜는 책 속에 있지 않고 깨어 있는 마음 속에 있다. 그것은 다른 사람들과 자신이 하나로 연결되어 있음을 아는 일이며, 즐거운 지혜에 이르는 길이다.

우리의 모든 것은 우리가 생각한 것의 결과이다

내 인생에 있어 류시화 시인과 함께한 번역 작업은 가장 큰 즐거움이자 가장 큰 도전이었다. 엄밀히 말하면 나는 공역자라기보다는 그의 작업을 옆에서 지켜본 도제라고 표현하는 편이 더 정확할 것이다. 밍규르 린포체의 두 권의 책을 번역하기 위해 지난 2년 동안 시인의 작업실을 오가면서 내가 느낀 좌절감, 부러움, 존경심은 마치 하나의 마음공부와 같은 것이었다.

류시화 시인과의 인연은 나의 청에 의한 것이었다. 몇 해 전 나는 그에게 명상서적을 번역하며 공부해 보고 싶다는 이메일을 보냈고, 세 번째 메일을 보냈을 때 시인은 나를 받아들였다. 그 받아들임은 전적인 것이었다. 그는 내게 전공이 무엇이며 번역 경험이 있는지, 외국어 실력은 어느 정도인지에 대해 전혀 묻지 않았다.

시인이 소개해 준 엘리자베스 퀴블러-로스의 〈상실수업〉을 번역하고 나서—그 번역에 대해선 지금도 부끄러움을 느끼지만—얼마 후 뉴욕에서 돌아온 시인이 가방에 넣어 가지고 온 단 한 권의 책이라며 건네준 것이 바로 밍규르 린포체의 책이다. 나는 열의에 불타 티베트 불교와 뇌 관련 과학 분야 서적들을 구입해 참고하며 번역을 해 나갔지만 내게는 분명 역부족이었다. 불교 용어들이 생소했을 뿐 아니라 밍규르 린포체가 전하는 인간의 마음 세계를 스스로 이해하며 깊이 있는 문장으로 옮기는 데는 한계가 있었다.

일 년여가 지나 시인은 내가 그동안 한 번역을 읽어 본 후, 직접 내 앞에서 한 줄 한 줄 번역을 해 보였다. 이보다 더한 놀라운 변화가 있으랴! 내가 몇 시간 동안 고심한 문장과 표현들이 너무도 손쉽고 간결하게 정확하고 생생한 의미를 지닌 문장들로 탈바꿈되었다. 그것은 완전한 재창조였다. 그것만이 아니었다. 나는 그가 내 번역 문장을 손봐 주는 것으로 이 작업이 끝날 줄 알았지만, 그때부터 그는 완전히 이 일에 몰입해 원서를 펼쳐 놓고 윤문과 재번역에 들어갔다.

마침내 작업을 마쳤을 때 나는 이제 책이 곧 출간되리라 생각했다. 그렇지만 나의 예상은 여지없이 빗나가고 말았다. 그는 그 후에도 무려 다섯 번이나 원서와 대조하고 문장을 다듬고, 얼마간 묵혔다가 다시 꺼내 읽기를 반복했다. 그의 문장들 속에는 활자들만 있는 것이 아니었다. 책의 여백에 그의 삶과 에너지가 담겨 있음을 알게 되었다. 그것이 오히려 그의 저서와 번역서들을 더 오묘하고 신비하게 만든 것이 아닌가 싶다. 너무 과장된 표현이 아니냐며 반문하는 사람들이 있을 것이다. 하지만 글 쓰는 일과 더불어 그의 작업실에서 일어나는 여러 만남들을 함께 경험한 사람들이라면 단연 고개를 끄덕일 것이다.

드디어 책의 번역과 편집이 마무리되었고, 좋은 제목을 위해 모두가 머리를 맞대어 보았지만 마음에 꼭 드는 것이 없었다. 시인은 제목을 숙제로 남긴 채 인도 여행을 떠났다. 그리고 그곳에서 그는 〈티베트의 즐거운 지혜〉라는 제목의 영감을 얻어 돌아왔다. 그런데 그는 또다시 처음부터 번역을 새롭게 시작하는 것이었다. 여행에서 돌아오면 늘 마음이 새로워지기 때문에 다시 새로운 마음으로 작업에 임해야 한다고 말하면서. 그렇게 그는 2년에 걸쳐 밍규르 린포체의 두 권의 책을 번역하고, 수정하고, 재번역하고, 다시 살펴보기를 반복했다. 그토록 많은 독자들이 그의 저서와 번역서를 신뢰하는 것은 분명 이 같은 노력과 애정을 감지했기 때문일 것이다. 그의 번역서 중 하나인 〈인생수업〉도 무려 5년간의 긴 작업이었다는 말을 들었지만 실제로 책 한 권에 쏟아붓는 그의 인내와 애정을 옆에서 지켜보니 놀라다 못해 마침내는 마음이 숙연해졌다. 더구나 그는 최근 들어 폐와 위가 몹시 나빠진 상태인데도 치료를 마다하고 기적적으로 여행과 작업을 계속하고 있다. 시인은 '나의 일과 삶이 곧 나의 수행'이라며, "세상에서 일어나는 일 중에 마음공부 아닌 것이 어디 있는가." 하고 말한다.

　내가 배운 것은 바로 시인의 삶 그 자체였다. 그가 번역한 책 제목처럼 '가슴 뛰는 삶'을 사는 실천의 모습과 그의 통찰로 펼쳐지는 드라마 같은 상황들은 배움 그것이었다. 그의 탁월한 문장력을 따라갈 수는 없을 것이지만, 그의 정신은 내 마음속에 스며들었을 것이다.

　〈티베트의 즐거운 지혜〉를 번역하는 시간 내내 늘 즐거운 일만 가득한 것은 아니었다. 식도암으로 죽음을 앞둔 큰이모의 병문안을 마치고 돌아오는 길에 어머니가 갑자기 뇌졸중으로 쓰러져 몸이 반신불수가 되었다. 다행히 빠른 응급 처치와 환자의 적극적인 의지로 위기는 넘겼다. 어머니를 한방병원으로 옮기는 중에 우리는 큰이모의 부음을 전해 들었다. 어머니는 차 안에서 하염없이 눈물을 흘리셨다.

  이 책을 번역하면서 즐거움의 지혜를 알게 되었지만 정작 내게 즐겁지 못한 상황이 닥쳐오니 즐거움을 위한 돌파구를 찾기란 쉽지 않았다. 특히 어머니의 간호를 위해 병실을 드나들며 고통스러워하는 환자의 모습들을 보면서 과연 인간의 근본적 즐거움이 있을 수 있을까라는 의구심마저 들었다. 하지만 고통을 즐거움으로 받아들일 수 있는 지혜가 곧 진정한 즐거움에 이르는 길일 것이다. 그 진정한 즐거움을 〈티베트의 즐거운 지혜〉에서 찾기를 바란다. 함께 작업할 기회를 준 시인과 출판사에 다시 한 번 감사드린다.

2009년 여름
김소향

류시화

시집으로 〈그대가 곁에 있어도 나는 그대가 그립다〉〈외눈박이 물고기의 사랑〉,
잠언시집 〈지금 알고 있는 걸 그때도 알았더라면〉, 치유의 시집 〈사랑하라 한번도 상처받지
않은 것처럼〉이 있다. 인도 여행기 〈하늘 호수로 떠난 여행〉〈지구별 여행자〉와 인디언 추장
연설문 모음집 〈나는 왜 너가 아니고 나인가〉를 썼으며, 〈티벳 사자의 서〉〈달라이 라마의
행복론〉〈인생수업〉〈술취한 코끼리 길들이기〉〈NOW—행성의 미래를 상상하는
사람들에게〉 등의 명상서적을 우리말로 옮겼다. www.shivaryu.co.kr

김소향

중앙대학교 청소년학과를 졸업하고 LG그룹에서 근무하다가 인도 여행 후 명상서적
번역·소개일을 시작했다. 대표적인 번역서로는 엘리자베스 퀴블러-로스와 데이비드
케슬러의 〈상실수업〉이 있다. sohyang707@hanmail.net

티베트의 즐거운 지혜

1판 1쇄 발행 2009년 7월 15일
1판 15쇄 발행 2020년 6월 15일

지은이 욘게이 밍규르 린포체
옮긴이 류시화 · 김소향

발행처 문학의숲
발행인 고세규

신고번호 제300-2005-176호
신고일자 2005년 10월 14일

주소 (121-896)서울시 마포구 동교로13길 34(서교동 474-13)
전화 02-325-5676
팩스 02-333-5980

값은 표지에 있습니다.
ISBN 978-89-93838-01-5 03890